# ANDY VAN DER MEIJDE
# GEEN GENADE

THIJS SLEGERS

ANDY VAN DER MEIJDE

# GEEN GENADE

VOETBAL INTERNATIONAL

GOUDA

# INHOUD

# VOORWOORD

## ANDY IS GEEN NEDERLANDER

De spelers uit de opleiding van Ajax groeien op met de wetenschap dat ze de besten van Nederland zijn. Ze winnen bijna al hun wedstrijden, worden als vanzelfsprekend geselecteerd voor de nationale jeugdploegen en krijgen meestal op jonge leeftijd de kans op een doorbraak in het eerste elftal. Voortdurend zien ze hoe voorgangers vanuit de academie het eerste elftal bereiken en de club uiteindelijk als grote sterren voor veel geld verlaten. Die sterke opleiding heeft als gevolg dat aankopen met argwaan worden bekeken. De gekochte spelers moeten laten zien dat ze beter zijn dan wat er uit de opleiding komt bovendrijven. Pas als je dat hebt bewezen, dulden ze je in hun midden.

Die houding van 'en wie ben jij dan wel' voelde ik toen ik op 5 juli 2001 voor het eerst bij Ajax op het trainingsveld verscheen. Ik was nog jong, kwam van een klein clubje uit Zweden, maar Ajax had ruim acht miljoen euro voor me betaald. Niet alleen het veeleisende publiek was nieuwsgierig, ook mijn medespelers vroegen zich af wat ik zou gaan brengen. Dat werd niet uitgesproken, maar je voelde het wel. Aan alles. Vooral bij de Nederlanders in de selectie.

Eén speler stelde zich volstrekt anders op dan de anderen. Ik was hem 's ochtends in de gang naar de kleedkamer tegengekomen. Hij had zich voorgesteld als Andy en begon meteen honderduit te praten. In de dagen die volgden probeerde hij mij en de andere nieuwelingen Mido en Maxwell het idee te geven dat we welkom waren. Dat deed hij vooral door heel veel te praten en grappen te maken die hij zelf erg leuk vond. Ik moet zeggen dat zijn humor me wel aansprak. We hadden een klik. Andy was duidelijk een jongen van de straat, net als ik. Hij had geen vrees voor autoriteit en ging zijn eigen gang. Bovendien stelde hij zich niet arrogant of afstandelijk op, zoals enkele van onze ploeggenoten deden.

Je kon aan alles zien dat plezier maken zijn drijfveer was. Hoe en met wie, was voor hem van ondergeschikt belang. Hij danste met de donkere jongens alsof hij er zelf een was, hij deed richting mij en Mido alsof we elkaar al jaren kenden. Niet op een geforceerde manier, maar gewoon alsof het volstrekt normaal was. Met Andy in de buurt was er sfeer, altijd. Hij maakte het aanpassen aan Ajax en Nederland buiten het veld een stuk makkelijker. Na een poosje kon ik bijna niet geloven dat hij een echte Nederlander was.

Het duurde niet lang voordat we elkaar buiten het veld gingen opzoeken. Na de trainingen speelden we spelletjes op PlayStation of Xbox, met regelmaat gingen we samen de stad in. Met het gros van de Nederlanders ontstond er niet of nauwelijks een band, maar met Andy juist een heel hechte. Hij kwam op verjaardagen langs en als we eens een keer uitgingen was hij er meestal ook wel bij.

Andy was niet alleen een prettige collega in de groep, maar ook een ontzettend waardevolle voetballer. Met zijn vermogen om een back uit te spelen en zijn geweldige traptechniek zorgde hij voor veel gevaar. Voor mij als spits was het prettig dat hij niet zelfzuchtig was. Voor hem was er geen onderscheid tussen een assist of een doelpunt, hij deed wat het beste was voor de ploeg. Zulke spelers kom je niet vaak tegen op topniveau.

In het seizoen 2002/03 was Andy een belangrijke schakel in het elftal dat de kwartfinale van de Champions League bereikte. Op dat moment waren er in Europa geen twee aanvallers te vinden die beter aan de flank konden spelen dan Andy deed bij Ajax. Dat besefte iedereen en daarom vonden we het opmerkelijk dat Ajax hem verkocht aan Internazionale. Een jaar later troffen we elkaar kort op het EK, waar ik met Zweden van Nederland verloor. Andy vertelde me dat het leven in Italië beviel, maar dat het bij Inter een zootje was.

Na het EK vertrok ik zelf naar Juventus. Eind november 2004 sprak ik Andy tijdens Inter-Juve voor het laatst. Na zijn vertrek uit Milaan in 2005, verloor ik hem als mens uit het oog, later ook als voetballer. Ik vond zijn naam steeds minder vaak terug in statistieken van wedstrijden van Everton. Na een paar maanden zocht ik zijn naam niet eens meer op. Dat deed me als liefhebber van de mens en voetballer Van der Meijde pijn. De verhalen die ik hoorde van wederzijdse kennissen leerden me dat het niet zo best ging met mijn oude maatje.

De verhalen waren rooskleuriger dan de realiteit. Helaas. Uit dit boek blijkt dat het vijf jaar lang heel slecht is gegaan met Andy van der Meijde. Een van de beste pure vleugelaanvallers met wie ik in mijn carrière heb gespeeld, heeft zichzelf en enkele van zijn naasten flink tekortgedaan.

Dat hij hier eerlijk voor durft uit te komen en dat hij zelf met succes zijn problemen heeft bestreden, zegt alles over zijn karakter. Alleen de sterken in deze maatschappij kunnen definitief breken met slechte gewoontes. Andy vraagt geen medelijden en hoeft geen begrip. Andy is gestopt met weglopen van de realiteit en heeft het lef om de wereld te vertellen over zijn fouten.

U hebt een uniek boek in handen, verteld door een bijzonder persoon.

**Zlatan Ibrahimovic**

Parijs, oktober 2012

# 1

# INVAL

Omdat er nog geen licht door de gordijnen scheen, had ik meteen in de gaten dat er iets vreemds aan de hand was. 'Geef mijn deken terug', hoorde ik Dinie nu voor de tweede keer roepen. Haar stem klonk niet zoals normaal. Ik begreep er niets van. Het was nog vroeg, ik had nog geen wekker gehoord. We woonden aan de Meldestraat, de drukke invalsweg van onze woonwijk Malburgen-West in Arnhem. Mijn slaapkamertje was aan de voorkant van ons huis. Je hoorde altijd wel iets van verkeer. Auto's, scooters, de trolleybussen… Maar nu was het buiten nog stil. Het kon voor mijn gevoel nog geen zes uur zijn, maar toch stond er dus blijkbaar iemand aan de dekens van Dinie te trekken. Mijn oudste zus Angelique was niet van dat soort geintjes. Ik wel, maar ik lag nog in mijn bed. Verder was er niemand thuis. Ik begreep er niets van. 'Wij zijn van de politie, waar is je vader?', hoorde ik een man zeggen. 'Ik weet niet waar hij is', antwoordde Dinie. 'Wanneer heb je hem voor het laatst gezien of gesproken?', vroeg de man door. 'Weet ik veel, laat me slapen man. Je zult hem hier toch niet vinden.'

Zonder geluid te maken lachte ik me rot. Die Dinie! Zij was voor niemand bang. Ik kon het als kind best goed vinden met mijn oudste zus Angelique, maar Dinie was echt mijn maatje.

Hoewel ze vier jaar ouder was, waren we onafscheidelijk. We hadden thuis niets, af en toe zelfs niet eens iets te eten. Soms was er ineens geen gas, water of licht. We waren al blij met brood en warm eten. Snoep of chips aten we soms weken niet. Naar zo'n huis neem je geen vriendjes mee. En Dinie geen vriendinnetjes. Thuis waren we op elkaar aangewezen en dat vonden we helemaal niet erg. We klaagden nooit. We maakten er het beste van.

Buiten, zoals op het plein bij de rolschaatsbaan, troffen we onze vriendjes. Ik voetbalde daar, altijd. Vaak speelde ik met de oudere jongens. Dat mocht alleen als je goed genoeg was. En ik was goed. Jongens van een jaar of vijftien kwamen bij ons aan de deur vragen of ik mee kwam doen. Ik was pas een jaar of tien. Dinie keek altijd van een afstandje toe. Ze deed alsof ze met haar vriendinnen bezig was, maar ze zag alles. Wanneer iemand me duwde of schopte, schoot Dinie me direct te hulp. Ik kon mezelf goed verdedigen, maar Dinie wachtte gewoon nooit af. Ze klapte er meteen op. Zo ging dat in Malburgen-West. Bijna iedereen wist hoe Dinie was. Ze kenden de verhalen en begrepen dat ze niet met haar of mij moesten kloten. Een keer was er een jongen die dacht dat het wel meeviel, hij dacht even een geintje uit te kunnen halen. Hij kwam met zijn piemel uit zijn broek in de richting van mijn zus gelopen. Dinie werd woest en werkte hem binnen enkele tellen tegen de grond.

Daarna prikte ze een hondendrol aan een stok en duwde die bij dat ventje in z'n gezicht. Hij heeft nooit meer bijdehand gedaan.

Het verbaasde me niet dat Dinie de politie tijdens de inval afpoeierde. Hoewel we nog jong waren, wisten we goed hoe we voor onszelf moesten opkomen. Ik was ook niet echt onder de indruk van het bezoek. Onze vader zorgde wel vaker voor vervelende situaties. Hij was verslaafd aan gokken en dronk veel te veel. Hij gooide per week honderden guldens in de gokkasten die in die tijd bijna overal stonden. Angelique, Dinie en ik waren bekende gezichten bij de Gall & Gall. Bijna dagelijks ging er een fles whisky doorheen. Daar was altijd wél geld voor. Gek genoeg had ik als kind geen hekel aan mijn vader. Ondanks alle ellende. Mijn vader hield van plezier maken en gezelligheid. Hij trok gekke bekken, zette graag een muziekje op en ging meestal mee als ik moest voetballen bij mijn eerste clubje Zuid-Arnhem.

Mijn vader deed zich goed voor, maar bezorgde mijn moeder heel veel verdriet. Soms sloeg hij haar zelfs. Toch zei ik van niets te weten toen de agent op mijn slaapkamer kwam vragen of ik wist waar papa is. Natuurlijk wist ik het wel. Hij was bij zijn vriendin, ergens in de buurt van Den Bosch. Nederhemert heette dat daar. Een vreselijk dorp. Daar zat hij al een paar dagen. Wanneer hij zou terugkomen wisten we echt niet. Zo ging het wel vaker. Wij vonden het niet eens raar meer als hij een paar

Zuid-Arnhem. Daar kon je voor twee gulden per maand voetballen, dat konden we net betalen. Omdat hij zoiets gewoon deed, had niemand het vermoeden dat er bij ons thuis rare dingen gebeurden. Maar dat was wel het geval.

Tegen het eind van de maand, vlak voor de salarissen werden uitbetaald, hadden wij het altijd heel erg moeilijk. Zelf weet ik het natuurlijk niet meer, maar van mijn moeder heb ik weleens gehoord dat ik als peuter regelmatig met een flesje oploskoffie naar bed ging. Er was geen geld voor peutermelk, maar omdat ze warm water geven zielig vond, gaf ze me een beetje koffie voor het slapen gaan. Dan kreeg ik toch nog wat warms binnen. Dinie en ik zijn vaak met lege flessen naar de supermarkt gestuurd. Van het statiegeld moesten we brood en beleg kopen.

Niet zelden was het geld helemaal op en dan schroomde pa niet om zijn kinderen in te zetten om eten te regelen. Ik, want ik was de jongste, werd dan zonder geld naar de snackbar van Rinus en Fien bij de rolschaatsbaan gestuurd. Op een briefje schreef mijn vader de bestelling en de mededeling dat hij later die maand wel zou betalen. Frikandellen op de pof. Dat was natuurlijk behoorlijk brutaal, maar pa zat daar vaak te gokken. Ze kenden hem en wisten dat hij die belofte meestal wel nakwam. Meestal, zeg ik met nadruk. Soms betaalde hij namelijk niet en dan kreeg ík dat te horen. Rinus zei dan met zachte stem dagen niet kwam opdagen. Angelique was veertien, Dinie dertien, en ik negen. We zorgden voor elkaar en aten meestal bij mama. Om ons hoefde niemand zich druk te maken. Tenminste, als de huur gewoon werd betaald.

Toen de agent naar beneden ging, liep ik naar de slaapkamer van Dinie en Angelique. We telden drie of vier verschillende stemmen beneden. Kastjes werden geopend en weer gesloten. Ze keken zelfs in de wc. 'Misschien zit hij ín de pot', riep Dinie van boven. We lachten hard. Na een minuut of tien vertrokken ze door de voordeur. We gingen de trap af naar beneden en zagen dat zelfs de salontafel uit elkaar was geschroefd. Blijkbaar dachten ze dat mijn vader in die houten kubus was gekropen en dat iemand anders hem daarna weer in elkaar had geschroefd. Of misschien zochten ze wel geld. De agent die boven was riep iets over openstaande bekeuringen. Als het ze om geld ging, dan hadden ze zich een hele hoop moeite kunnen besparen. Geld was bij ons in huis niet te vinden. Nooit.

Door mijn vader heeft mijn moeder het een groot deel van haar leven heel zwaar gehad. De zeventien jaar die ze getrouwd zijn geweest, waren voor haar een hel. Het heeft na de scheiding nog jaren geduurd voor ze het allemaal had verwerkt. Zelfs nu nog heeft ze het over 'die galbak' als hij ter sprake komt. We hebben er, na onze verhuizing naar Diemen, veel over gesproken. Ik heb zo veel verschrikkelijke verhalen gehoord, om buikpijn van te krijgen. Ik snap niet wat ze ooit in hem heeft gezien.

Mijn moeder werd in de zomer van 1973 verliefd op mijn vader. Hij werkte achter de bar bij café De Ton in de Graslaan in Arnhem en was een echte charmeur. Mama was zeventien en ging regelmatig een patatje eten in de patatzaak die om het hoekje zat bij De Ton. Ene Cor was eigenaar van beide zaken en daarom kon je binnendoor van het café naar de frietzaak. Als het rustig was in het café, stond mijn vader in die deuropening naar de meisjes te kijken. Mijn moeder was direct verliefd toen ze hem voor het eerst zag. Ze raakten aan de praat, ze gingen samen uit, maakten ritjes met de auto en na drie maanden kwam ze erachter dat ze zwanger was.

Dat was in die tijd net zo ongebruikelijk als nu. De zwangerschap was natuurlijk niet gepland, maar mijn moeder was gelukkig al vrij vroeg volwassen. Ze had na de basisschool een jaartje lager economisch en administratief onderwijs (leao) gedaan, maar studeren was niets voor haar. Ook op de huishoudschool hield ze het maar een jaartje vol. Ze kon wel leren, maar had er geen trek in. De leraren op haar basisschool hadden dat al jaren eerder gesignaleerd, vertelde mijn oma Geertje me een keer. Wat dat betreft lijk ik maar voor vijftig procent op mama. Ik had net als zij niets met school, maar ik kon daarnaast ook niet leren. Dat was het verschil tussen ons.

Mama ging op haar veertiende al werken. Eerst bij parfumeriezaak Douglas in de Rijnstraat in het centrum, later bij een sigarenboer in Presikhaaf. Mijn moeder is met weinig tevreden.

Ze was en is een mooie vrouw en zag er graag verzorgd uit. Ze had niets met status. Werken in een winkel vond ze gewoon leuk. Ze had geen behoefte om promotie te maken. Ze was gelukkig achter de toonbank, ze was tevreden met wat ze had. Haar loon ging op aan leuke kleding, kostgeld en vooral sparen voor later.

Mijn vader was een heel ander type, maar dat had mijn moeder niet direct in de gaten. Hij was drie jaar ouder en had twee banen. Overdag werkte hij de in Agfa-fabriek, waar hij foto's ontwikkelde. 's Avonds en in de weekends werkte hij in De Ton. Van zijn moeder, een gescheiden vrouw, hoefde hij geen kostgeld te betalen. Een vrijgezel van twintig jaar met twee banen en geen woonlasten; mijn pa had een mooi leven en liet het breed hangen. Mijn moeder zag wel dat hij regelmatig op een gokkast speelde, maar nam er geen aanstoot aan. Ze dacht dat het de verveling was. Het was vaak rustig in café De Ton.

De ongeplande zwangerschap van mijn moeder haalde hun levens natuurlijk helemaal overhoop. De ouders van mijn moeder, opa Henk en oma Geertje, vonden het verschrikkelijk. Ze mochten Theo graag, maar zó jong zwanger… Dat was niet de bedoeling. Toch steunden ze haar. Mijn moeder ging zoals dat hoort ook bij de moeder van Theo langs om kennis te maken. Dat was even schrikken. Annie Bierman was haar naam. Mijn opa van die kant van de familie was bijna meteen na de geboorte van mijn vaders jongere broer Tes verdwenen. Oma Annie leidde een onrustig leven, laat ik het netjes omschrijven. Ze had drie zonen van mijn opa – Theo van der Meijde senior – en kreeg later nog twee dochters bij een andere man. Mijn oma had een gok- en drankprobleem. Ze zat, als ik de verhalen van familie moet geloven, hele dagen in het café. En ze versleet de ene kerel na de andere. Het maakte haar niet uit of die mannen getrouwd waren, ze was voor elk avontuurtje te porren. Pa kreeg thuis niet echt het goede voorbeeld, laten we het daar maar op houden.

In het najaar van 1973 koos Theo, hoewel hij graag naar meerdere vrouwtjes tegelijk keek, vol overgave voor mijn moeder. Van een abortus wilden ze allebei niets weten, ze gingen trouwen. Omdat mijn moeder nog zo jong was, ging dat niet zo gemakkelijk. Koningin Juliana moest per brief om toestemming worden gevraagd. Op 30 januari 1974 begon de lijdensweg van mijn moeder officieel. Ze trouwden op het stadhuis van Arnhem met vijf andere koppeltjes tegelijk. *Kosteloos trouwen* heette dat. Ze vierden het huwelijk in de woonkamer van oma Geertje en opa Henk. Oma had hapjes gemaakt.

Pa had nog steeds twee banen, maar ze hadden niet eens geld voor een echt huis of een flatje. Ze gingen samenwonen in een soort studentenkamer in de Spijkerbuurt. Zo'n complex waar je keuken, toilet en badkamer met enkele andere bewoners deelt.

Dat ze het, hoewel ze allebei werkten, niet breed hadden maakte mijn moeder niets uit. Ze wilde alleen maar samen zijn, ze was verliefd.

Dat kamertje was te klein om een kind in op te voeden en vlak voor de geboorte van mijn oudste zus Angelique verhuisden ze naar een echt flatje aan de Paardenbloemstraat in Malburgen-West. Mijn zussen en ik zijn in het ziekenhuis geboren, maar we groeiden op in dat flatje. Angelique en Dinie lagen samen in de ene slaapkamer, mijn wiegje stond in de andere, die van mijn ouders. Toen ik wat ouder werd plaatsten ze een afscheiding in de slaapkamer van mijn zussen. Zo werden dat eigenlijk twee kamertjes. Ik werd achter dat schot gelegd en mijn ouders hadden hun privacy in de slaapkamer terug. Ik was namelijk, als ik de verhalen van mijn moeder mag geloven, nogal een nieuwsgierig ventje. Als ik geluiden uit het bed van mijn ouders hoorde, stond ik direct recht in mijn wieg te loeren naar wat er allemaal gebeurde.

In het flatje was de bal al mijn beste vriend. Ik was nog een peuter en mocht nog niet alleen naar buiten. Ik voetbalde in het halletje. De deuren waren de doelen.

Rond de geboorte van Angelique was het gokprobleem van mijn vader verergerd. Het viel niet meer te negeren. Hij vergokte echt al het geld dat hij in handen kreeg en loog over van alles en nog wat om dat te verbergen. Het was een komen en gaan van deurwaarders en mensen van wie pa geld had geleend. Pa verzon de meest vreemde smoesjes. 'Ik heb geld in een bloempot verstopt, maar mijn vrouw heeft net die bloempot weggegooid.' Dat werk.

Mama heeft me verhalen verteld, dramatisch. Al het geld dat hij met werken verdiende, stopte hij in de gokkast. En ook met het geld dat niet van hem was deed hij hetzelfde. Moeder moest haar salaris altijd direct van de bank halen, zodat ze er kleding van kon kopen. Een gedeelte ervan moest namelijk naar de schuldsanering. Als ze het restant liet staan, vergokte hij het vrijwel meteen.

Mijn vader probeerde overal geld te ritselen. Liegen en bedriegen was heel normaal. En het maakte hem niet uit wie hij moest besodemieteren. Opa Henk, de vader van mijn moeder, heeft hij ook te pakken gehad. Mijn moeder was zwanger van mij en mijn vader vertelde aan opa dat hij een kinderwagen wilde kopen. Hij had alleen geen geld, want hij had wat tegenvallers gehad. Opa vond dat zielig en gaf hem zeshonderd gulden.

Een paar uur later belde pa naar opa en vertelde dat hij het geld op straat had verloren. Het is bijna niet voor te stellen, maar behoudens mijn moeder wist niemand van het gokprobleem van mijn vader. Opa en oma ook niet. Ze hadden geen moment het gevoel dat dit een leugen kon zijn.

Opa vertelde zijn zoon Henk junior wat er was gebeurd. Die kreeg medelijden met mijn vader. Hij vroeg aan opa of hij het goed vond, als hij mijn pa nog een keer dat geld gaf. Zodat hij alsnog die kinderwagen kon kopen. Opa vond het prima en oom Henk gaf die ouwe nog een keer zeshonderd gulden. De volgende dag belde hij mijn opa weer op. 'Je zult het niet geloven, maar ik ben het geld wéér verloren', zei hij. Opa en oom Henk vonden het een ongeloofwaardig verhaal, maar lieten het zo. Pa kreeg te horen dat hij er niet op hoefde te rekenen dat hij nog een keer wat zou krijgen en daarmee was de kous af. Er was niemand die probeerde te achterhalen wat er met die twaalfhonderd gulden was gebeurd.

Mijn moeder wist het vanzelfsprekend wel, maar hield haar mond. Bij de cafés of cafetaria's waar hij vaak zat te gokken, hield iedereen zijn mond. Pa was een goeie klant, bracht geld in het laatje. Hij was er een meester in om de problemen van ons gezin te verbergen voor de buitenwereld. Zo liep hij bijna altijd in een pak met stropdas. Iedereen dacht dat hij een keurige huisvader was. Als ze door Malburgen liepen, pakte hij altijd de hand van mama vast. 'Altijd blijven lachen', was zijn lijfspreuk. Die woorden kregen we om de haverklap te horen.

In de wijk waren wij een modelgezin. Mijn pa bezat humor en had voor iedereen zijn woordje klaar. Op zaterdagochtend ging hij met mij mee naar het voetballen bij mijn eerste clubje tegen mij dat mijn pa eerst wat geld moest komen brengen. En dan kon ik zonder eten terug naar huis en aten we niets.

Voor mijn moeder was het allemaal erg pijnlijk. Zij werkte keihard bij een schoonmaakbedrijf. Ze ging 's ochtends om zes uur van huis en kwam dan net na de middag thuis. Ze poetste ons huis, deed de was en om vijf uur 's middags moest ze bij ABN Amro gaan schoonmaken. Als ze dan tegen achten thuiskwam, was pa aan zijn werkdag begonnen. Hij werkte van vijf uur 's middags tot een uur of één 's nachts. Daarna ging hij vaak naar nachtclub Number One op de Korenmarkt. Gokken en achter de vrouwen aan. Mijn zussen hebben hem daar zelfs een keer betrapt toen hij stond te zoenen met een andere vrouw.

Angelique en Dinie logeerden weleens bij Ans, een vriendin van de familie. Zij nam mijn zussen af en toe stiekem mee uit. Op een van die stapavondjes kwamen ze in een discotheek in het centrum van Arnhem terecht. Daar zagen ze hem in een hoekje staan. Hij kuste een vreemde vrouw. Ze schrokken zo erg dat ze direct zijn vertrokken en midden in de nacht mama belden om te vertellen wat ze hadden gezien. Dat onze moeder erachter zou komen dat ze stiekem uit waren gegaan vonden ze niet erg. Mama moest weten wat papa deed in de stad.

De volgende dag confronteerde mijn moeder pa met het verhaal en hij gaf het volmondig toe. Het interesseerde hem niet eens. Mijn zussen zijn niet de enigen geweest die mijn moeder kwamen vertellen van zijn ontrouw. Een halfzus van mijn vader is een keer bij ons aan de deur gekomen om te vragen of we wel wisten dat pa al twee dagen bij een vrouw in Oosterbeek zat. Mijn vader was voortdurend met andere vrouwen in de weer. Ze hadden bijna allemaal één overeenkomst: ze hadden geld. Mijn vader reed gewoon rond in de auto's van die vrouwen, schaamteloos. Hij ging met ze uit en liet ze voor alles betalen. Mijn vader was voor die vrouwen blijkbaar prettig gezelschap, anders krijg je zoiets niet keer op keer voor elkaar.

Hij loog niet alleen tegen mijn moeder. Het kostte hem net zo min moeite mij voor te liegen. Voor mijn veertiende verjaardag zou ik van hem een scooter krijgen. Dat was in Malburgen niet vreemd, daar reed iedereen vanaf zijn twaalfde op een brommer of scooter. Ik had er maanden om gezeurd en een paar weken voor mijn verjaardag vertelde mijn vader dat hij een nieuwe scooter had besteld. Tegen iedereen die het maar horen wilde, vertelde ik het voor mij geweldige nieuws. Zo'n scooter was het helemaal, in die tijd. Ik kon niet wachten tot het 30 september was. In gedachten zag ik mezelf door Malburgen rijden op een gloednieuwe scooter. Ik had veel vriendjes, maar als het ging om luxe dingen telde ik niet mee. Dat zou gaan veranderen. Met die scooter zou ik de man zijn in de wijk.

Maar op mijn verjaardag zelf stond er 's ochtends geen scooter in de tuin. Toen ik van school thuiskwam ook niet. En toen ging de telefoon. Ik nam op en hoorde een bekende stem aan de andere kant van de lijn. Het was mijn vader, die zich voorstelde als de eigenaar van de zaak waar de scooter was gekocht. Hij zei dat de scooter vandaag bezorgd zou worden, maar dat er iets fout was gegaan en dat ik nog even geduld moest hebben. Ik hoorde het verhaaltje aan en zei tegen m'n pa dat het een leuk grapje was, maar dat-ie wel moest opschieten. 'Ik ben je vader echt niet hoor', herhaalde hij. Het begon me te irriteren, dat flauwe gedoe. Ik kreeg in de gaten wat er gaande was. Die scooter kon ik vergeten. Hij had me weer eens iets toegezegd wat hij niet kon waarmaken. Ik kon mezelf wel voor de kop slaan. Hoe dom kon ik zijn dat ik erin had geloofd? Teleurgesteld heb ik de hoorn op de haak gelegd. Een paar weken later kreeg ik van mijn pa een fiets. Een tweedehandsje. Ook leuk.

Ik heb mijn moeder weleens gevraagd waarom ze zeventien jaar bij mijn vader is gebleven. De reden was simpel: ze kon nergens heen, omdat ze niemand durfde te vertellen wat er gaande was. Ze was bang dat ze met drie kinderen op straat kwam te staan. Zelfs haar eigen ouders wisten van niets. De enige met wie ze over de problemen sprak, was de huisarts. Ze had depressies en huilbuien en ging naar de dokter voor hulp. Omdat een arts een vertrouwenspersoon is, kon deze beste man in feite niets aan de hele situatie doen. Toch heeft hij uiteindelijk met een slimmigheidje opa ingelicht. Hij vroeg mijn opa, schilder van beroep, of hij de praktijk wilde verven. Tijdens die klus vroeg hij opa hoe het mijn moeder ging. Opa wilde antwoorden dat het goed ging, maar nog voor hij was uitgesproken zei de dokter dat mama met een klootzak was getrouwd. Meer zei hij niet, maar opa wist in ieder geval dat er problemen waren. Het vervelende was dat ook opa mijn vader erg graag mocht. Ze hadden het altijd gezellig samen. Hij speelde de ideale schoonzoon. Oom Giel, de jongste broer van mijn moeder, dacht er wat anders over. Die heeft hem een paar keer flink aangepakt. Mijn pa leende ook geld van hem en kon dat niet terugbetalen.

Giel was uiteindelijk degene die voor de oplossing zorgde. Hij woonde vlakbij in een duplexwoning, zo'n in tweeën gesplitst woonhuisje. Giel ging samenwonen met zijn vriendin en bood mijn moeder aan in zijn duplex te gaan wonen. De reden waarom ze het aanbod aanpakte was een zoveelste rotstreek van mijn vader. Hij had haar handtekening vervalst om een extra lening af te sluiten. En ma kreeg steeds vaker klappen.

Na zeventien jaar huwelijk zorgde het voor een schok in de wijk. Iedereen dacht dat er sprake was van een perfect koppel. De gevolgen van de scheiding waren groot voor mijn moeder. In haar nieuwe woning was slechts één slaapkamer en daarom konden wij niet mee. Angelique ging er af en toe slapen. Ze sliep dan bij mama in bed. Overdag gingen we vaak naar moeder en daar aten we dan ook meestal. 's Avonds sliepen we in de

Meldestraat. In die periode kwam mijn moeder erachter dat vader al zeven jaar een vaste relatie had met een andere vrouw. Mama vroeg echtscheiding aan. Op 26 november 1992 sprak de rechtbank van Arnhem de scheiding uit. Omdat pa niet kwam opdagen, werd het gepubliceerd in de Staatscourant.

# 2

# GEARRESTEERD EN GESCOUT

Kinderen die thuis niets hebben gaan naar buiten en dat was in mijn geval niet anders. Als peuter voetbalde ik in het halletje van ons flatje in de Paardenbloemstraat en na de verhuizing naar de Meldestraat was ik voornamelijk met een bal in het tuintje te vinden. Op wat latere leeftijd voetbalde ik in het gangetje achter de poort en toen ik ontdekte dat andere kinderen bij de rolschaatsbaan voetbalden, was ik daar niet meer weg te slaan. Ik was er iedere middag als eerste en ging pas naar huis als mijn moeder me naar binnen riep. 's Ochtends en 's middags nam ik de bal mee naar school en dat zorgde onderweg voor een hoop stress bij Dinie en Angelique. Ik wilde namelijk dribbelend de Nijmeegseweg oversteken en dat vonden zij niet zo'n goed idee.

Wij gingen naar basisschool Don Bosco in Malburgen-Oost. Ik deed er het hoognodige, of minder. Als ik eens een periode slecht presteerde, werd er naar huis gebeld. Op die momenten kwam het goed uit dat mijn ouders er nooit waren. Op ouderavonden kwamen ze nooit. Op de tijden dat die bijeenkomsten waren moesten ze altijd werken. Ik zorgde er zelf voor dat de leraren nooit redenen hadden om verregaande maatregelen te nemen. Zo af en toe kreeg mijn moeder iets te horen, maar omdat mijn eindrapport telkens net voldoende was, had zij geen reden om in te grijpen. Mijn moeder is van mening dat je iemand die iets per se niet wil, nooit moet dwingen. Ze gaf zelf vroeger niets om school en was al op haar veertiende gaan werken. Daar heeft ze nooit spijt van gehad en daarom was ze al tevreden wanneer haar kinderen ieder jaar naar de volgende klas mochten.

Dat wij het thuis niet zo breed hadden, was op school geen geheim. Het is meerdere malen gebeurd dat Angelique, Dinie of ik vlak voor vertrek van een schoolreisje niet in de bus mochten stappen, omdat er niet was betaald. Dat was natuurlijk heel pijnlijk. Eén voorval staat me nog heel helder voor de geest. De juffrouw had er in de dagen voorafgaand aan een schoolreisje een paar keer op aangedrongen dat we geld moesten meenemen. Papa zei dat hij het vlak voor vertrek zou komen brengen, maar dat gebeurde natuurlijk niet. En dan mochten wij niet mee. Van zulke dingen kun je als kind best ongelukkig worden, maar wij wisten niet beter. Zeuren deden we zelden. Ik had bovendien mijn bal. Dat was voor mij genoeg. Na de ochtendlessen liep ik thuis met de bal in mijn hand naar binnen, pakte een paar sneetjes droog brood, vulde een fles met water en liep naar de rolschaatsbaan. 's Middags hetzelfde ritueel. Dag in, dag uit.

Nog voor het officieel mocht, ik was pas vijf jaar, ging ik voetballen bij voetbalclub Zuid-Arnhem. Dat was een van de twee clubs bij ons in de wijk. Zuid-Arnhem, dat nu AZ 2000 heet, deelde sportpark Malburgen-West met MASV. Dat lag aan het einde van de Dovenetellaan op loopafstand van ons huis. Op zaterdag ging pa meestal mee naar de wedstrijden, net als iedere andere vader. Naar de trainingen op woensdagmiddag ging ik meestal met Dinie. Zij keepte bij Zuid-Arnhem en kon dat behoorlijk. Ze was net als ik hartstikke fanatiek. En als Dinie niet trainde, ging ik alleen. Moeder kwam nooit kijken, ook niet bij wedstrijden. Op zaterdag werkte ze vaak thuis, want als groepsleider van een schoonmaakploeg moest ze behoorlijk wat administratie bijhouden. Ik kan me eigenlijk maar één wedstrijd van Zuid-Arnhem herinneren waarbij mijn moeder aanwezig was: de kampioenswedstrijd in de E1.

In die paar seizoenen bij Zuid-Arnhem was ik altijd met afstand de beste. Ik bedoel dat niet arrogant, het was gewoon zo. Iedereen zal dat beamen. Ik was erg snel in vergelijking met de andere spelertjes en ik had een goed schot. Als ik een doelpunt wilde maken, dan deed ik dat gewoon.

Aan het eind van ieder seizoen speelden we met Zuid-Arnhem toernooitjes bij andere clubs in stad en omgeving. Op een van die toernooitjes werd ik aangesproken door Rob Vink. Zijn zonen Wesley en Michael speelden bij Vitesse 1892, een van onze tegenstanders die dag. Rob vroeg of ik bij hen wilde komen spelen. Dat zag ik wel zitten. Ik was pas een jaar of tien, maar voor mij stond al vast dat ik profvoetballer wilde worden.

Vitesse 1892 was de amateurtak van Vitesse en dus een stapje dichter bij mijn doel. Als ik goed genoeg presteerde bij de amateurs, zou ik een kans krijgen om met een jeugdteam van de profafdeling mee te trainen. Bij Vitesse 1892 werd Theo Janssen mijn ploeggenoot. Vanaf de eerste training konden we het goed vinden samen. Later werd Theo een flinke kerel met een goed lichaam, maar destijds was hij maar een klein, iel ventje. Opvallend genoeg had hij, hoewel hij nog niet zo sterk was, al een geweldige trap. Het kostte hem geen enkele moeite de bal van links naar rechts te crossen. Ik heb daar veel profijt van gehad in dat ene seizoen dat ik daar speelde. Als ik op de rechterflank diep ging en zijn naam riep, zorgde Theo voor de meestal perfecte assist.

Met Theo kon ik het niet alleen op het veld goed vinden, we zagen elkaar ook regelmatig als we niet bij Vitesse 1892 waren. We voetbalden in de zaal soms met onze woonwijken tegen elkaar en één keer in de twee weken waren we op zondagmiddag vaak bij de thuiswedstrijd van het eerste team van MASV. In dat team speelde een zwager van Theo en zijn vader Alex Janssen was er bestuurslid. Een vriend van mijn opa Henk voetbalde er ook. MASV speelde in die tijd op een aardig niveau, maar wat wij vooral spannend vonden was dat er vaak opstootjes uitbraken. Dat was eigenlijk de voornaamste reden dat we geen thuisduel oversloegen. Theo en ik voetbalden op een bijveld tot de wedstrijd begon. Als we het eerste fluitsignaal hoorden, renden we naar het hoofdveld. En dan was het wachten op onrust. Vaak begon het met een overtreding of een ruzietje op het veld en dat sloeg dan over naar het publiek. Met enige regelmaat werd het een flinke matpartij en wij kleine sensatiezoekers vonden dat geweldig om te zien.

Tot ik een jaar of elf was speelde mijn leven zich vooral op en rond de rolschaatsbaan af. Daarna werd mijn wereldje langzaam groter. Het begon met voetballen elders in de wijk of in Malburgen-Oost en als je dan om je heen keek, zag je weer andere interessante dingen. Zo was er eind jaren tachtig bij ons in de wijk behoorlijk wat drugstoerisme. Er werd gedeald en daar kwamen nogal wat Duitsers op af. De politie viel regelmatig een pandje binnen en zo af en toe was er een achtervolging.

Mijn vriendjes en ik – mijn maatjes waren de broers Maikel en Danny Verseveld, Dennis Onstein en Ricardo Timmerman – keken er niet raar van op als we weer eens zagen hoe een Duitse auto werd klemgereden. Onze ouders deden er ook niet zo moeilijk over. Ze zeiden alleen dat we van de in het park rondslingerende spuiten moesten afblijven, en dat deden we ook niet. De enige van ons groepje die in de problemen kwam met drugs was Ricardo. Hij stierf nog voor zijn zestiende. Zijn dood had te maken met drugs, werd gezegd, maar of het een overdosis is geweest of dat hij iets had uitgevreten... ik weet het niet.

Ricardo was wat ouder. Hij was best vaak bij ons, maar soms ook hele periodes niet. We wisten nooit waar hij allemaal precies mee bezig was. Achteraf is dat maar goed ook.

De avonturen waarin mijn gappies en ik terechtkwamen waren in mijn ogen veel onschuldiger dan drugs gebruiken. We haalden kattenkwaad uit en deden alsof we heel stoer waren. We fietsten de brug over naar het Spijkerkwartier om naar de hoeren te kijken en ruige teksten naar ze te schreeuwen. Of we gingen de andere kant op, richting het platteland. Appels jatten bij de boer. Maikel Verseveld werd een keer betrapt en kreeg tijdens zijn vlucht een flinke trap onder zijn hol van de boer. Terug in Malburgen maakten we plannen om de boomgaard in de fik te steken. Gewapend met proppen papier en een aansteker keerden we 's avonds terug, maar erg goede pyromanen waren we niet. We gooiden een paar brandende proppen papier op een boom, maar er vloog niets in de fik. Toen zijn we maar weer omgedraaid.

Ik was geen jong crimineeltje, maar een heilige was ik zeker niet. Zo werd ik op mijn twaalfde al eens door de politie thuisgebracht. Een van die gasten met wie ik vaak op straat rondhing, kwam op een middag met een luchtdrukpistool tevoorschijn. Dat vond ik wel interessant en ik vroeg hem of ik het eens mocht vasthouden.

Op dat moment kwam er een bus langs. Ik richtte het pistool op die bus en deed alsof ik schoot. Dat gastje had geen kogeltjes, dus al vrij snel was het pistool niet meer interessant voor me. Bovendien werd onze aandacht getrokken door een hoop onrust aan het eind van de straat. Daar werd met een hoop bombarie een lastige junk gearresteerd.

Nietsvermoedend stond ik te kletsen tussen de andere mensen die daar op afkwamen, toen er ineens een agent voor mijn neus stond. De buschauffeur was zich natuurlijk rot geschrokken van zo'n klein teringlijertje met een pistool in zijn hand en had de politie gebeld. Hij bleek me tot in detail te hebben beschreven. Met mijn matje en trainingspakkie was ik gemakkelijk te herkennen.

De agent pakte me beet en vroeg waar dat pistool was. Ik had het ding al teruggegeven aan de eigenaar, maar die wilde ik niet verlinken. Omdat de politie het vermoeden had dat ik iemand beschermde en ze niet wisten dat het om een ongevaarlijk luchtdrukpistool ging, namen ze me mee naar huis. Ze dachten wel dat ik zou 'breken' als ze me zouden meenemen. Dat hadden ze verkeerd. Het was juist mijn redding.

Thuis hadden we namelijk een aansteker in de vorm van een pistool, zo'n ding van de kermis. Ik zou de agent wijsmaken dat ik met die kermisaansteker op de bus had gericht en daar konden ze me moeilijk een boete of erger voor geven. Er was echter één probleempje: ik had dat ding al weken niet gezien, wist absoluut niet waar het lag. Dat werd dus zoeken en dat was niet erg geloofwaardig richting de politie. Toen we in de Meldestraat arriveerden bleek ook nog eens dat mijn moeder thuis was. Ook daar had ik niet op gerekend. Zij schrok zich rot. De enige die in ons gezin problemen veroorzaakte, was mijn vader. Ik was het lievelingetje, de jongste... Ze dacht dat ik altijd alleen maar bezig was met voetballen. Voetballen was inderdaad mijn grootste hobby, 95 procent van mijn vrije tijd besteedde ik aan voetbal. Mijn bezigheden gedurende die resterende vijf procent hadden me vandaag in grote problemen gebracht. 'Ze komen voor die aansteker, dat pistool', zei ik tegen ma, nog voor ze kon vragen wat ik had uitgevreten. Ik zag de vraagtekens in haar ogen verschijnen. Ook zij had de aansteker waarschijnlijk weken niet gezien en omdat ze niet wist wat ik had gedaan, begreep ze niet waarom ik er nu naar vroeg. Nog voor ze mijn verzonnen verhaal kon verpesten met een domme opmerking moest ik ingrijpen. 'Ik heb dat ding een uurtje geleden aan jou gegeven, ik was ermee naar buiten gegaan en dat wilde jij niet', gaf ik een niet te missen hint. 'Dat ben je toch niet vergeten, mam? Pak hem gewoon even! Ze hebben gezien dat ik ermee buiten liep en dat mag blijkbaar niet. De politie denkt dat het een echt pistool is. Laat hem gewoon even zien.'

Er was geen speld tussen mijn verhaal te krijgen. Het duurde even, maar het kwartje was gevallen. Moeder liep naar binnen en kwam terug met de aansteker in de vorm van een pistool.

Gelukkig wist ze blijkbaar precies waar ze die had neergelegd. Vlak voor de neus van de agent stak ze het pistool in de lucht en haalde de trekker over. Uit de loop kwam een klein vlammetje. Zichtbaar teleurgesteld, hij dacht waarschijnlijk te scoren met een arrestatie wegens illegaal vuurwapenbezit, begon de agent een verhaal over dat zulke levensechte voorwerpen illegaal waren. Ma knikte begrijpend en had er geen enkel probleem mee dat de aansteker in beslag werd genomen. Ik ook niet, want mijn eerste arrestatie liep met een sisser af.

Opgroeien in een wijk als Malburgen-West betekende dat je sterk in je schoenen moest staan. Zeker als je in de puberteit kwam en ontdekte dat er meer is dan voetballen. Op de pleinen speelde je vaak tussen of met kinderen die een paar jaar ouder waren en zoals overal wilden ook de jonkies in Malburgen indruk maken op de ouderen. Ik was wat dat betreft geen uitzondering.

Rond de jaarwisseling, als er veel vuurwerk op straat was, werden de incidentjes vaak wat heftiger. Dan deden we de raarste dingen om maar aan te tonen wie het stoerst was. Op een van die dagen leidde dat zelfs tot een inbraak. Dat was niet gepland, maar het gebeurde min of meer per toeval. Iemand blies met een stuk zwaar vuurwerk het onderste raam van de deur van een sportwinkeltje eruit. We renden, want het kon niet anders dan dat er meteen een flink alarm zou afgaan. Tot onze verbazing bleef het stil en we liepen allemaal terug naar de deur. 'We kunnen naar binnen', riep iemand.

Door de opening die was ontstaan kon alleen een klein persoon naar binnen kruipen en iedereen keek naar mij. Van de hele groep was ik namelijk de kleinste en ze daagden me uit. 'Dat durf je niet', dat soort opmerkingen. Dan ga je voor de bijl als stoere puber. Ik kroop door het gat in de deur naar binnen en ging op zoek naar spullen waar we iets mee konden. Al snel had ik een doos met bokshandschoenen gevonden en die schoof ik door het gat naar buiten. De anderen doken er als aasgieren op af. Binnen tien seconden was de hele doos leeg. Voor mij, degene die het grootste risico had gelopen, lieten ze niets liggen. Dat zijn de wetten van de straat. Mijn zus Dinie was er ook bij. Zij riep dat ik maar naar buiten moest komen voordat de politie, die in deze tijd van het jaar vaker door de wijk reed, kwam kijken wat er allemaal aan de hand was.

De inbraak bleef zonder gevolgen. Bij een andere domme actie, jaren later, ontsnapte ik ternauwernood aan een bezoekje aan de jeugdrechter. Een klasgenoot van me had ergens een brommertje gepikt en wist niet goed wat hij ermee aan moest. Dat jochie had 'm ergens in de buurt weggehaald en was duidelijk bang dat de eigenaar hem zou gaan zoeken. Ik had wel een plannetje en eiste dat ding heel stoer bij hem op. Nog dezelfde dag spoot ik bepaalde onderdelen in een andere kleur en ik zette er ook nog een ander zadel op. Onherkenbaar, ik was zeker van mijn zaak. De volgende dag bleek dat ik overmoedig was geweest. Na afloop van de lessen liep ik de stalling in en ik zag twee agenten en een onbekende man bij 'mijn' brommer staan. Blijkbaar wisten ze al wie ze nodig hadden, want ze kwamen direct naar me toe. 'Hoe kom jij aan die brommer?', vroegen ze. Ik had meteen in de gaten dat ze zeker van hun zaak waren en verzon een smoes dat ik 'm ergens had gevonden. De eigenaar was allang blij dat-ie zijn brommer weer had en zag af van aangifte.

Ik heb er eigenlijk altijd redelijk goed mee kunnen omgaan dat wij thuis heel veel luxe dingen gewoon niet konden betalen. Er waren in mijn omgeving genoeg gasten die er veel meer moeite mee hadden en alles weghaalden wat ze konden. Eigenlijk ben ik zelf maar één keer niet bestand geweest tegen de verleiding iets te pikken. Dat was kort nadat ik door Ajax was gescout. Op het oude jeugdcomplex Voorland heb ik een keer een discman uit een kleedkamer gestolen. Zo'n discman was helemaal in, ik moest en zou er eentje hebben. Maar ze waren verschrikkelijk duur. Het was uitgesloten dat ik zo'n ding bij elkaar zou kunnen sparen. Ik zag er eentje liggen in een kleedkamer van een ander team en nam 'm mee.

Wat ik ook deed of om me heen zag gebeuren, voetbal was en bleef het belangrijkste in mijn leven. Tijdens EK's en WK's hing bij ons de hele straat vol met oranje versiersels. Ik vond dat geweldig. Op mijn bed lag een dekbed met een afbeelding van Marco van Basten. Tijdens het EK van 1988 hingen we het dekbed buiten aan het huis. Samen met pa keek ik heel veel voetbal op televisie. Op zaterdagmiddag was de *Sportschau* vaste prik en op zondagavond keken we natuurlijk naar *Studio Sport*. Ajax was mijn kluppie.

Ik liep de hele dag in een shirtje van Ajax rond. Er bestond voor mij geen enkele twijfel: ik zou ook profvoetballer worden. Als speler van Vitesse 1892 bleek al snel dat ik niet de enige was die er zo over dacht. Ik speelde in de D1, maar al na een paar weken kreeg ik het aanbod om één keer per week met de B1 van de proftak mee te trainen.

Ik was een klein kereltje van elf jaar, maar ze vonden me goed genoeg om te trainen met gasten van veertien en vijftien. De profclub Vitesse was toen nog een stichting en mocht daarom maar een paar jeugdteams hebben. Het jongste team was de B1. Ze werkten samen met de amateurs, waar ik blijkbaar positief was opgevallen.

Ik begreep heel goed dat het een eer was en een mooi signaal, maar al na een paar trainingen ging ik er met de pest in mijn lijf heen. Ik voelde me niet thuis tussen die jongens. Zij waren allemaal minimaal drie jaar ouder en hielden zich buiten het veld met heel andere dingen bezig. Ze waren bijvoorbeeld al veel bezig met meisjes, terwijl ik daarin nog totaal geen interesse had. Het enige leuke was dat we een beroemde trainer hadden:

John van den Brom, speler van het eerste elftal van Vitesse. Als spelertje van Vitesse 1892 kreeg ik mijn eerste uitnodiging voor een vertegenwoordigend elftal: de Arnhemse selectie. Met dat team speelde je zo af en toe een oefenwedstrijdje en blijkbaar kwamen daar nogal wat profclubs kijken. Ik kreeg de ene uitnodiging na de andere voor stages. PSV was de eerste club die me benaderde. Ze wilden me graag hebben, maar dan moest ik wel in het voetbalinternaat in Eindhoven en dat zag ik niet zitten. Zo'n internaat met al die regels, dat was niets voor mij en daarom heb ik vriendelijk bedankt.

Bij Willem II heb ik nog een paar proeftrainingen afgewerkt, net als bij Go Ahead Eagles. Daar hadden ze al na mijn eerste training een soort contract en een overschrijvingsformulier klaarliggen. Zij dachten blijkbaar dat ik zonder nadenken zou tekenen, maar mijn vader en ik waren natuurlijk niet gek. We vroegen wat het allemaal betekende en zo kwamen we erachter dat ik niet eens reiskostenvergoeding zou krijgen. Die moest ik zelf maar voor mijn rekening nemen, zeiden ze. We zijn meteen weer vertrokken.

De interesse van de profclubs ontstond zo'n beetje tegen het eind van het seizoen 1992/93. Je kon duidelijk merken dat ze bezig waren nieuwe spelers te testen voor het volgende seizoen. Ik vond het geweldig dat al die clubs die ik van televisie kende mij als talent beschouwden. Ik ging er alleen maar beter door spelen. Aan het eind van het seizoen namen we met de Arnhemse selectie deel aan het toernooi om de Arnhem Cup. Dat vond plaats op de velden van Arnhemse Boys. Ik heb alle details onthouden, omdat daarna iets gebeurde wat bepalend is geweest voor de rest mijn leven.

Na de laatste wedstrijd van het toernooi ging ik met de trolleybus naar huis. Terwijl ik op het perron stond te wachten, werd ik aangesproken door een man die John van Bokhoven heette. Hij zei scout te zijn van Ajax. Ik keek hem eens goed aan en schoot een beetje in de lach. Ik had weleens gehoord dat scouts altijd oudere, serieuze mannen waren.

Johnny was een jonge, vlotte kerel die helemaal niet voldeed aan het beeld dat ik had van een scout. Ik kon me totaal niet voorstellen dat hij iets te vertellen had over welke spelers er naar mijn favoriete club Ajax zouden mogen. Hij negeerde mijn gelach en vroeg of hij mijn adres mocht noteren. Ik gaf het hem en ben weggelopen. Ik geloof dat ik het nog wel tegen mijn vader heb gezegd, maar een dag later was ik het alweer vergeten.

Een paar weken later kwam ik van school thuis en vertelde mijn vader dat hij een verrassing had. In zijn hand had hij een envelop en daarop stond het logo van Ajax. Meteen besefte ik waar het om ging en dat die Johnny van Bokhoven de waarheid had gesproken. Ik was door het dolle heen natuurlijk. Ajax was mijn club. Marc Overmars en Dennis Bergkamp waren mijn favoriete spelers. Het was voor mij een droom die uitkwam.

In die brief van Ajax stond dat ik een testwedstrijd in Amsterdam mocht komen spelen. Ik ben er met mijn vader heen gegaan en weet nog dat ik baalde dat we geen shirtje kregen. Je moest voetballen in de kleding die je zelf had meegenomen. Michael Lamey, de verdediger die later onder andere bij PSV en RKC Waalwijk prof was, werd in dezelfde wedstrijd getest. In de eerste wedstrijd scoorde ik vier keer. Ik had totaal geen last van zenuwen.

Co Adriaanse was hoofd opleidingen en hij stond langs de lijn te kijken. Een week of twee na die testmiddag kreeg ik een brief waarin stond dat ik was aangenomen. Dat deden ze bij hoge uitzondering, want eigenlijk woonde ik veel te ver weg. De regel was dat jeugdspelers niet verder dan vijftig kilometer van Amsterdam mochten wonen. Maar ze wilden me zó graag hebben dat in mijn geval niet moeilijk werd gedaan over het feit dat de afstand tussen Arnhem en het jeugdcomplex van Ajax bijna honderd kilometer was.

# 3

# SCHOOIERTJE

Voelde ik dat goed? Trok die klootzak van Willem II nu echt aan mijn haren? Ik voetbalde al heel wat jaartjes en al die tijd had ik een matje. Ze hadden geprobeerd me te schoppen en uit de wedstrijd te praten, maar aan mijn haren hadden ze nog nooit gezeten. Maar nu, nota bene in mijn allereerste wedstrijd voor Ajax, gebeurde het wel. Zonder na te denken draaide ik me om en in een vloeiende beweging sloeg ik de linksback tegen de vlakte.

Joris Mathijsen, toen nog niet zo'n heel goede verdediger, maakte mijn debuut voor Ajax op het Wim Kuijper Jeugdtoernooi bij VV Vorden tot een gebeurtenis om nooit meer te vergeten. Günther de Haan, mijn trainer in de C1 van Ajax, was woedend. 'Dit doen wij bij Ajax niet! Ben jij helemaal gek geworden?' Eerlijk gezegd was ik zelf net zo geschrokken van mijn reactie als Günther en die beste Joris.

Ik kon heel goed voor mezelf opkomen en was best een agressieve speler, maar een vechtersbaasje was ik eigenlijk niet. Slaan deed ik nooit. Het zal misschien te maken hebben gehad met de spanning. Voor het eerst mocht ik wedstrijden spelen in het shirt van Ajax. Ik wilde koste wat kost laten zien dat ze me niet voor niets gescout hadden. Dit is wat ik wilde. Hier droomde ik al jaren van. Mijn leven was in een paar maanden volledig op z'n kop komen te staan.

Vijf keer in de week honderd kilometer heen en honderd kilometer terug, dat waren voor een kind van dertien wereldreizen. Ik reed in het begin regelmatig mee met Danny Lucke, een keeper uit Arnhem die als D-speler door Ajax was gescout.

Ik kende Danny en zijn vader Jan van mijn eerste club Zuid-Arnhem en Vitesse 1892. Jan was leider van mijn team bij Zuid-Arnhem geweest. Het waren fijne mensen. Mijn vader ging zeker in het begin vaak mee naar Ajax, maar naar de training kwam hij bijna nooit kijken. Hij zat in de kantine te zuipen. Het is vaak voorgekomen dat Jan Lucke mijn pa laveloos bij de bar moest wegtrekken. De familie Lucke had medelijden met mij, dat merkte ik aan alles. Ze hebben me zelfs een keer mee op vakantie genomen. Ik mocht mee gaan kamperen in Friesland. Dat was hartstikke lief, maar ik kreeg al na een paar dagen heimwee. Huilend hebben ze me naar huis gebracht.

De trainingsschema's van Danny en mij waren niet altijd volledig hetzelfde en daarom nam ik soms de trein van Arnhem naar Amsterdam Amstel. Daar pakte ik vervolgens bus 15 naar De Meer. Soms ging mijn vader mee, maar soms ook niet. En dan moest ik als twaalfjarige alleen die reis maken. Soms had mijn vader het reisgeld dat we van Ajax kregen vergokt en moest ik zwart reizen.

De dagen waren lang. Af en toe viel ik onderweg in slaap en werd ik wakker op Amsterdam Centraal. Ik wist niet wat ik zag. Ik vond het spannend, maar ook eng. Het was geen pretje om 's winters na acht uur 's avonds in het donker op Amsterdam Amstel met je tasje van Ajax rond te lopen.

Later liet Ajax een busje rijden voor de spelers die verder weg woonden. Ze haalden me iedere dag op bij Scholengemeenschap Vredenburg in Arnhem en dan gingen we via Zeist, Soest en Bussum naar Amsterdam. Ik reisde samen met onder anderen Dennis Scharrenburg en Michael van der Kruis, die later op een lager niveau prof zijn geworden. Dat waren allemaal keurig nette jongens die tijdens de reis hun huiswerk maakten. Ik was een ander type, zat vaak te ouwehoeren met de chauffeur.

In Malburgen was ik als jeugdspeler van Ajax natuurlijk het binkie. Ik had al veel vriendjes omdat ik geen moeilijke jongen was, met iedereen overweg kon en goed kon voetballen. Vanaf het moment dat ik Ajacied was, kreeg ik nóg meer aandacht. Op mijn eerste trainingsdag had ik een pakketje met kleding gekregen en vanaf dat moment liep ik dag en nacht in officiële Ajaxkleding door de wijk. Ik vond dat geweldig stoer en genoot ervan als mensen me vroegen of ik een shirtje voor ze had. Ik was zelfs zo trots dat ik vaak een bushalte te vroeg uitstapte en een extra lange wandeling maakte met mijn Ajax-tas. Hoe meer mensen me met dat logo zagen lopen, hoe beter. Ik vond het prachtig als ik mensen in de trein naar die tas en het logo op mijn trainingspak zag kijken.

De eerste ooit die me op die spullen aansprak was Kiki Musampa. Hij was twee jaar ouder en kende me niet. Ik hem wel, want als je in de opleiding van een profclub speelt hoor je al snel van welke spelers ze heel veel verwachten. Kiki was een van die toekomstige toppers. 'Heb je die spullen zelf gekocht?', vroeg hij me cynisch toen hij me in de trein opmerkte. Ik vond het geweldig dat hij me aansprak. Dat hij een flauw grapje maakte interesseerde me niet eens. Vol trots antwoordde ik dat ik bij Ajax speelde.

Co Adriaanse was de grote man in de opleiding van Ajax. Iedereen wist dat hij de baas was en Co liet geen mogelijkheid onbenut om zijn gezag te laten gelden. Vanaf de eerste dag bij Ajax zeurde hij over mijn lange haren. Co wilde dat ik naar de kapper zou gaan. Mijn kapsel hoorde niet bij Ajax. Ik vond dat onzin en dat liet ik op een gegeven moment blijken. 'Je zoekt het maar uit, jij blijft van mijn haar af', riep ik tegen hem, nadat hij weer eens een opmerking had gemaakt.

Ik was pas dertien, maar als iemand bij mij de grens bereikte dan zei ik er iets van. Dan maakte het niet uit wie er voor me stond. Co was heel erg bezig met het imago van Ajax. We moesten er allemaal netjes uitzien. Haren in model en kort, sokken omhoog, shirt in de broek, verplicht trainen met scheenbeschermers. Met de meeste regels had ik geen problemen en ik kon het – behalve als het over mijn matje ging – goed vinden met Co.

Iedereen had schrik van hem, maar ik niet. Co had wel een zwak voor mij en zeker voor mijn moeder. Hij vroeg altijd naar haar als ze er niet was. En als ze er wel was, dan kwam hij altijd even een praatje met haar maken. Mijn moeder was en is een heel mooie vrouw. Dat zal Cootje ook wel gezien hebben. Co waardeerde mij omdat ik goed was en omdat ik altijd eerlijk was, volgens mij. Hij heeft me een keer of drie geschorst, maar dat had geen invloed op onze relatie. Als ik fout was geweest dan gaf ik dat toe. Ik verzon geen smoesjes of leugens, maar zei gewoon dat hij gelijk had.

Mijn eerste schorsing kreeg ik wegens spijbelen van school. Het kwam nooit in me op dat waarschijnlijk slechts één speler van mijn lichting het tot profvoetballer zou schoppen en dat het daarom slim was om huiswerk te maken. Als speler van Ajax C-1, gescout op honderd kilometer van Amsterdam omdat ze me zo goed vonden, wist ik zeker dat ik het ging redden. Ik zei het nooit hardop, maar ik vond mezelf een van de besten. Dat was voor mij een reden om nog minder mijn best te doen op school, alleen Co dacht daar wat anders over. Hij wees er continu op dat goed presteren op school noodzakelijk was om bij Ajax te mogen voetballen. Tot een bepaalde hoogte kon ik dat wel volgen, maar ik vond als veertienjarige dat ik best zonder handenarbeid kon. En daarom bleef ik bij die lessen weg. Dat lukte een paar keer zonder problemen, tot de schoolleiding aan Ajax doorgaf dat ik bij die lessen spijbelde. Co schorste me voor een week.

Mijn tweede schorsing kreeg ik omdat ik het been brak van de keeper van Newcastle United. Een van mijn kwaliteiten was dat ik over de juiste agressiviteit en over een winnaarsmentaliteit beschikte. In dat agressieve sloeg ik soms door. Uit het niets kon ik soms iets raars doen. Het gebeurde gelukkig alleen op het voetbalveld. Buiten het veld ben ik nooit agressief geweest. Behalve als ze me zaten te etteren, dan kon ik kwaad worden. Aan ruzie heb ik een hekel, maar op het veld ben ik nooit iets uit de weg gegaan. Dan kon ik echt agressief uit de hoek komen. Winnen was voor mij het belangrijkste, maar snel daarna kwam de drang om altijd beslissend te willen zijn. In dat wedstrijdje tegen Newcastle, ergens op een jeugdtoernooi in Nederland, zal het niet helemaal naar mijn zin zijn verlopen. Er viel een bal tussen mij en de keeper en ik gleed op hem door. Zulke acties werden door Ajax niet gewaardeerd. Weer een week schorsing.

Later heb ik ook het been gebroken van een verdediger van Go Ahead Eagles. We speelden met een jeugdteam van Oranje in Zeist tegen de Eagles en bij die club speelde zo'n galbak die we al kenden uit de competitie. Die gozer schopte je altijd bewust tegen je poten, en dat gebeurde ook in deze wedstrijd. Ik gaf bij mijn ploeggenoten in de rust aan dat ik hem zou terugpakken. Bij de eerste de beste mogelijkheid ging ik met gestrekt been op hem door. Ik hoorde het bot breken. Iedereen die dat ooit heeft gehoord, weet op welk geluid ik doel.

Dat hij zijn been brak was niet de bedoeling, maar die schop was hartstikke bewust. Co was woest. Ik kreeg een week schorsing en mocht zelfs niet eens op het terrein van Ajax komen. 'Je komt niet binnen de hekken van Voorland. Dit soort gedrag hoort niet bij een Ajacied', riep hij. De straf miste zijn uitwerking niet, want ik kreeg vreselijk veel spijt. Voorland lag namelijk op de route van school naar huis, ik kwam er iedere dag voorbij. Dan zag ik mijn team of andere teams trainen en ik mocht niet meedoen. Het is daarna niet meer voorgekomen.

Ze hadden bij Ajax best wel wat te stellen met me. Ik was een agressief ettertje. Op een toernooi bij PSV werd ik een keer van het veld gestuurd omdat ik de scheidsrechter een beuk gaf. Die had in mijn ogen een penalty moeten geven, maar hield het bij een vrije trap in het strafschopgebied. Ik was die wedstrijd als reserve begonnen en dat zat me al niet lekker. Zo'n discutabele beslissing deed dan de rest. Dan gingen de lichten bij me uit en deed ik iets doms.

Günther de Haan, mijn eerste trainer bij Ajax, was een toffe, echte Amsterdammer. Hij maakte vaak een dolletje, pakte je een keer vast, hij gaf je een prettig gevoel. Mede dankzij hem voelde ik me heel snel thuis bij Ajax. Hoewel ik eruitzag als een schooiertje, werd ik vrij vlug geaccepteerd. Dat lukte door op het veld te presteren. Ik kon meteen met het niveau mee, was hard in de duels en had voor niemand ontzag. Daarmee dwong ik respect af. Ze merkten dat ik wilde slagen en dat alles moest wijken. Dat zat er gewoon in, van kleins af aan al. Mijn mentaliteit sloot perfect aan bij die van Ajax: altijd de beste willen zijn. Ik denk dat Adriaanse mede daarom een zwak voor me had. Hij was streng voor me, maar ik liet me daardoor niet uit het veld slaan. Ik had respect voor Adriaanse, maar geen schrik. Anderen wel, die meden hem als de pest. Er was trouwens nog één andere jongen die geen ontzag had voor Adriaanse: Wouter Kos. Daar kwamen we tijdens een toernooitje in Italië achter. Co ging mee en evalueerde na afloop de prestaties van de spelers. Van mijn eigen beoordeling kan ik me eigenlijk niets herinneren, maar van die van Wouter Kos nog wel.

Wouter was de nerd van onze groep. Echt zo'n schoolpikkie, een intelligente jongen die dat voortdurend liet blijken. Daar werden we doodziek van en daarom noemden we hem *De Intellectueel*. De spelers moesten eerst zelf zeggen hoe ze hun prestaties beoordeelden en dan volgde de mening van Co. Wouter zei zonder een spoor van twijfel dat hij goed gespeeld had, bovengemiddeld zelfs. Co dacht daar anders over. 'Ik vind eigenlijk dat je slecht hebt gespeeld', zei Adriaanse. Wouter was het er totaal niet mee eens en ging tegen hem in.

Er ontstond een keiharde discussie tussen een jeugdspeler en de trainer. Het was muisstil in de kleedkamer. Niemand van ons had het eerder meegemaakt dat openlijk de mening van de grote baas in twijfel werd getrokken.

De meeste teamgenoten deden het in hun broek voor Adriaanse. Dat merkte je aan kleine dingen. Bij Ajax kreeg je bijvoorbeeld voetbalschoenen van de club. Als die kapot waren moest je naar Co. Hij controleerde of ze echt kapot waren en als dat zo was kreeg je een briefje voor de materiaalman, waarop stond dat Co toestemming gaf voor nieuwe schoenen. Ik heb spelers zien voetballen op schoenen met grote scheuren erin. Puur omdat ze nog niet naar Co durfden te gaan. Ze waren bang dat hij boos zou worden. Zelf ging ik al naar hem toe als er een klein scheurtje in een van mijn kicksen zat. Scheur is scheur.

Sommigen schoten in de stress als hij langs de lijn stond te kijken. Dan raakten ze geen bal meer. Bij mij gebeurde juist het tegenovergestelde. Als Co stond te kijken vond ik dat geweldig en ging ik beter spelen. Hoe meer publiek, hoe sterker ik werd. Ik vond het prachtig om zo veel mogelijk mensen te kunnen laten zien dat ik goed kon voetballen.

Andersom werkte het helaas ook zo bij mij. Als er niemand langs de lijn stond, speelde ik een stuk minder. Gelukkig trok Ajax overal wel volk, dus ik presteerde over het algemeen prima. Gedurende de hele opleiding is er zover ik weet nooit twijfel over mij geweest. De evaluatiegesprekken aan het eind van het seizoen waren altijd duidelijk: je mag blijven. Ik speelde in een goede lichting, we werden ieder jaar kampioen en ik had telkens een behoorlijk aandeel.

We waren echt zo'n typisch Ajax-team, veel van die brutale Amsterdamse gastjes. Als we bij een uitwedstrijd uit de Ajax-bus stapten, stonden er altijd wel wat mensen te kijken. Ajax was toen dé club van Nederland en een grootmacht in Europa. Er was ontzag voor ons en wij maakten daar gebruik van. Altijd vroeg er wel iemand van ons of ze die middag met 4-0 of 5-0 wilden verliezen. Dat arrogante hoorde er een beetje bij, dat werd zeker niet afgeremd door de club of de trainer. Marc Stuut was de verpersoonlijking van dat gedrag. *Stuutje* was een baasje, had schijt aan de hele wereld. Hij kon geweldig goed voetballen, maar wist dat zelf natuurlijk ook. Later is hij lid geworden van de ledenraad van Ajax. Ik zag hem op televisie mopperen op Keje Molenaar toen die tegen de afspraak in voor een camera ging staan ten tijde van dat gedoe met die 'fluwelen revolutie'. Typisch Stuut. Branie.

Ik was ook zelfverzekerd. Ik vond mezelf de beste. Wij wonnen alles en ik was belangrijk. Dan ben je dus een goeie voetballer. Zo dacht ik. Ik was heel erg bewust van de uitstraling van Ajax, van wat dat deed met mensen. Dat komt omdat ik zelf in mijn jeugd zo had opgekeken tegen mensen die van Ajax waren. Met de Arnhemse jeugdselectie speelden we een keer een toernooitje waar keeper Abe Knoop aanwezig was. Die speelde toen bij Ajax. In welke hoedanigheid hij daar was weet ik niet eens meer. Wat ik wel weet is dat hij een tas van Ajax droeg. Ik vond dat machtig mooi. Ajacieden zijn toch een bepaald slag volk. Zeker in die tijd. Altijd de juiste kleding, die arrogantie, goede spelers. Ik paste daar naadloos tussen. Had geen enkele moeite om me bij dat cultuurtje van 'wij zijn Ajax, wij zijn de besten' aan te sluiten.

Er was maar één wedstrijd per jaar waar wij tegenop zagen: Feyenoord-uit. We waren niet bang voor de voetballers van Feyenoord, maar meer voor de omstandigheden. In die tijd was er veel voetbalgeweld rond de velden. De haat tussen Ajax en Feyenoord was enorm. Het leidde in 1997 zelfs tot de dood van Ajax-supporter Carlo Picornie, tijdens dat gevecht in een weiland bij Beverwijk.

In Rotterdam werd je vanaf het moment dat je uit de bus stapte geïntimideerd. Aan de ene kant vond ik het wel mooi, dat fanatisme herkende ik wel. Aan de andere kant wist je ook dat er maar eentje echt gek hoefde te zijn en er gebeurde iets vreselijks. Dus daar hadden we niet zo'n grote mond. De wedstrijden tegen Feyenoord waren ook voor mij de wedstrijden van het jaar. PSV-Ajax en Ajax-PSV waren leuk, maar als ik tegen Feyenoord moest dan voelde ik me anders. Dat is de enige echte klassieker. In dat soort wedstrijden was ik vaak op mijn best.

Co toetste de jeugdspelers van Ajax volgens de T.I.P.S.-methode. Dat had hij zelf bedacht. Die afkorting stond voor: techniek, inzicht, persoonlijkheid en snelheid. Mijn techniek, inzicht en snelheid waren ruim voldoende, qua persoonlijkheid stond ik er wat minder positief op. Zoals ik al vertelde werd ik in het veld soms agressief en ik had mijn mondje bij me. Ik was dan wel een boertje uit Arnhem, maar had net zo goed een grote bek. Ik liet me niet aftroeven.

Er was buiten het veld wel een behoorlijk verschil tussen die jongens en mij. Ik liep altijd in mijn trainingspak, zij waren bijvoorbeeld al bezig met bepaalde merkkleding. Daar had ik geen geld voor, maar ik had er ook geen interesse in. Zij stonden als jongens van dertien al voor de spiegel hun haren op een bepaalde manier te kammen en kregen van hun ouders dure jasjes van een merk dat 'in' was.

Mijn moeder kocht trainingspakken op de markt en stikte er met de hand een logo van Nike op. Voor mij draaide het alleen maar om voetballen. De rest interesseerde me niet. Darl Douglas, die later onder andere bij RBC, FC Utrecht en Heracles Almelo speelde, was mijn maatje. We zaten altijd naast elkaar in de bus en luisterden samen naar reggae. Hij had altijd de nieuwste reggaemuziek.

Ik trok vaak naar die donkere gasten toe. In Arnhem was ik niet anders gewend. Ik voetbalde in Malburgen veel met Marokkanen en Surinamers, alles liep er door elkaar. Zoals het hoort. Later werd ik close met Raphael Supusepa, een Molukse jongen die ook nog voor Excelsior en Haarlem speelde. Mijn moeder kon het goed vinden met zijn ouders. Ze woonden in Zaandam. Na de wedstrijden namen ze ons mee naar hun huis en daar aten we wat met z'n allen. Vervolgens brachten ze ons 's avonds ook weer naar Diemen, want mijn moeder had geen rijbewijs. Raphael was een jaartje ouder, maar het klikte gewoon tussen ons. Best raar, want hij was in alles een tegenpool van mij. Hij was altijd netjes gekleed, had een keurig kapsel en maakte trouw zijn huiswerk. Onze achtergronden waren net zo verschillend. Hij kwam uit een harmonieus gezin, ik totaal niet.

Een klein jaar voor mijn overstap naar Ajax waren mijn ouders gescheiden. Bij Ajax waren ze daarvan op de hoogte, maar de details kende niemand. Ik hield mijn mond en mijn vader probeerde zoals altijd te doen of er niets aan de hand was. Dat lukte hem aardig, behalve op de momenten dat hij dronken uit de kantine werd gehaald. Dat waren altijd pijnlijke momenten, die Jan Lucke gelukkig met wat grapjes enigszins minder gênant wist te maken.

De financiële problemen die we hadden bleven grotendeels verborgen, behalve een keer op een toernooitje. Hij had weer eens een keer geen gulden op zak en in mijn bijzijn vroeg hij geld aan een van de andere ouders. 'Anders heeft

Andy niets te eten en te drinken', zei hij met een knipoog. Dat is natuurlijk om je kapot voor te schamen, maar mijn vader maakte er dan weer een dolletje van of verzon een smoesje en zo trapte iedereen er in.

Zelf had ik wel in de gaten dat er thuis voor mij weinig te halen was. Daarom ging ik in die periode, als ik niet bij Ajax was, vaak naar mijn oom Chiel. Die zorgde goed voor me. Hij gaf me kleding en eten. En ondertussen leende hij mijn vader ook nog geld, dat hij vervolgens natuurlijk nooit meer terugkreeg.

In mijn tweede seizoen bij Ajax verhuisde mijn vader naar Nederhemert in Noord-Brabant. Daar woonde zijn vriendin, een hartstikke aardige vrouw. Ik ging met hem mee, dat was eigenlijk vanzelfsprekend. Angelique woonde al samen. Mijn moeder ging met Dinie in de Meldestraat wonen.

Ik was Arnhem gewend en voetbalde bij Ajax in Amsterdam. Aan het wonen in een dorp kon ik niet wennen. Ik vond het vreselijk. Alleen dat fietsen al was een ramp. Iedere dag tien kilometer naar school in Zaltbommel, dwars door de weilanden. In Arnhem fietste ik van huis naar de rolschaatsbaan op een klein crossfietsje. Dat was honderd meter. Nu moest ik twee keer per dag door weer en wind twintig kilometer fietsen. Ik had daar helemaal niemand. Geen vriendjes op school en geen vriendjes in het dorp.

Uit geloofsovertuiging hadden veel mensen daar niet eens een televisie. Met dat soort ideeën over het leven kan ik niets. Ik had er wel respect voor, maar ik kan me daar niet in verplaatsen. Ik was een klein straatratje dat al voetballend op een pleintje van alles meemaakte. In Arnhem stonden mijn vriendjes en ik vooraan als de politie jaagde op Duitse junks in de Dovenetellaan.

In Nederhemert werd ik ineens een puber zonder sociaal leven. Het werd allemaal heel beperkt. Op school ging ik vaak eerder weg, omdat ik naar Ajax moest. Als ik thuiskwam lag iedereen al in bed of zaten ze binnen met de gordijnen dicht. En zo ging dat vijf dagen per week. Mijn vader vond het niet prettig als ik contact had met mijn moeder. Ik miste haar en Dinie verschrikkelijk, maar toch durfde ik niet tegen de wens van mijn vader in te gaan. Hij wist het zo te brengen dat ik me schuldig voelde als ik het wel deed. Ik heb volgens mij maar één of twee keer mijn moeder gebeld in die periode. Dat deed ik stiekem vanuit het café waar mijn vader zat te gokken. Dinie was mijn lievelingszus, maar haar heb ik al die tijd niet gesproken. Ze heeft er veel verdriet van gehad.

Ik voelde me in Nederhemert vreselijk eenzaam, vooral 's ochtends. De vriendin van mijn vader werkte keihard in een champignonkwekerij. Ze moest iedere dag om vijf uur beginnen. Mijn pa had altijd van dat beunhaaswerk. Dan weer hier, dan weer daar. Meestal hielp hij ergens op een bouwplaats mee. Ik zat vaak alleen aan het ontbijt. Glaasje melk en een broodje in een huis waar ik me niet thuis voelde, in een dorp waar ik niet wilde zijn. Ik klaagde nooit, dat zat niet in me, maar natuurlijk vrat het wel aan me. Het was een kwestie van tijd voor de bom zou barsten. Het leek alsof ik moed verzamelde om de boel de boel te laten.

Mijn pa deed wel zijn best voor me. Wanneer hij kon, bracht hij me naar Ajax. Hij had een gele Volkswagen Golf gekocht, maar op een paar plekken was het plaatwerk vervangen door een andere kleur. Het was echt zo'n oud barrel. Ik schaamde me rot en vroeg m'n pa om niet op de parkeerplaats van Ajax maar een paar straten verderop te parkeren. Ze noemden me voor de grap soms al 'het schooiertje uit Arnhem', maar zo'n duidelijk bewijs wilde ik de mensen niet gunnen.

Op een goeie dag was ik het in Nederhemert ineens helemaal beu. Ik fietste Zaltbommel, gooide mijn fiets in de struiken bij het station en nam de trein naar Arnhem. Van het Centraal Station in Arnhem wandelde ik naar Malburgen. Ik belde in de Meldestraat bij mijn moeder aan en zwoer dat ik haar nooit meer in de steek zou laten. Mijn vader heeft nog een paar keer woedend mijn moeder gebeld. Hij eiste dat ze mij terug naar Nederhemert zou sturen, maar dat gebeurde natuurlijk niet. Toen ik weer terug bij mijn moeder was en zij in plaats van mijn vader meeging naar Ajax, bleek dat hij behoorlijk veel geld had geleend van de kantinebeheerder van Ajax op Voorland. Deze Ton, een fijne vent trouwens, vroeg nu natuurlijk mijn moeder om dat geld. Dat was pijnlijk voor haar, want ze moest vertellen dat ze niets meer met mijn vader te maken had en ook niets meer met hem te maken wilde hebben.

In september 1995, ik speelde net in de A2, verhuisde ik samen met mijn moeder naar Diemen. We hadden het nog steeds niet breed. Als ik 's ochtends naar school ging kreeg ik van haar vijftig cent. Daarvan kocht ik een ChocoPrince. Meer zat er niet in. Alle extraatjes kregen we van opa Neervoort. Die schoof ons regelmatig een meiertje toe. Van hem kreeg ik ook mijn eerste brommertje, een Gilera Citta. Mijn moeder gaf nooit meer geld uit dan erin kwam. Dat was een erfenis van die ellende met mijn vader. Gelukkig waren we allebei tevreden met een bordje eten. Voor ons draaide het leven niet om dure zaken als vakantie en merkkleding, wij waren tevreden met wat we hadden.

De verhuizing betekende voor ons beiden een nieuwe start. Het was goed voor mij, omdat het vele reizen me begon op te breken. Voor mijn moeder was het prettig om ergens te gaan wonen waar niemand haar verleden kende. Adriaanse was degene die ons erop wees dat het verstandig zou zijn om dichterbij te komen wonen. Hij zorgde ervoor dat de club alles voor ons regelde. Ze zochten een woning via sponsor Verwelius en gaven geld voor meubels. Dat voorschot zouden ze later wel met mijn loon verrekenen. Ik maakte daaruit op dat ze het echt in me zagen zitten, anders zouden ze dat nooit hebben gedaan. We kozen voor Diemen omdat het dicht bij trainingscomplex Voorland lag. Het was eigenlijk één rechte weg van ons flatje in de Prinses Beatrixlaan naar Ajax. De middelbare school lag in dezelfde straat, maar dan een stukje verderop.

Het nieuwe leven deed ons erg goed. Niemand wist wat van onze achtergrond, we vertelden mensen alleen wat we wilden vertellen. We raakten bevriend met mensen met wie we nu nog bevriend zijn. Opa en oma Neervoort kwamen vaak op zondag naar Diemen. Dat vonden we heerlijk, want mijn moeder had geen rijbewijs en kon niet zomaar zelf bij de familie op bezoek gaan. Mijn moeder werkte niet, dus ze was best veel alleen. Ik ging 's ochtends naar school en daarna direct door naar Ajax. Ma keek uit naar bezoekjes van de familie. En naar het moment dat ik weer thuiskwam. Mama had daar geen problemen mee. Ze was al blij dat ze de ellende in Arnhem achter zich had kunnen laten. Niemand sprak haar meer aan op wat mijn vader had gedaan. Voor ons beiden is het een goede keuze geweest om Arnhem te verlaten. Ik vind dat we daar Adriaanse nog altijd dankbaar voor mogen zijn. Ik heb nog steeds het gevoel dat hij meer wist van wat er zich bij ons thuis allemaal afspeelde.

Na de verhuizing kwam ik op een zwarte school in de Watergraafsmeer terecht, het Watergraafsmeer College. Ik vond het geen enkel probleem dat ik een van de weinige blanken was. De huidskleur van mensen heeft mij nooit geïnteresseerd. De overstap naar die school was wel spannend. Het ging er even wat anders aan toe dan ik gewend was. De mentaliteit in Amsterdam is anders dan die in Arnhem. Ik was de enige jeugdspeler van Ajax op die school. Al snel wisten de leerlingen dat en ze accepteerden me daarom vrijwel meteen. Amsterdammers zeggen wat ze denken en houden van een dolletje. Dat sprak me aan.

School was voor mij nog steeds niet meer dan een verplichting. Ik ging omdat het moest van Ajax. Vrienden had ik er niet, wel vriendinnen. Ik zat vaak met wat meiden te ouwehoeren. Er was geen enkel vak dat me echt aansprak, maar ik vermaakte me wel in de lessen. Er waren een paar Surinaamse docenten met wie je heerlijk een dolletje kon maken. Ik ben nooit echt met tegenzin naar school gegaan, maar toch was ik iedere dag blij als het twaalf uur was. Dan kwam het busje dat me naar Ajax bracht. Ik vond het ritme heerlijk. We trainden al vaak twee keer per dag. 's Middags en 's avonds, tussendoor maakte je huiswerk. Dat deed ik wel, want als je huiswerk niet af was kwam je op de club in de problemen. Huiswerkbegeleider Ikey Waas, de vader van cabaretier Viggo Waas, hield contact met school en dat deed hij zeer serieus.

Op het trainingsveld was ik bloedfanatiek en serieus. Ik kon best wel een etterbakkie zijn, maar tijdens de loopoefeningen was ik nooit de eerste die de hoeken ging afsnijden. Na de training ging ik standaard nog even door. Passen, trappen, op doel schieten. Als ik een trainingspartij had verloren kwam er van huiswerk maken helemaal niets terecht. Ik ben meerdere malen van een training gestuurd omdat ik als reactie op een achterstand in een partijspel te fel tekeerging.

Na mijn eerste seizoen mocht ik al een team overslaan. Mijn ploeggenoten gingen naar de B2, ik naar de B1. Dat was een signaal voor mij dat ik op de goede weg was. Ik had niet verwacht dat ze me zouden wegsturen, maar ik was toch nerveus op het moment dat ik zat te wachten op mijn eerste evaluatiegesprek in de container van Co. Zo'n beslissing werd genomen door het hoofd opleiding, hoofdscout Ton Pronk en je trainer. Dat doen ze niet zomaar. Ik kwam in de lichting van onder anderen Tim de Cler en Cedric van der Gun terecht.

Vanaf mijn veertiende kreeg ik geld van Ajax. Ze noemden dat een koelkastcontract. Ik kreeg 250 gulden per maand. In dezelfde periode tekende ik ook een contract bij Nike. Zij organiseerden een C-toernooi in Amsterdam waar onder andere FC Barcelona aan deelnam. Ik werd uitgeroepen tot beste speler en kreeg een vierjarig contract van Nike. Dat contract werd uitbetaald in natura. Ik mocht iedere maand voor een bepaald bedrag bij het Nike-hoofdkantoor in Hilversum spullen gaan halen. Juist voor mij was dat iets geweldigs. Tot dan toe had ik nog nooit schoenen of kleding van Nike gehad. Zo'n paar Air Max bijvoorbeeld, kostte driehonderd gulden! Van zo'n bedrag moesten mijn moeder ik een hele maand eten en drinken! Dankzij dat contract bij Nike, hoorde ik er qua schoenen dus ook bij. Zoiets telde wel in Amsterdam, daar waren ze wel van het uiterlijk vertoon. Edwin van Zaane van Nike reikte mij de prijs uit en hem kwam ik tien jaar later bij het Nederlands elftal weer tegen.

Het krijgen van een contract bij Ajax ging me stukken moeizamer af. En dat irriteerde me verschrikkelijk. De ene na de andere ploeggenoot bij de A1 mocht tekenen, maar ik niet. De een tekende voor drie jaar, de ander voor vijf jaar. Ik dacht dat het kwam omdat die andere gasten een zaakwaarnemer hadden en ik niet. Ik werd steeds ongeduldiger en chagrijniger over die situatie. Ik vergat volledig dat ik de jongste van de groep was en dat dit een reden was om nog even te wachten met het contract. Herman Borman, mijn trainer in de A1, kreeg in de gaten dat er wat bij mij speelde. 'Rustig blijven, het komt wel goed', zei hij. Herman kreeg gelijk.

Andy als baby.

**Als sterspeler in de E1 van voetbalvereniging Zuid-Arnhem**

**Kerstmis bij de familie, tussen zus Angelique (links) en zus Dinie.**

Als C1-speler van Vitesse 1892, de amateurtak van Vitesse.

In zijn eerste Ajax-tenue met zus Dinie nabij het ouderlijk huis in Arnhem.

Vereniging AJAX

Naam van de speler
MEYDE, v.d.

Voornamen (de eerste voluit)
ANDY

Handtekening van de speler

| Geldig voor het seizoen: | nummer ledenlijst |
|---|---|
| 1993 afd. C 1994 | 2345 |
| Geldig voor het seizoen: afd. C | |
| Geldig voor het seizoen: afd. C | |
| 1994 afd. B 1995 | 2345 |
| 1995 afd. B 1996 | 2345 |
| Geldig voor het seizoen: afd. B | |
| Geldig voor het seizoen: afd. A | |
| Geldig voor het seizoen: afd. A | |
| Geldig voor het seizoen: afd. A | |

VERANDERINGEN MAKEN DEZE KAART ONGELDIG

# ZONDAG

| GEBOORTEDATUM | | |
|---|---|---|
| Dag | Maand | Jaar |
| 30 | 09 | 79 |

Handtekening van de secretaris

Goedgekeurd door Bur. v. Med. Sportk.

01-06-'96

p reis met Oranje Onder-17 voor de interland tegen
yprus. Vanaf links: Pascal Heije, Andy, Darl Douglas,
erryl Tjon-En-Fa en Serge van den Ban.

Met Jerryl Tjon-En-Fa (links) en Pascal Heije op
Schiphol voor een trip met Jong Oranje.

Met moeder Agnes tijdens een toernooi met de B-jeugd van Ajax.

# 4

# KLEINE JONGENS WORDEN GROOT

Na de hereniging met mijn moeder kreeg ik steeds meer een afkeer van trainingskampen en buitenlandse reizen. Vooral die met de jeugdteams van Oranje. Ik was na mijn overgang naar Ajax als vanzelf in beeld gekomen bij de jeugdbondscoaches in Zeist en dat hield in dat we vier tot acht keer per jaar interlands speelden of trainingskampen hadden. Ik haatte dat.

Als ik thuiskwam en ik zag een brief liggen met het logo van de KNVB, dat waren altijd uitnodigingen voor de vertegenwoordigende elftallen, werd ik direct chagrijnig. Ik vond het vervelend om mijn moeder alleen te laten, maar had er ook een hekel aan om met andere jongens, met vreemden, op pad te gaan. Het aparte was dat naarmate ik ouder werd, er steeds meer Ajacieden bij die teams van Oranje zaten. Ik speelde op een bepaald moment met Marc Stuut, Robert Gehring, Darl Douglas, Jerryl Tjon-En-Fa, Serge van den Ban, Pascal Heije, Quido Lanzaat en Kevin Bobson van Ajax. Bijna ons hele team werd iedere keer opgeroepen en nóg vond ik het een drama om erheen te gaan.

Ik kreeg soms zelfs woedeaanvallen als ik die brief ontdekte. Het voelde niet lekker. Wat me benauwde was dat het zeer ongebruikelijk was om ‘nee’ te zeggen. De KNVB eiste me op en ik móest gaan, zo voelde het. Er was geen keuze. Je moest. Afmelden voor een interland zou door mensen binnen Ajax en bij de bond worden gezien als een verkeerde instelling en dat kon weer schadelijk zijn voor je loopbaan. En dus ging ik, terwijl ik er echt een afkeer van had.

Mijn eerste jeugdinterland maakte een onuitwisbare indruk op me. In die tijd vond ik het nog leuk. Met Oranje Onder-15 speelden we in Halsteren tegen België. Het was een bizarre wedstrijd met een rare uitslag, 4-7. Ik scoorde één keer. Jan Derkx was mijn eerste bondscoach. Die trainde ook Onder-16. Een aardige, rustige kerel.

Bij Onder-17 kreeg ik te maken met Rinus Israel. Dat was echt helemaal niks. Ik kon wel om hem lachen, hij had humor, maar inhoudelijk was het een drama. Bij Ajax was je gewend dat er achter alles een idee zat, maar van Israel stak je helemaal niets op. Je leerde niets tijdens die trainingen. Zijn besprekingen waren helemaal verschrikkelijk. Hij startte vaak een verhaal, maar maakte het vervolgens niet af. Er was geen touw aan vast te knopen. Wat ik heel erg vreemd vond was dat hij onze namen niet kon onthouden. Dat kwam tijdens zo'n tactische bespreking vaak uit. Dan kreeg je zoiets als 'dingetje speelt rechtsback.' Dat kan toch niet? Dan ben je niet echt met je vak bezig, lijkt me. We namen hem dus niet serieus. Als Israel een bespreking hield keek je naar de grond, want als je naar elkaar keek schoot er altijd wel iemand in de lach.

Van Andries Jonker, die ik bij Onder-18 als trainer had, kan ik me niets herinneren. Dat zegt eigenlijk ook wel veel. Hans Dorjee, mijn trainer bij Onder-19, was een lieve man. Een echt voetbaldier. Hij kon echter niet voorkomen dat ik in die periode echt een afkeer kreeg van Oranje.

Mark Wotte en zijn assistent Stanley Menzo waren de trainers bij Jong Oranje. Wotte was niet mijn type, maar ik denk dat hij mij net zo'n rare snuiter vond. Als we in Nederland speelden, sliepen we regelmatig in een hotel in Hoofddorp. Dat was zo'n beetje onze vaste uitvalsbasis. Nadat ik van FC Twente was teruggekeerd bij Ajax heb ik daar een tijdje gewoond. In Hoofddorp was een populaire discotheek en een paar spelers gingen daar tijdens een trainingskamp op een avond stiekem een drankje doen. Ze waren na bedtijd te voet vertrokken, maar werden op honderd meter van het hotel per toeval betrapt door iemand van de KNVB.

Wotte werd natuurlijk op de hoogte gebracht en was woest. Omdat er maar een paar spelers betrapt waren, werd Wotte een beetje paranoia. Hij geloofde niet dat alleen deze spelers de hort op waren gegaan en besloot alle kamers te controleren. Mijn slapie was Johnny Heitinga en die lag alleen. Ik was namelijk stiekem naar huis gegaan, zodat ik in mijn eigen bed kon slapen. Zo'n hekel had ik aan dat Jong Oranje-gedoe. Johnny wist dat en probeerde me te redden. Hij riep tegen Wotte toen die op onze deur klopte dat ik lag te slapen. Wotte eiste dat de deur geopend werd. Dat kon Johnny niet weigeren.

Mijn bed was leeg en zodoende kreeg ik tegen een uur of één 's nachts telefoon. 'Waar zit je?', schreeuwde Wotte. Ik vertelde dat ik in mijn eigen bed lag, maar hij geloofde me niet. Ik moest me binnen een kwartier melden. Dat lukte me zonder problemen, want ik was echt in mijn eigen huis en dat was weer vlak bij het hotel. Bij terugkomst zat Wotte in de lobby te wachten en hij knikte alleen maar met zijn hoofd richting de trap. Ik moest naar bed. De volgende ochtend kreeg ik te horen dat ik geschorst werd voor de wedstrijd en dat ik naar huis kon. Adriaanse werd op de hoogte gesteld en riep me bij zich. Hij kon er wel om lachen, maar gaf wel aan dat zulke acties niet erg slim waren.

Ik besef dat het uit mijn mond ongeloofwaardig klinkt, maar bij mij draaide echt alles om voetbal. Uitgaan was niet mijn ding. Alcohol had ik voor mijn achttiende precies één keer geprobeerd. Dinie, die nadat haar verkering in Arnhem uit was geraakt bij ons in Diemen kwam wonen, had me een keer mee de stad in genomen. Ik dronk een paar mixjes en was binnen twee uur kotsend weer thuis.

Drinken was op dat moment gewoon niets voor mij. Er waren genoeg ploeggenoten die zo rond hun vijftiende, zestiende af en toe de stad in gingen, maar ik was er nooit bij. Ik kan me nog een dinertje herinneren na het kampioenschap met de A1. Al die binkies zagen er scherp uit. Precies het juiste jasje, de goede schoentjes. Ze gingen op vrouwenjacht in de binnenstad. Ik ging direct na het eten naar huis. Ik dacht alleen maar aan de volgende wedstrijd, interesseerde me voor niets anders.

Bij mij leefde er al vroeg het besef dat slagen als profvoetballer voor mij het leven een stuk aangenamer zou maken. Dat wilde overigens niet zeggen dat ik niet naar de meisjes keek. Dat deed ik namelijk wel. Ik zocht ze alleen niet uit in de stad, maar op andere plekken.

Het eerste meisje met wie ik omging was Marina. Ze kwam van het woonwagenkampje uit de Arnhemse wijk De Laar Oost. Ik had haar op school leren kennen, met haar kuste ik voor het eerst. Mijn eerste vriendinnetje in Diemen was een Surinaams meisje dat Danielle heette. Met haar stond ik regelmatig wat te flikflooien bij de tramhalte vlak bij school. Als we wat meer privacy wilden, dan zochten we naar een stil plekje achter het zwembad. Dat was 's avonds dicht, niemand die iets zag. Ik kreeg de smaak al snel te pakken. Het experimenteren met seks maakte grote indruk op me. Ik kon er geen genoeg van krijgen.

Ik moet eerlijk toegeven dat in die tijd niemand mij alleen had. Het kwam zelfs zo af en toe voor dat er tien minuten na het vertrek van Danielle uit de Prinses Beatrixlaan weer een ander meisje aan de deur van onze flat stond. Soms moest mijn moeder iemand wegsturen als er nog een ander meisje boven was. We woonden namelijk drie hoog en moesten op een knopje drukken om mensen beneden binnen te laten.

Na de verhuizing naar Diemen kwamen er soms ook meisjes met oma en opa uit Arnhem mee. Dat sprak ik telefonisch met ze af, daar deden opa en oma niet moeilijk over. Zij zaten gezellig met mijn moeder in de woonkamer koffie te drinken, ik zat met dat meisje op mijn slaapkamertje. En als opa, oma en dat meisje waren vertrokken, kwam er 's avonds weer een ander op bezoek.

Ik was op veertienjarige leeftijd al niet te verzadigen als het om vrouwen ging. Meerdere keren per dag seks was voor mij geen enkel probleem. Met geen enkel meisje had ik een relatie, tenminste zo zag ik het in ieder geval niet. Het ging mij meer om het plezier. Om de seks eigenlijk.

Meisjes waren voor mij ontspanning. Het was een manier om even niet aan voetballen te denken. Ik had op school nooit vrienden, alleen vriendinnen. Ik had geen tijd voor vrienden, of wilde er geen tijd voor maken. Ik was de hele week druk met voetbal en als ik vrij was, ging ik liever met een meisje om. In Amsterdam heb ik nooit één schoolvriend gehad. In de stad, het centrum van Amsterdam, kwam ik nooit. Stappen, etteren, hangen, dat boeide me allemaal niet. Heel af en toe, als ik met mijn moeder op familiebezoek in Arnhem was, ging ik met vriendjes van vroeger naar de Korenmarkt. Drinken deed ik daar niet, ik had niet eens geld om een colaatje te drinken. Mijn avondje 'stappen' was een beetje kijken en ouwehoeren. Saai dus.

Dat ik een carrière aan het opbouwen was als profvoetballer, was op het gebied van de vrouwen zeer interessant. Dat had toch aantrekkingskracht op meisjes. De eerste meiden die naar me toe kwamen omdat ik voetbalde, waren vriendinnen van Dinie. Ik kan me de eerste keer dat dit gebeurde nog goed herinneren. Dinie had een vriendin op bezoek en zij kwam de badkamer in toen ik daar mijn tanden aan het poetsen was. Ze kwam heel dicht tegen me aan staan, maar er gebeurde verder niets. Toch meende ik te merken dat ze me wilde en een dag later bleek dat een juist voorgevoel te zijn geweest. Ik had seks met haar en vertelde het 's avonds tegen Dinie. Zij moest erom lachen.

Na enkele jaren alleen maar losse contacten te hebben gehad, werd ik in de tram stapelverliefd op een blond meisje. Zonder dat ik haar ooit had gesproken. Ze stapte vaak in als ik op weg was naar school, samen met haar vriendje. Ik zat altijd naar haar te loeren. Ze was bloedmooi. Ik moest haar zien te krijgen. Dat lukte uiteindelijk op een bijzondere manier.

In die tijd kletste ik weleens over voetbal met een kerel die in het centrum van Diemen een bloemenstalletje had. Zijn zaakje was tegenover de winkel waar mijn zus werkte en daar ging ik regelmatig op bezoek. Het blonde meisje uit de tram zag ik ook weleens in de buurt van dat bloemenzaakje, maar ik wist niet dat zij de dochter van de eigenaar was. Daar kwam ik per toeval achter.

Zijn zoon was geopereerd aan een enkel en die ouwe vroeg of ik een keer met dat gastje wilde gaan hardlopen. Als een speler van Ajax 1 met hem ging trainen zou dat een goede stimulans voor die jongen zijn. Ik wilde die man graag een pleziertje doen en ben op een dag naar zijn huis gegaan. Tot mijn verbazing deed het blonde meisje de deur open. Ik dacht dat ik op het verkeerde nummer had aangebeld, maar ze zei dat ze wist wie ik was en dat ik voor haar broertje kwam. Ze gaf me een hand en vertelde dat ze Diana heette. Na een rondje joggen met haar broertje kreeg ik wat te drinken en bood Diana aan om mij naar huis te brengen. Ik liet haar bewust verkeerd rijden, zodat het ritje langer duurde. Na drie keer hetzelfde rondje te hebben gereden had ze me door en loodste ik haar naar de Prinses Beatrixlaan. Eenmaal daar gearriveerd wilde ik haar op de mond kussen, maar dat mocht niet. Meer dan een zoen op de wang kreeg ik niet, maar ze gaf me wel haar telefoonnummer.

Zij vond me leuk, zo bleek al snel. We spraken vaker af. In het begin alleen in het weekeinde. Diana had nog verkering, maar ik merkte aan alles dat die relatie op z'n einde liep. We deden steeds meer dingen die stelletjes doen, zoals naar de bioscoop gaan of wat drinken in de stad. Tijdens een van onze eerste dates, in een cafeetje op het Rembrandtplein, viel het haar op dat ik uitgebreid naar andere vrouwen keek. Ze vroeg me of ik dat normaal vond. Ik voelde me betrapt en verzon een smoesje dat ik graag naar mensen keek. Op die avond kusten we voor het eerst.

Ik werd vreselijk verliefd op Diana en dat zorgde voor de broodnodige afleiding. Met mijn voetballoopbaan ging het namelijk niet zo goed. Met dat feit kon ik maar moeilijk omgaan. Tegenslag op het voetbalveld was voor mij een totaal onbekend iets.

Anderhalf jaar eerder had ik, zoals gebruikelijk bij de echt grote talenten, als speler van Ajax A1 mijn debuut in het eerste elftal gemaakt. Het moment waarop ik te horen kreeg dat ik voor de eerste keer met de A-selectie mee mocht, vergeet ik nooit meer. Ik speelde op zaterdagmiddag met de A1 thuis tegen AZ en had al tijdens de wedstrijd gezien dat hoofdtrainer Morten Olsen stond te kijken. Ajax was verhuisd van De Meer en Voorland naar De Arena en jeugdcomplex De Toekomst. De belangrijke mensen, zoals onze hoofdtrainer, stonden vaak op het balkon. Zo ook die middag. Ik scoorde, gaf een assist, het ging geweldig. Zoals wel vaker dat seizoen. We speelden één keer gelijk, alle andere duels wonnen we. Wij waren de beste lichting jeugdspelers die Ajax ooit had gekend. Dat riep iedereen. Zelfs de jeugdtrainers die Marco van Basten, John van 't Schip, Frank

Rijkaard en de gebroeders De Boer hadden zien komen. Na de wedstrijd zei trainer Herman Borman in de kleedkamer dat ik de volgende dag met het eerste mee naar Sparta moest. Ik werd er vreselijk nerveus van, kon niet wachten om naar boven te gaan en het tegen mijn moeder te vertellen. Die begon meteen te huilen en belde opa.

Zo'n eerste keer bij een A-selectie is voor ieder talentje een enorme zenuwentoestand. Ik was weliswaar in mijn eigen ogen de beste speler van de A1, maar ik moest me nu melden bij een elftal waarin de broers De Boer, Danny Blind, Edwin van der Sar en Jari Litmanen speelden. Ik had zweethanden bij het voorstellen, zo nerveus was ik.

Ik was als eerste in het spelershome van De Arena en ging met mijn gezicht naar de deur zitten. Een voor een zag ik ze binnen komen. Trainer Olsen heette me kort welkom. Hij vertelde me dat ik bij de A-selectie was gehaald omdat ik het in de jeugd goed deed, dat ik het verdiende. Olsen was een lieve man en een goede trainer. Net als ik was hij niet van de ellenlange gesprekken tussen trainer en speler. Hij was altijd kort en krachtig in zijn statements. En hij zag het in me zitten. Ik moest altijd glimlachen om het Deense accent waarmee hij Nederlands sprak. 'Jij bent goed voetballer, jij kan wel doen', dat soort uitspraken. Als hij me coachte op de training of tijdens een wedstrijd, riep hij altijd 'overlaps Andy, overlaps, overlaps'. Daarmee bedoelde hij dat ik als rechtsbuiten naar binnen moest kruipen, zodat rechtsback Mario Melchiot eroverheen kon komen.

Frank de Boer was een van de grote sterren. Hij bracht me later die dag naar huis. Hij hoorde dat ik naar Diemen moest en dat lag voor hem op de route richting zijn woonplaats. Frank had een Opel Astra GSI en scheurde als een dolle over de ring A10. Hij sprak geen woord tijdens de rit en ik durfde niks te zeggen. Ik was alleen maar bezig met de gedachte dat ik naast Champions League-winnaar Frank de Boer in een auto zat en dat hij me terug naar huis bracht. Nog nooit was ik zo blij dat ik thuis was. 'Bedankt' was het enige wat ik kon uitbrengen.

Ik had die dag uit bij Sparta negentig minuten op de bank gezeten. Een week later zat ik weer bij de selectie en daarom hoefde ik op zaterdag niet met de A1 mee te doen. Toevallig – of niet – miste ik daardoor de enige wedstrijd die we niet wonnen. Een dag later maakte ik als jeugdspeler zonder contract mijn debuut. Thuis tegen FC Twente in De Arena mocht ik vlak voor tijd invallen. Ik had vijf jaar naar dat moment toegewerkt, nog veel langer had ik ervan gedroomd. Het ventje met het matje uit Malburgen-West, dat kereltje dat al vanaf zijn jongste jaren in een Ajax-shirtje liep, maakte zijn debuut voor Ajax 1. Het jongetje dat tijdens het kijken naar de *Sportschau* op zaterdagmiddag riep dat hij in een stadion zou gaan voetballen, kreeg zijn gelijk. Het was een machtig gevoel. Mijn debuut kreeg overigens nog wel een staartje in de vorm van een berisping. Een dag later moest ik bij Co op het matje komen. Ajax droeg in die periode tenues van Umbro, maar had voor de jeugd een schoenencontract met Nike. Mijn persoonlijke contract bij Nike was net afgelopen en ik had al getekend bij Adidas. Zonder er bij na te denken had ik schoenen van Adidas aangetrokken en dat was de mensen van Nike opgevallen. Zij hadden Co gewezen op de afspraken en die riep me op zijn kantoor binnen. 'Proficiat met je debuut, maar trek volgende keer wel de goede schoenen aan, hè', zei hij met een glimlach.

Ik kwam dat seizoen tot drie invalbeurten en één basisplaats. Niet slecht voor een achttienjarige. De eerlijkheid gebiedt me wel te zeggen dat ik me niet zo thuis voelde in die groep. Ik kon het goed vinden met de wat jongere jongens zoals Tim de Cler, Mario Melchiot, Kofi Mensah en Richard Knopper, die in de flat naast ons woonde.

Aan de ouderen kon ik maar moeilijk wennen. Danny Blind stond in de hiërarchie bovenaan en dat was niet bepaald een gezellige gozer. Ik vond hem nors en hij creëerde een zekere afstand tussen hem en jeugdspelertjes zoals ik. Van dat soort gedrag ben ik zelf helemaal niet, dus dat viel me tegen. Voor zijn carrière en kwaliteiten had ik een grenzeloos respect, maar hij was arrogant. Danny kon je het gevoel geven dat je tegen hem niet veel moest zeggen. Reservekeeper Fred Grim was in het begin ook helemaal mijn type niet. Hij was echt van de ouwe stempel. Fred probeerde je met veel geschreeuw klein te houden. Pas jaren later ben ik hem gaan waarderen. Frank de Boer had de beste trap die ik ooit op een voetbalveld ben tegengekomen. Als hij in balbezit kwam begon ik al te rennen. Frank was in die tijd ook niet bepaald een toonbeeld van gezelligheid, maar hij was op het veld wel veel met je bezig. Pas later begreep ik dat zijn ietwat afstandelijke houding waarschijnlijk te maken had met de problemen die hij en zijn tweelingbroer Ronald hadden met Morten Olsen.

Wie zich het meest om mij bekommerde was vreemd genoeg Andrzej Rudy, de Poolse middenvelder die een poosje bij Ajax heeft gespeeld. Hij was international, verdiende enorm veel geld, had een prachtige vrouw, maar was een hartstikke normale gast. Hij haalde mij op als ik geen vervoer had en liet me zelfs zijn Opel Calibra meenemen, terwijl ik nog niet eens een rijbewijs had. Andrzej deed daar niet zo moeilijk over. Die gunde mij zo'n pleziertje wel.

De meest opmerkelijke gozer die ik in mijn debuutjaar leerde kennen was de Nigeriaan Sunday Oliseh. Hij werd bij de A-selectie mijn slapie. Zie je het voor je? Een Arnhems schooiertje dat nog niets heeft meegemaakt, op één kamer met een Nigeriaan die een WK heeft gespeeld en olympisch kampioen is geworden. Een apartere combinatie is niet te maken.

Onder Olsen was het gebruikelijk om op de dag van de thuiswedstrijd 's ochtends naar een hotel in Purmerend te gaan.

Daar lunchten we dan, vervolgens ging je slapen, at je gezamenlijk de sportmaaltijd en dan naar De Arena. Tijdens mijn eerste middag met Sunday op één kamer ontdekte ik dat er van rusten niet veel zou komen. Direct na binnenkomst pakte hij de telefoon en begon te bellen. In een totaal onverstaanbaar Afrikaans dialect bleef hij twee, drie uur door de telefoon praten. Of eigenlijk is praten het verkeerde woord, hij schreeuwde vooral. De verbindingen waren in die tijd nog niet zo goed als in 2012, laten we het daar maar op houden. De eerste keer kon ik er nog wel om lachen, maar op den duur was het om gek van te worden. Als jong broekie durfde ik er niet bij Sunday over te klagen, laat staan bij de teammanager of de trainer. Daarnaast was Sunday ook een leuke gast. Een ster in heel Afrika, maar wel eentje die – behoudens dat bellen – volstrekt normaal gedrag vertoonde. Echt een leuke kerel, op wie je niet kwaad kon worden. Bijdehand doen en hem uitdagen was wat mij betreft sowieso geen optie, want hij was zo sterk als een beer. Ik wilde hem graag te vriend houden. Dan maar geen middagdutjes.

In de Ajax-selectie van het seizoen 1997/98 zaten een paar bijzonder aparte vogels. Natuurlijk hadden we Dani de vrouwenverslinder. Van Dani wist iedereen in heel Nederland dat-ie het niet zo nauw nam met de discipline, maar er waren er nog twee die beter waren in de binnenstad dan op het veld. Van Andrej Demtsjenko had Ajax in gedachten al lang afscheid genomen toen ik bij de A-selectie kwam. Ik wist niet waarom, maar over hem hoorde je nooit verhalen zoals die over Dani de ronde gingen. Dat Andrej ook niet helemaal lekker was ontdekte ik per toeval. Ik had een keer om een uur of acht, negen 's avonds zin in een broodje shoarma en ging naar zo'n Turks eethuisje in Diemen. Terwijl ik daar zat te wachten kwam Andrej binnen. Hij was stomdronken, kon amper op zijn benen staan. Ik groette hem, maar hij zei niets terug. Ik zweer het, hij herkende me niet eens. Zo dronken was hij. Hij bestelde wat te eten en liep naar buiten. Tot mijn verbazing zag ik hem twee tellen later in een auto passeren. Andrej kon echt geweldig voetballen, had een prachtig linkerbeen. Zijn probleem was een gebrek aan mentaliteit. Hij vond feesten belangrijker dan trainen.

Andrej zat net als Dani veel te veel in discotheek Sinners. Dat was in die tijd de favoriete discotheek van veel Ajacieden. Ik denk dat Andrej daar een beetje z'n ellende probeerde weg te drinken, want veel gespeeld heeft hij niet bij Ajax. Hij schold heel veel. Het woordje 'blech' was zijn stopwoord. Dat betekende hoer. Alles was 'blech'.

De enige die qua vreemd gedrag Demtsjenko overtrof was Froylan Ledezma. Dat was die spits uit Costa Rica die eigenlijk naar Feyenoord zou gaan, maar uiteindelijk door Ajax op Schiphol werd opgewacht en in Amsterdam tekende. Dat was net zo'n type als Andrej. Hij verscheen zo af en toe zelfs dronken op het trainingsveld. Je rook de alcohol als hij de kleedkamer binnenkwam. Soms was hij ineens een paar weken pleite. Dan zat hij in Costa Rica en had hij geen zin om naar Amsterdam te komen.

Mijn debuutjaar werd bekroond met een landstitel, maar ik had zelf goed in de gaten dat ik er nauwelijks een aandeel in had. Het was leuk voor mijn erelijst en ik mocht tevreden zijn dat ik als speler van de A1 de overstap had gemaakt. Dat lukt bij Ajax namelijk alleen de echt grote talenten. Als mens had ik het niet zo heel goed naar mijn zin bij het eerste. Ik durfde niet mezelf te zijn en dat gaat bij mij ten koste van mijn prestaties. Mijn beste voetbal speelde ik als er ergens een ontspannen sfeer hing.

De druk van grote wedstrijden deed me weinig tot niets. Dat vond ik prachtig. Veel publiek, geweldig. Hoe meer, hoe beter. Een slechte sfeer in een kleedkamer had veel meer invloed op me. Dan blokkeerde ik. Met geld was ik helemaal niet bezig, veel anderen in de kleedkamer wel. De ene op een vervelende manier, de andere op een leuke. Richard Witschge behoorde tot de laatste groep. Hij kwam op een middag na het douchen voor me staan en vroeg: 'Ben je ooit met tien ruggen in je porem geslagen?' Ik wist amper wat een 'rug' was en nog voor ik kon antwoorden mepte hij me met een stapel bankbiljetten tegen m'n wang. 'Dit is dan de eerste keer', voegde hij eraan toe. De hele kleedkamer lag dubbel.

Het seizoen erop stapte ik definitief over naar A-selectie. Tenminste, dat was de bedoeling. De eerste week ging het nog wel, maar daarna viel ik volledig door de mand tijdens het zomertrainingskamp. Ajax ging in de voorbereiding altijd naar De Lutte. Veel trainen, drie, vier wedstrijden in een week tijd. Daar ging het mis. Mijn lichaam kon het gewoon niet aan. Tijdens wedstrijden kwam ik nog geen amateur voorbij. Het was volkomen logisch dat Olsen me aan het eind van de voorbereiding terugzette naar Jong Ajax. Ik baalde ervan, maar kon hem geen ongelijk geven. Ik bleef voor het grootste gedeelte bij het eerste trainen, maar wedstrijden speelde ik vooral in het tweede en in de A1.

Omdat ik wel vaak bij het eerste op de bank zat, werd het een zwaar jaar voor me. Maar niet op de manier die me aansprak. Ik leek op een dood spoor te zitten en reageerde me af op Jan Olde Riekerink, de trainer van het tweede. We hadden een haat-liefdeverhouding. Ik was verschrikkelijk irritant richting hem. Schopte 'per ongeluk' ballen tegen hem aan tijdens een training, dat soort streken. Nadat hij me een keer volledig terecht had gewisseld, schopte ik de waterzak die vlak bij hem op de grond stond om. Hij was kletsnat. Kinderachtig gedrag, waar ik later mijn excuses voor heb aangeboden. Jan stuurde me niet voor niets een paar keer weg.

Mijn moeder en Diana, met wie ik inmiddels dikke verkering had, hielden me overeind. Het plezier in voetbal was wel volledig verdwenen en dat was een groot probleem. Zonder plezier heb je niets aan mij. Ik gaf bij de clubleiding aan dat ik verhuurd wilde worden, binnen twee dagen had Ajax een akkoord met FC Twente. Zonder me ook maar één minuut in die club te verdiepen, zei ik ja. Als ik maar weg was bij Ajax. De club waar ik zo van hield, maar niet gelukkig meer was.

# 5

# VERLIEFD OP TWENTE

Hoewel we pas een paar maanden verkering hadden ging Diana met me mee naar Enschede. Ik had een salaris van zo'n 1500 gulden in de maand. Dat was niet heel erg veel, maar Diana had wat gespaard. Bij IKEA kochten we een opblaasbaar bankstel. Het zat voor geen meter, maar was wel goedkoop. We waren huismussen, kwamen nooit in een café of restaurant. In dat seizoen ben ik precies één keer gaan stappen met de spelersgroep van FC Twente. Na twee uur had ik het wel gezien. Hoe leuk ik die gasten ook vond, het was niets voor mij. Als we op zaterdag niet hoefden te spelen, ging ik met Diana naar de markt in Enschede. Daar aten we een patatje. Dat was voor ons 'uit eten gaan.' We voelden ons er prima bij, hadden niet meer nodig om gelukkig te zijn.

Ik had in die tijd een paar opvallende gewoontes. Eén daarvan was dat ik mijn salaris direct van de bank haalde. Ik verstopte de biljetten onder het linoleum in de keuken. Ik maakte nette stapeltjes van die paarse briefjes van 250 gulden en ging iedere dag minimaal één keer kijken of het er nog lag. Ik heb me weleens afgevraagd waarom ik dat deed. De enige reden die ik kan bedenken is dat mijn vader vroeger zelfs het salaris van mijn moeder van de bank wist te halen en vervolgens in de gokkast stopte. Geld was bij ons in huis nooit veilig. Pa wist iedere gulden te vinden.

Diana ging in Enschede niet werken, maar kon zich via twee fantastische sponsors van FC Twente, de broers Jan en Harrie Boomkamp, gaan bezighouden met haar grootste hobby: paardrijden. Zij hadden een enorm groot tuincentrum, een kwekerij en een prachtige stoeterij. We konden het heel goed met ze vinden. Diana bracht mij 's ochtends naar de club, ging door naar de paarden en kwam me na de training weer halen. Vaak bracht ze een broodje met verse aardbeien en suiker mee.

Diana en ik hadden het echt heel goed in Enschede, mede dankzij mensen als de gebroeders Boomkamp en Toon Renes, de elftalleider. Onze relatie was goed en we voelden ons daar thuis. En dat terwijl het echt een gok was geweest. FC Twente was een vlucht voor mij, maar in het begin nam ik het nog niet zo serieus. Ik zei dat ik in Diemen bleef wonen en op en neer ging rijden. Na drie dagen was ik volledig gesloopt en vroeg ik Toon Renes of hij alsjeblieft een huisje voor ons wilde regelen.

Hans Meyer was trainer en dat was iemand die van de fysieke arbeid hield. Veel lopen, twee keer per dag trainen, dat werk. Bij FC Twente hadden de spelers echt lol in wat ze deden. Bij Ajax vond ik dat de spelers veel te weinig plezier maakten, voetbal was voor hen echt werk. Bij Twente werd er serieus getraind, maar in de kleedkamer was het reuze gezellig. Een goeie sfeer was voor mij bepalend. Met Jeroen Heubach en Pascal de Vries had ik de grootste lol. De Vries was ontzettend druk en aanwezig, maar ik vond het prachtig. Hij was de clown van het elftal, maar kon ook heel aardig voetballen.

Zijn humor was soms ontzettend kinderachtig, maar van Pascal kon iedereen wel wat hebben. Ik zeker. Ik lag voortdurend in een deuk. Een van zijn vaste grappen ging ten koste van elftalleider Toon Renes. Die vergat in die tijd soms zijn neusharen bij te knippen en De Vries wist daar wel raad mee. Hij stopte in ieder neusgat een blaadje sla en ging dan iets aan Toon vragen. Flauwe voetbalhumor, maar iedereen ging stuk. Elke keer weer.

Pascal had er ook geen enkel probleem mee trainer Meyer voor gek te zetten. Op die momenten had hij het voordeel dat hij iets heel grappigs kon zeggen, zonder zelf een spier te vertrekken. Zo ook toen we op een middag met het team ergens in een sauna zaten. Pascal, een paar anderen en ik zaten in een zwembad en hadden allen onze blik gericht op de deur van de kleedkamer. Toen Meyer in z'n blote kont naar buiten kwam, stootten we elkaar direct aan. Hij was namelijk nogal fors geschapen. 'Zó, daar hebben we de klokkenluider', mompelde De Vries zo dat alleen wij het konden horen. Iedereen van dat groepje barstte in lachen uit, behalve De Vries. Tegelijkertijd beseften we allemaal dat het nogal gênant is om hard te gaan lachen als je trainer in zijn nakie uit een kleedkamer komt. Daar maak je normaal gesproken geen vrienden mee. Meyer keek gelukkig niet op of om en wandelde rustig naar de sauna.

Meyer werd net na het begin van de competitie ontslagen en dat was gunstig voor mij. Hij was namelijk niet zo van de buitenspelers. Zijn opvolger Fred Rutten wel. Die zag het echt in me zitten, maar vond dat ik een veel te grote bek had. Daar had hij gelijk in. Ik kon het niet laten af en toe bijdehand te doen. Een lekkere cynische, Amsterdamse opmerking over een trainingsvorm of de staat van het trainingsveld bijvoorbeeld.

Rutten maakte daar een paar keer meteen een einde aan door me naar binnen te sturen. 'Ga maar lekker terug naar Amsterdam, wegwezen hier', kreeg ik een paar keer te horen. In de eerste week van de voorbereiding maakte ik Fred gek door met een serieus gezicht te zeggen dat het niveau van schieten veel lager was dan bij Ajax. 'Het lijken wel oude mannen', zei ik tegen hem. 'Het is maar goed dat je mij hebt, nu zal er wel vaker gescoord worden.' Fred wist niet wat hij hoorde, was hij niet gewend daar. Na een paar weken begrepen we elkaar en ontstond er een fantastische band. Hij ging mij waarderen en ik hem ook. Fred is niet alleen een heel goede trainer, maar ook een fijne kerel.

In de spelersgroep van FC Twente zaten een paar buitenbeentjes. Spits Scott Booth kon zich nooit stiekem door Enschede verplaatsen, want hij had een rode Mercedes met witte leren bekleding gekocht. Dan wil je dus opvallen. Chris De Witte, een vervelend ventje uit België, had het de hele dag over geld. Als we hadden gewonnen, had hij het onder de douche al over wat hij wilde gaan kopen van de overwinningspremie. Hij was niet eens zo veel ouder dan ik, maar had het alleen maar over zijn bankrekening. Ik wist niet eens hoeveel er op mijn rekening stond. Ik was nog een kind, eigenlijk. Ik deed dingen die volwassenen niet doen. Racen op het parkeerterrein bij het stadion bijvoorbeeld. Of met Rahim Ouédraogo bekvechten over wie er met Spira Grujic in zijn Audi TT mocht meerijden.

Maar mijn gedrag was lang niet zo afwijkend als dat van de Duitser Jörg Sobiech. Hij werd net na de winterstop ontslagen en dat vond niemand raar. Sobiech was best een goede voetballer, maar leidde buiten het veld een totaal ander leven dan wij. Jörg had zo zijn eigen regels. Zonder opgaaf van redenen kwam hij pas een paar dagen na de start van de voorbereiding binnen. Daar keek niemand van op, want de rest kende hem al wat langer. Zijn kleding week nogal af van wat je in die tijd in de kleedkamer zag. Hij droeg bijvoorbeeld vaak leren broeken en dat was niet bepaald de mode. Soms nam hij wat vrienden mee naar de training en dat waren op z'n zachtst gezegd nogal ongure types. Niemand durfde die gasten aan te kijken of er iets tegen te zeggen. Er gingen al snel geruchten dat het zware hooligans waren van een of andere Duitse club, Gladbach volgens mij. Soms nam Sobiech zijn pitbulls mee naar de training, maar die liet hij gelukkig wel in zijn auto achter. Als er iemand langs die wagen liep, sprongen die beesten bijna de ramen eruit en zag die argeloze voorbijganger ineens een sprintje trekken.

Sobiech was overigens in de dagelijkse omgang wel een aardige kerel. Hij had een snelle auto en daarom vonden Pascal de Vries en ik het stoer om met hem mee te rijden als we in het bos gingen lopen. Die gekke Duitser reed als een dolle over de binnenwegen, het leek wel rally racen. Tijdens een van die ritjes zag ik in de middenconsole een klein glazen buisje liggen. Het was een paar centimeter groot en ongeveer tot de helft gevuld met een wit poeder. De bovenkant was een verstuiver. De Vries en ik keken elkaar vragend aan en vroegen Jörg wat het was. 'Geef maar hier', zei hij. 'Ik doe het wel even voor.' Ik gaf het buisje aan hem, hij hield het onder zijn neus en haalde vervolgens zijn neus op. 'Ik loop dadelijk voorop', riep hij lachend en gaf het flesje terug. Pascal en ik waren nog jong en wat betreft dit soort dingen echt niets gewend. Na het uitstappen concludeerden De Vries en ik dat dit geen zuivere koffie was. Wat hij precies had opgesnoven weet ik nog steeds niet, maar hij was even later tijdens de bosloop inderdaad niet bij te houden.

Omdat ik me bij FC Twente echt thuis voelde werd ik in de tweede seizoenshelft een beetje nerveus van de bezoekjes van Peter Boeve aan onze wedstrijden. Het was al bekend dat hij in het seizoen erop als assistent met Co Adriaanse van Willem II naar Ajax zou gaan. Als door Ajax aan FC Twente verhuurde speler kon ik wel raden wie hij kwam bekijken. Toch duurde het lang voor er duidelijkheid kwam en dat stoorde me verschrikkelijk. Ik speelde over het algemeen goed bij Twente en wist uit mijn tijd in de jeugd van Ajax dat Co mij sowieso een goede voetballer vond. Van Toon Renes kreeg ik bovendien te horen dat Co bij een wedstrijd van Jong Willem II tegen Jong FC Twente naar mij had geïnformeerd bij Rutten. 'Ze halen je terug, let maar op', vertelde Toon, die bij dat gesprekje was geweest.

Vlak voor het einde van de competitie kreeg ik van mijn toenmalige zaakwaarnemer Theo van Seggelen te horen dat Ajax me terug ging halen. Ik had er echt moeite mee om blij te zijn. Natuurlijk zag ik het enerzijds als een groot compliment. Verhuren is vaak de aanzet voor een definitief afscheid. Aan de andere kant voelde ik meteen een bepaald soort weerzin bij me opkomen. Op zich was dat best raar, want FC Twente kon in die tijd niet tippen aan Ajax. Ze speelden niet eens Europees voetbal. Bovendien kreeg ik van veel mensen te horen dat ik in ieder geval een kans verdiende, want bij FC Twente ging het zeker na de winterstop heel goed met me. Nadat ik onder Rutten mijn plekje had weten te veroveren, werd ik steeds belangrijker. Ik eindigde op twee doelpunten en vijf assists. Niet slecht voor een twintigjarige huurling.

De mensen in Enschede waren gek met me, hoewel ik een totaal ander karakter had dan ze in het oosten van het land gewend waren. Ze moesten aan me wennen. Ik was en ben van de lekkere cynische humor. Als ze tijdens de training kritiek op me hadden, kon ik het niet laten te roepen dat ze hun bek moesten houden, omdat ik de enige op het veld was die ooit een kampioensschaal had vastgehouden. In het begin konden ze dat soort opmerkingen niet zo waarderen, ze dachten dat ik het meende. Ik was een stadsjongen met een grote mond, daar hebben de Tukkers het normaal gesproken niet zo op. Van mij konden ze het – denk ik – hebben, omdat ik geen onderscheid maak tussen mensen. Dat heb ik nooit gedaan en dat zal ik ook nooit doen. Ik kan met iedereen goed overweg. Of het nu een supporter is die achter de goal staat of iemand van het bestuur; ik behandel ze allemaal hetzelfde.

Bij FC Twente kon ik veel meer mezelf zijn dan in de A-selectie bij Ajax. Dat serieuze gedoe in Amsterdam werkte beklemmend. FC Twente was een bevrijding geweest en je merkte aan alles dat er onder Rutten wat stond te gebeuren. Hij wilde in alle opzichten professioneler gaan werken en had goede ideeën. Daarnaast sprak zijn visie op voetbal mij aan én hij was succesvol.

We werden zesde, op één puntje van Ajax dat vijfde werd. Ajax was ook in Europa ver afgezakt. Van wereldtop, wat ze midden jaren negentig waren, was echt geen sprake meer. Ik zag allerlei redenen om me tegen een terugkeer te verzetten. Wie kon mij garanderen dat ik bij Ajax niet weer in dezelfde situatie als voorheen zou belanden? Niemand! Bij FC Twente wist ik zeker dat ze me goed genoeg vonden voor het eerste elftal en het was er veel gezelliger dan bij Ajax. Dat waren twee heel belangrijke zaken voor mij. Na verloop van tijd besefte ik dat weigeren geen optie was. Ik moest terug naar Ajax. Daar ben ik een paar dagen echt ziek van geweest.

Tegen het eind van het seizoen, op 13 mei, kwam ik er door een verschrikkelijk voorval achter hoe hecht de mensen waren in Enschede. We trainden die dag later dan gebruikelijk, omdat we op trainingskamp gingen voor de uitwedstrijd tegen Feyenoord, een dag later. We stonden net op het veld toen we een enorme knal hoorden. Alles trilde. De lucht werd helemaal donker. Niemand wist wat er precies aan de hand was, maar om de een of andere reden besefte iedereen dat er iets goed mis was.

De training werd vrij snel afgebroken nadat er nog meer ontploffingen te horen waren. De ramen vlogen er zelfs op het trainingscomplex uit. In de kleedkamer waren onze spullen van de haakjes gevlogen. Er was geen telefoonverkeer mogelijk, alles lag plat. Wat er vervolgens gebeurde was, als je er nu aan terugdenkt, te gek voor woorden. We hadden allemaal in de gaten dat er iets vreselijks was gebeurd in het centrum van de stad waar wij, onze familie en vrienden vaak kwamen. Niemand kon contact krijgen met zijn geliefden, niemand wist of er slachtoffers waren, maar wij stapten gewoon in de bus naar Rotterdam. Met terugwerkende kracht iets om je voor te schamen. In de bus was iedereen stil. We probeerden allemaal contact te leggen met vrienden en familie, maar niemand kwam erdoor. Totale overbelasting van het netwerk.

Op de radio hoorden we steeds ergere berichten. De omvang van de vuurwerkramp was enorm en iedereen leek te beseffen dat het weleens akelig dichtbij zou kunnen gaan komen. Onze vrouwen en vriendinnen kwamen allemaal regelmatig in het centrum van de stad en de wijk die was getroffen, lag tegen het centrum aan. Bij aankomst in het hotel rende iedereen meteen naar de televisie. We zagen brand, de rokende puinhopen… Het leek wel een oorlogsgebied. Wat later op de avond kregen we contact met onze partners, familie en vrienden uit Enschede. Niemand was gewond geraakt en dat beschouwden we als een klein wonder. Wij waren op pad met zo'n dertig mensen, die allemaal in en rond Enschede woonden. De kans is dan heel reëel dat een van onze familieleden of kennissen tot de honderden gewonden of tientallen doden zou behoren. Ook bij mij was de opluchting groot bij het horen van de stem van Diana. En die opluchting werd nog groter nadat ik haar verhaal had aangehoord.

Hoewel het die dag bloedheet was en de mussen van het dak vielen, was Diana naar de zonnestudio gegaan. Ze had een vast adresje aan de Deurningerstraat. Die straat grenst aan de wijk

Roombeek en daar stond de vuurwerkfabriek. Diana lag onder de zonnebank op het moment dat de zwaarste ontploffing plaatsvond. Vanwege de hitte hadden ze alle ramen aan de voor- en achterzijde van het pand opengezet. De kracht van de explosie kon daarom bij dat pand een uitweg vinden en er was nauwelijks schade. Waren de ramen gesloten, dan was het leed niet te overzien geweest.

Vanzelfsprekend probeerde het bestuur van FC Twente de wedstrijd tegen Feyenoord, die de volgende dag gespeeld moest worden, te verplaatsen. De staf en de spelers voelden zich erg betrokken bij de gebeurtenissen, de impact was groot. Een of andere idioot bij de KNVB oordeelde dat het niet kon. Wij moesten voetballen. We moesten winnen om Europees voetbal te halen, maar kwamen in De Kuip niet verder dan 1-1. De supporters van Feyenoord imiteerden het geluid van vuurpijlen. Het was een trieste middag. Dat Ajax door ons gelijkspel vijfde werd en ik volgend seizoen met die club Europa in zou gaan, interesseerde me niets.

Aan het eind van het seizoen stonden er nog twee reisjes op het programma. Technisch directeur Theo Vonk had een oefenwedstrijd geregeld tegen Olympiakos Piraeus. Niemand had er zin in, maar Vonk maakte ons duidelijk dat het voor alle partijen een geweldige trip zou worden. Piraeus was de absolute topclub van Griekenland en had de Braziliaanse international Giovanni van FC Barcelona gekocht. We moesten het als een eer beschouwen dat die club juist FC Twente had uitgenodigd voor een oefenwedstrijdje. De club kon er volgens hem enorm veel geld verdienen en wij moesten blij zijn dat we in een strak uitverkocht Olympisch Stadion van Athene mochten voetballen. Het zou een ervaring worden die we ons hele leven niet meer gingen vergeten. Theo liet bovendien doorschemeren dat Piraeus een geweldige stad was met een bruisend nachtleven. Vanaf dat moment werden een paar spelers wat enthousiaster. Met dat soort teksten kun je de meeste voetballers wel paaien.

Ook na een heel seizoen in die gezellige spelersgroep, was ik nog steeds geen stappertje en wat ik nog minder leuk vond: ik zou weer een paar dagen van huis moeten. Diana had er moeite mee als ik in het buitenland verbleef, zelf vond ik het ook geen pretje. Ik was gewoon graag thuis.

Diana was daarnaast erg bijgelovig en ik ging daar wel een beetje in mee. Ons bijgeloof zorgde twee dagen voor vertrek naar Piraeus voor een bizarre situatie. Wij zaten thuis op de bank televisie te kijken en ineens lazert er een schilderij van de muur naar beneden. Overal glas, we schrokken ons de pleuris. Diana was meteen in alle staten. Ze draaide door. 'Dit is een teken! Dit is een teken!', gilde ze. 'Je kunt overmorgen niet in een vliegtuig stappen. Dat gaat neerstorten. Geloof me, ga alsjeblieft niet mee.' Ik vond het zelf ook te toevallig om te negeren. Ik bedoel: hoe vaak maak je het mee dat er een schilderij van de muur valt? Ik had dat tenminste nog nooit meegemaakt. De volgende ochtend voelde het nog steeds niet goed en ik legde Toon Renes uit dat ik echt niet mee kon gaan. Toon begon vreselijk hard te lachen. Hij kreeg van een bloedserieuze kerel van een jaar of twintig te horen dat hij niet wilde vliegen omdat er een schilderijtje van de muur was gevallen. Nadat hij was bekomen maakte Toon duidelijk dat ik pech had. 'Van der Meijde, ga iemand anders voor de gek houden. Je gaat morgen gewoon mee.'

Het duurde niet lang voordat mijn ploeggenoten op de hoogte waren en ze me flink voor de gek hielden. En terecht, zo besefte ik. Het was een krankzinnig idee. Na de training ben ik naar huis gegaan en heb ik tegen Diana gezegd dat het wel goed zou komen.

De wedstrijd in Griekenland draaide uit op een enorme teleurstelling. Vonk dacht een geweldige deal te hebben gemaakt, omdat Olympiakos had ingestemd met het delen van de recette. De organisatie had tegen Vonk gezegd dat ze op zeventigduizend toeschouwers rekenden. Als die gemiddeld een tientje zouden betalen, leverde dat FC Twente enkele tonnen op. Vonk zat met een grote grijns in het vliegtuig, want de reis werd ook nog eens door Olympiakos betaald. Eenmaal in het stadion was onze en zijn goede zin snel verdwenen. We dachten echt even dat we in de maling waren genomen. Zoals altijd waren we zo'n anderhalf uur van tevoren in het stadion en liepen we direct door naar het veld. Op de tribunes zaten misschien twintig mensen. Toon Renes vroeg een van de organisatoren of we misschien een dag te vroeg waren. Hij kreeg te horen dat we ons geen zorgen hoefden te maken. Grieken waren mensen die pas laat naar het stadion kwamen, bij het eerste fluitsignaal zou het heus vol zitten. We konden het niet geloven en ons voorgevoel bleek te kloppen. Bij de aftrap zat er misschien net duizend man. Als je even de tijd nam kon je ze op die gigantische tribunes met het blote oog tellen.

De spelers van Olympiakos hadden er net zo veel zin in als wij, dat zag je aan de gezichten. Giovanni deed mee, maar zat met zijn gedachten al aan de Copacabana. Tot overmaat van ramp beet ik tijdens die wedstrijd zo hard op mijn tong, dat er een gaatje in zat. Ik kon een paar dagen alleen vloeibaar voedsel eten. Na afloop werd duidelijk waarom er geen hond was komen opdagen. Piraeus had op het laatste moment voor veel geld de televisierechten kunnen verkopen en juist die inkomsten hoefden ze contractueel niet met FC Twente te delen.

Een paar dagen na deze afgang stapten de meeste spelers wéér in het vliegtuig naar Griekenland. Dit keer voor een weekje feesten op Kreta. Ik was niets gewend en wist niet wat ik meemaakte. De eerste avond stappen eindigde zo rond zes uur in de ochtend en om twaalf uur tussen de middag stonden ze weer aan mijn bed. We moesten naar Star Beach, een zwembad/discotheek waar iedereen weer dronken werd en danste tot het avond werd.

Ik ben één keer meegegaan, maar ik trok het niet. De rest van de week lag ik overdag in bed, zodat ik 's avonds net weer boven jan was. Pascal de Vries haalde op de terugreis nog een mooie stunt uit. Op de luchthaven van Kreta hadden we een paar uur vertraging en omdat het bloedheet was, bleven we buiten staan. Na een paar minuten wachten ontdekte De Vries dat zijn blauwe shirt leek op dat van de verkeersregelaars die daar de bussen naar de juiste plaats stuurden. Wat volgde leek op een scène uit een comedy. Die kleine De Vries ging op straat staan en begon allerlei handgebaren te maken richting de eerste de beste bus die in onze richting kwam rijden. Naar voren, naar achteren, weer wat naar voren, stoppen, doorrijden. Die chauffeur werd steeds bozer en ontplofte toen hij in de gaten kreeg dat hij voor de gek werd gehouden. Luid toeterend en met de middelvinger omhoog reed hij weg. De Vries maakte nog een dansje, hij begon altijd en overal te dansen, en kwam weer bij ons staan.

Het klinkt misschien heel vreemd voor iemand die maar tien maanden ergens is geweest, maar het kostte me enorm veel moeite om het boek FC Twente dicht te slaan. Op de afscheidsavond aan het eind van het seizoen werd duidelijk dat ik veel meer om de club en de mensen was gaan geven dan ik ooit had kunnen vermoeden. Fred Rutten hield een mooie toespraak en bedankte alle spelers voor hun inzet. Voor iedereen die zou gaan vertrekken had hij een speciale, persoonlijke tekst geschreven. Een voor een ging hij ze af. Op het moment dat hij mijn naam noemde, voelde ik de tranen al in mijn ooghoeken branden. Ik kreeg een brok in mijn keel en voor Fred zijn eerste zin over mij volledig had uitgesproken, stond ik als een klein kind te huilen. En niet zomaar wat snikken, het was echt janken, brullen. Ik kon mezelf niet vermannen en bleef maar snikken. Voor mijn gevoel heeft dat zo minuten geduurd. 'Ik wil niet terug, ik wil hier blijven', riep ik door de huilbuien heen. 'Ze bekijken het maar, daar in Amsterdam.'

# 6

# BIG BROTHER CO

Gedurende de zomerstop verloor ik gelukkig vrij snel de vervelende gevoelens over de gedwongen terugkeer naar Ajax. Omdat we nog geen huis hadden en we niet bij onze ouders wilden intrekken, kregen Diana en ik op kosten van Ajax een kamer in het Novotel, vlak bij congrescentrum Rai. Samen met onze twee hondjes namen we onze intrek en dat hebben ze daar geweten.

Een van de honden was nog een puppy, een Amerikaanse bulldog. Die was niet zindelijk. Omdat ik Ajacied was, kreeg ik toestemming om de honden alleen achter te laten op de kamer als we bijvoorbeeld even de stad in gingen. Dat werd één grote bende, te vies voor woorden. Dat beest poepte en plaste vaak op een van de matjes die op de kamervloer lagen. In het begin maakten we dat nog zelf schoon, maar op den duur waren we daar wel klaar mee en schoven we die matjes gewoon onder het bed. De schoonmaaksters zullen wel gedacht hebben, maar toch lagen er iedere keer schone matjes als we terugkwamen.

Bij aanvang van de trainingen had ik enorm veel zin om te laten zien dat ik nu wél klaar was voor Ajax 1. Co was trainer en begroette me hartelijk. Niet geheel onverwacht vroeg hij me meteen hoe het met mijn moeder was. Hij was haar blijkbaar nog steeds niet vergeten.

Zoals altijd ging Ajax ook die zomer op trainingskamp in De Lutte. Voor mij was dat de plaats des onheils. Een jaar eerder was ik er tot de ontdekking gekomen dat ik fysiek nog niet klaar voor was om op dat niveau te presteren. Dit keer fietste ik er zonder problemen doorheen. Dik dertig wedstrijden bij FC Twente, die boslopen daar… Ik was qua fysiek en uithoudingsvermogen geen junior meer. Mentaal stond ik er beter voor, ik liet niet meteen mijn hoofd hangen als een actie mislukte.

Vóór mijn vertrek naar FC Twente kon je bij mij aan alles zien dat ik niet in de A-selectie van Ajax thuishoorde. Ik straalde eigenlijk in alles uit dat ik geïmponeerd was. Ik vond het echt geweldig dat ik in één kleedkamer zat met mannen als de broers De Boer, Danny Blind en Edwin van der Sar. Die hadden verdorie de Champions League gewonnen en daar mocht ik mee trainen. Een jonge voetballer mag best af en toe stilstaan bij zoiets moois, maar bij mij had het een averechts effect. Ik was mezelf niet en raakte geen bal. Soms lieten ze me met de A1 meedoen en dan speelde ik de pannen van het dak, maar bij het eerste kwam ik op de training nog geen lantaarnpaal voorbij.

Na dat jaartje Twente voelde het vanaf de eerste dag veel fijner. Ik kon het goed vinden met Richard Witschge en Aron Winter. En er waren een aantal andere jonge spelers uit de jeugd en het tweede doorgeschoven naar de A-selectie. Behalve heel hard trainen voerde ik in de voorbereiding niets uit. Ik rustte veel en genoot van het leven in een hotel, waar alles voor ons werd gedaan. Vlak voor de start van het seizoen speelden we met Barcelona, Lazio Roma en Arsenal op het Amsterdam Tournament. Onze eerste wedstrijd speelden we op vrijdagavond tegen Lazio. Het werd 0-0, maar ik speelde geweldig. Die dag bewees ik voor mezelf dat seks voor de wedstrijd geen probleem hoeft te zijn. Ook niet als het op de dag van de wedstrijd is, zelfs niet als je het dan meerdere malen doet. Overdag vree ik een paar keer met Diana, 's avonds werd ik 'man of the match.' Daar hechtte ik best wel wat waarde aan, want het was mijn eerste duel voor het thuispubliek na mijn terugkeer.

Helaas liep ik twee dagen voor de start van de competitie een flinke meniscusblessure op. Co had me al een basisplaats toegezegd, maar ik moest geopereerd worden. Gelukkig herstelde ik snel. Dat kwam onder andere omdat ik meer dan serieus leefde voor mijn sport. Binnen een maand stond ik weer op het trainingsveld.

In die periode was ik zo ongeveer de saaiste Ajacied aller tijden. Diana en ik gingen uiteindelijk in Hoofddorp wonen en mijn wereldje werd erg klein. Na de training dronk ik vaak een bakkie koffie bij mijn moeder in Diemen, daarna ging ik naar huis. Vervolgens kwam ik niet eerder buiten dan de volgende ochtend. Zelfs winkelen deed ik eigenlijk nooit. Ik had inmiddels een contract bij Adidas en bestelde voortaan daar mijn kleding. Ik liep altijd in een trainingspak, net als vroeger in Arnhem. Iedere week kwam er wel een doos met spullen van Adidas. Alleen jongetjes die net als ik vroeger van hun ouders te horen kregen dat er geen geld was voor echte Nike-schoenen of Adidas-trainingspakken, snappen waarom ik daar zo blij mee was. Mijn moeder naaide, zoals ik eerder vertelde, neplogo's op een trainingspak van de Zeeman. Op een dag zei een ventje uit mijn klas dat ik 'nep' droeg. Kinderen zijn hard, hè. Ik vroeg thuis waarom ik geen 'echt' trainingspak had en het antwoord was duidelijk: we konden het ons niet veroorloven. Het was óf een goedkoop trainingspak mét het logo van een duur merk, óf een goedkoop trainingspak zónder zo'n logo.

Voor mezelf kon ik het daarom heel goed verklaren dat ik bijna iedere week een gedeelte van de Adidas-catalogus bestelde. De postbode zal het wel iets vreemder hebben gevonden. Hij droeg in een half jaar tijd voor drie voetbalteams aan trainingspakken, sportschoenen en shirtjes naar binnen, terwijl hij ongetwijfeld wist dat Diana en ik er met z'n tweeën woonden. Bij Adidas zei niemand er ooit wat van. Best apart. Als ik daar had gewerkt zou ik toch op z'n minst een keer gevraagd hebben of die Van der Meijde een winkel was begonnen.

Ik vond het prachtig, iedere week een paar nieuwe sneakertjes, elke dag een ander trainingspak. Ik speelde na mijn terugkeer bij Ajax nog steeds voor mijn eerste contract. Dat was niet meer dan een veredeld jeugdcontract. Het was weliswaar met stapjes gestegen, maar voor een voetballer was het een contract van een armoedzaaier. Ik verdiende zo'n veertigduizend gulden, maar heel erg vervelend vond ik dat nog niet.

Geld interesseerde me nog maar weinig. Ik gaf eigenlijk nauwelijks wat uit. Net als mijn moeder. Die was al blij met haar sigaretjes. Uit eten gaan deed ik alleen op vrije dagen. Ik had geen hobby, niets. Winter en Witschge gingen graag golfen, anderen doken af en toe samen de kroeg in, maar ik deed niets. Op de bank liggen, dat deed ik. Af en toe speelde ik op een spelcomputer, maar niet omdat ik daar heel goed in wilde worden. Dat ding zette ik aan als er niets op televisie was. Ik had geen enkele behoefte om uit te gaan, om me in avonturen met andere vrouwen te storten. Ik was gek van Diana. Een knappe, lieve vrouw, die ontzettend goed voor me zorgde. Iedere avond keek ik samen met haar naar *Goede Tijden, Slechte Tijden*. En we waren trouwe kijkers van *Big Brother*. De eerste paar seizoenen hebben we intensief gevolgd. Ik vond *Big Brother* geweldig. Kon me niet voorstellen dat die mensen hun dagen vulden zonder televisie te kunnen kijken.

Op de club belandden we als spelersgroep gedurende het seizoen ook in een soort Big Brother. Adriaanse was niet meer de Adriaanse die ik kende uit de jeugdopleiding. Ik had hem nooit als trainer gehad – hij was hoofd opleiding toen ik jeugdspeler was – en ik leerde hem nu pas écht kennen. In de jeugd waren zijn regels al streng, maar dan ben je kind en is luisteren eigenlijk de enige optie. Bij volwassen mannen werkt dat toch wat anders. Hij maakte robots van ons. Kousen omhoog op de training, scheenbeschermers aan op de training, shirtje in de broek op de training. Wat een gek, hé? Witschge en Winter waren in alle opzichten de beste spelers van de hele groep. Richard had op het veld voor bijna alles een oplossing, Aron was op en top professional. Er was alleen één probleem: deze twee en Jan van Halst konden totaal niet door één deur met Adriaanse.

Een van de regels van Co was dat je niet stil mocht staan tijdens een partijspel. Als hij je betrapte, moest je een sprint trekken naar de verste zijlijn en je daar tien keer opdrukken. Een spelertje van zeventien kun je zo gek nog wel krijgen, maar spelers die Europa Cups hebben gewonnen moet je wat anders benaderen. Jongens als Richard, Aron en Jan werden er gek van en lieten dat merken. Daar kon Co weer niet tegen en dat resulteerde weer in nóg vreemdere dingen. Shota Arveladze die in een shirt van Ajax tien keer vanuit de kleedkamer naar de perskamer moet lopen omdat hij na een wedstrijd niet naar de pers was geweest. Dat is inmiddels een klassieker. Doelman Bogdan Lobont moest een keer een middag lang de telefoon bij de receptie opnemen, omdat zijn mobiele telefoon was afgegaan tijdens een bespreking. Nu lacht iedereen erom, maar door dat soort straffen konden velen zijn bloed wel drinken.

Voor mij was het een lastige situatie, want Co was toch een voetbalvader voor me geweest. Als jeugdspeler heb ik tientallen gesprekken met hem gevoerd en hij was degene die zich sterk maakte voor onze verhuizing naar Diemen. Dat was een heel belangrijke stap in mijn leven. Ik denk zelfs dat ik er nooit was gekomen als Co dat niet had geregeld. Ook als senior had ik nog steeds een streepje bij hem voor, al kwam dat maar heel af en toe tot uiting. Hij had het best goed met mij voor, maar tegelijkertijd verziekte hij de sfeer binnen de groep door zijn rare regels. Iedereen liep te klagen, Adriaanse werd naarmate het seizoen vorderde steeds minder serieus genomen. Hij had Witschge, Winter en Van Halst naar een andere kleedkamer gestuurd. Zij mochten zelfs niet eens meer op het Arena-dek parkeren. Daarmee dacht hij zijn overwicht terug te krijgen, maar het tegenovergestelde gebeurde.

Co uitte zich op een manier die bij voetballers op de lachspieren kan werken. Hij maakte vaak opmerkingen of bewegingen die spelers nadeden als hij eenmaal uit zicht was verdwenen. Op een middag hield hij een verhaal waarin André Bergdølmo, de Noorse verdediger, de hoofdpersoon was. *'Look at André. He's big, tall, blond and handsome'*, sprak Co op zijn bekende lerarentoontje. Die arme André heeft hem later nog vaak vervloekt om die opmerking. Wekenlang kreeg hij die woorden bijna dagelijks van ons te horen. Co gebruikte vaak zijn handen om zijn woorden kracht bij te zetten. Als hij het over nadenken had, duwde hij zijn wijsvinger tegen zijn slaap. Als het over kijken ging, wees hij naar zijn oog. Shota Arveladze en Abubakari Yakubu konden die maniertjes geweldig goed nadoen. Zij kregen met hun Co Adriaanse-imitaties de kleedkamer binnen tien tellen plat.

Dat laatste lukte ook nog iemand anders. Helaas was het mijn zus Dinie. Zonder mij in te lichten had ze meegewerkt aan een naaktreportage in het blad *Aktueel*. Bij het verschijnen van die editie was ik net zo verrast als ieder ander. Dinie en ik houden veel van elkaar, maar wat was ik boos op haar. Zo boos was ik volgens mij nog nooit geweest. Ik was net zo'n beetje doorgebroken in Nederland, ik kreeg best veel positieve publiciteit en ineens was ik die voetballer van Ajax wiens zus naakt poseerde. Ik was woedend, door het dolle, toen ik het hoorde. Witschge kocht ergens een kiosk leeg en deelde die *Aktueel* in de kleedkamer uit. Op de foto's en in het verhaal werd natuurlijk de nadruk gelegd op mij en ik geloof dat er zelfs een Ajax-shirt zichtbaar was.

Op weg naar huis belde ik haar op en zei dat ze klappen kon verwachten. Dit was een actie uit jaloezie en dat verwacht je niet van je familie. Ik was bang voor spreekkoren van supporters van andere clubs, dit kon schadelijk zijn voor mijn carrière. De klappen heeft Dinie nooit gekregen, want ze heeft me maanden ontlopen. Ze wist dat ze te ver was gegaan. Iedere keer als ik bij mijn moeder kwam, was zij vertrokken. Ik heb er op de club lang last van gehad. Witschge en Winter hebben me echt maanden voor de gek gehouden en ik begreep het nog ook. Zelf zou ik het ook hebben gedaan. Op den duur was ik er wel klaar mee, maar als je dat laat merken gaan ze dubbel zo hard tekeer. Zo gaat dat in de kleedkamer. Maar ook anderen konden er maar niet over ophouden. Bij een vriendschappelijk wedstrijdje tegen een amateurclub sloeg ik zelfs bijna een supporter op z'n bek. Hij vroeg me om een handtekening en maakte toen een schunnige opmerking over Dinie. Ik wilde uithalen, maar bedacht me net op tijd.

Hoewel het ten koste van mij ging, kon ik me wel inbeelden dat die gasten toe waren aan een verzetje. Zo veel werd er in die tijd niet gelachen. De sfeer was vaak bedrukt. De prestaties waren matig. We werden derde en Co stelde me lang niet altijd in de basis op. Of hij wisselde me voortijdig. Soms deed hij iets volstrekt onvoorspelbaars. Daar houden voetballers niet van.

In de aanloop naar PSV-Ajax van dat seizoen deed hij zoiets vreemds waarmee hij een hoop irritatie opwekte. Daags voor die wedstrijd hield Co zijn tactische bespreking. Hij schreef de opstelling op het bord en ik keek alleen naar de positie van rechtsbuiten. Daar stond de naam van Pius Ikedia. Pius was een waanzinnig goede dribbelaar uit Nigeria. Razendsnel, koning van de slalom. Hij kon alleen niet schieten en dat is lastig voor een voetballer. Zijn voorzet en schot waren dramatisch. Maar goed, Pius stond tegen PSV toch op mijn plaats. Ik was verrast en mijn blik viel op het lijstje met reserves. Daar stond mijn naam ook niet bij. Ik was natuurlijk geïrriteerd en wendde mijn blik af. Ik keek wat om me heen en zag in het hoekje Rafael van der Vaart wat rare bewegingen maken. Hij schudde met zijn hoofd richting dat opstellingenbord van Co. Ik keek nog eens goed naar wat hij had opgeschreven en zag mijn naam op de positie van rechtsback staan... Co zag mijn verbaasde gezicht en zei dat ik me geen zorgen moest maken. Volgens hem zou het wel lukken. Ik stond tegen Adil Ramzi en die was tweebenig. Hij speelde me helemaal dronken, maar we hielden het toch op 1-1. Dat kwam niet omdat ik zo goed verdedigde...

Een van de weinige hoogtepunten van dit seizoen was de doorbraak van Van der Vaart. Die had een jaartje eerder gedebuteerd en liet ondanks alle onrust zien dat hij een topper in wording was. *Raffie* kwam van het woonwagenkamp in Heemskerk, maar leek in niets op de kampers die in Arnhem mijn vrienden waren. Hij was rustig, liet zich door niets uit het evenwicht brengen. Zelfs wij, zijn medespelers, vonden het knap hoe hij op zo'n jonge leeftijd zichzelf bleef onder al die media-aandacht.

Aan het eind van het seizoen baalde ik er eigenlijk van dat Co mocht blijven. Die gedachte beviel me niet, maar het was wel zo. Het werkte gewoon niet. Niet met deze spelers in ieder geval. Dat hele gedoe met die spelers in 'kleedkamer 2' was Ajax-onwaardig. Dankzij Leo Beenhakker bleef het allemaal nog een beetje normaal. Die moest praten als een gek om iedereen rustig te houden. Leo begreep als geen ander hoe je voetballers moest benaderen. Bij hem op kantoor voelde iedereen zich thuis. Nederlanders, buitenlanders, hij begreep ze allemaal.

# 7

# BEVRIJDING

Na enkele maanden in het nieuwe seizoen was het over voor Adriaanse. Dat was het gevolg van een opeenstapeling van uiteenlopende incidenten. Co trok zich van niemand wat aan en had over iedereen een uitgesproken mening. Hij noemde Harry van Raaij, de voorzitter van PSV, een sprekende lampenkap en bekritiseerde Marco van Basten. Dat was niet handig in zijn positie. We kwalificeerden ons niet voor de groepsfase van de Champions League en Co ging ineens zonder vleugelspelers voetballen. Dat ging onder andere ten koste van mij.

Het 3-5-2-systeem waarin hij Ajax liet spelen, was in het begin nog best succesvol. Maar dat duurde niet lang. We gingen verliezen, gelijkspelen en vlogen ook nog uit de UEFA Cup. Eind november kon Cootje vertrekken. Volledig eigen schuld, met zijn rare gedrag. Je kunt het als trainer niet maken om iemand met de status van Aron Winter niet even in te lichten als hij op de tribune moet zitten. Aron had bijna honderd interlands achter z'n naam staan, maar kwam erachter dat hij tegen Feyenoord niet eens op de bank zat, omdat er geen shirtje voor hem klaar lag. Dat is schandalig. Co was zelf profvoetballer geweest, maar kon zich helemaal niet verplaatsen in wat voetballers prettig vinden. Ik vond dat zo vreemd. Het leek wel of hij voortdurend probeerde te kijken hoe ver hij kon gaan. Het was voor niemand een verrassing dat hij werd ontslagen.

Co liet bij Ajax wel een geweldige erfenis na. Hij had samen met Beenhakker echt een topselectie samengesteld. In iedere linie stonden spelers die later de absolute top hebben bereikt. Chivu was er al en in de zomer van 2001 kwamen Hatem Trabelsi, Maxwell, Zlatan Ibrahimovic en Mido. Met Zlatan en zeker met Mido bouwde ik een hechte band op. Eigenlijk klikte het met hen vanaf de eerste dag. 'Jij bent geen Nederlander, jij bent veel te relaxed om Nederlander te zijn', zei Zlatan eens tegen me. Daar zat wel een kern van waarheid in. Ik heb van niemand een afkeer, maar als ik er goed over nadenk, ben ik wel vaak close geworden met Nederlanders van buitenlandse komaf. Darl Douglas en Raphael Supusepa waren bijvoorbeeld mijn maatjes in de jeugd bij Ajax. Een Surinamer en een Molukker. Toch net wat anders dan volbloed Nederlanders zoals ik zelf ben. Vroeger op straat had ik vaak Turkse en Marokkaanse vriendjes. Of kampers. Ik voel me blijkbaar aangetrokken tot mensen die net wat anders zijn. In de A-selectie van Ajax zaten wel meer dan tien nationaliteiten, ik vond dat geweldig. Ik kon genieten als ik Ikedia, Wamberto, Yakubu en later Steven Pienaar zag dansen op Braziliaanse of Afrikaanse muziek. Ik vond het al mooi om naar die gasten te kijken en te luisteren als ze zomaar wat aan het ouwehoeren waren. De uitdrukkingen, handgebaren en stemverheffingen, geweldig man.

Co en Leo moeten een geweldig netwerk hebben gehad, want hoe kom je anders bijvoorbeeld aan een speler uit de Tunesische competitie zoals Trabelsi. Ik wist niet eens dat er in Tunesië professioneel voetbal werd gespeeld, moet je nagaan. Hatem was een geweldige aankoop, de beste rechtsback met wie ik ooit op een voetbalveld heb gestaan. En dan tel ik die van de tegenstanders mee.

Hatem was een strenggelovige moslim en dat hield in dat hij zich graag aan bepaalde gebruiken wilde houden. Zo droeg zijn vrouw een boerka. Wij waren qua multiculturele dingen wel wat gewend in Amsterdam, maar een vrouw in boerka in het spelershome was toch wel een bezienswaardigheid. Natuurlijk werd het geaccepteerd, maar het was gewoon apart. Zeker in het begin had Hatem er moeite mee om zichzelf enige luxe te gunnen. Hij kocht geen grote, dure auto, maar een Volkswagen Beetle, zo'n moderne Kever. En dan ook nog eens een knalrode. Hatem sprak in die beginperiode nauwelijks een woord Engels. Frans was zijn moedertaal en daar was ik tijdens mijn vier jaartjes mavo maar niet aan begonnen. Omdat ik onder Co nog rechtsbuiten was, had ik in het veld veel met hem te maken. Wie de gesprekken tussen ons hebben gevolgd moeten daar hilarische herinneringen aan hebben. Wij speelden om miljoenen euro's, maar communiceerden letterlijk door middel van gebarentaal. Als ik in de eerste helft van een wedstrijd te vaak naar zijn zin aan de zijlijn was blijven plakken, kwam hij in de rust naar me toe. Met zijn handen en de woorden *'me' en 'you'* legde hij me uit dat ik vaker naar binnen moest trekken. Hij zou er wel 'overheen' komen.

Na verloop van tijd begonnen we elkaar steeds beter te begrijpen en vormden we een prima treintje. Trabelsi kon blijven lopen. Het was bij wijze van spreken niet eens nodig zijn plaats over te nemen als hij ging aanvallen, want Hatem was zelf vaak op tijd terug om zijn verdedigende taak uit te voeren. Hatem paste zich als voetballer snel aan in Amsterdam, maar ook als mens. Na ruim een half jaar reed hij in een zwarte Hummer en op een dag verscheen hij met een bloedmooie vrouw aan zijn zijde in het spelershome. Wij reageerden als echte voetballers en zeiden dat hij de dame in boerka waarschijnlijk terug naar Tunesië had gestuurd en dat hij een nieuw meisje had. Het bleek toch wat anders te liggen; ze hadden besloten de kledingregels van de islam wat minder serieus te nemen. De 'nieuwe' mevrouw Trabelsi was ook zonder boerka een bezienswaardigheid: hoge hakken, een strakke spijkerbroek en een blouse waarvan de bovenste knoopjes mooi open stonden. Heerlijk.

Onze nieuwe spits Mido maakte al op zijn eerste dag bij Ajax een onuitwisbare indruk op mij. Hij stapte op een ochtend in juli de kleedkamer binnen, stelde zich netjes voor aan iedereen en vroeg met een serieus gezicht waar de meest dichtbijgelegen

Ferrari-dealer was. Ik was in die tijd nog helemaal niet met auto's en uiterlijk vertoon bezig, maar de manier waarop hij het zei sprak mij aan. Direct, niet eromheen draaien, zeggen wat je wil. Dat was de manier van spreken in de jeugd van Ajax en op straat in Arnhem. Beetje branie, een grote bek. Iemand die zoiets vraagt bij de kennismaking met je nieuwe ploeggenoten, dat was mijn humor. Meteen had ik een zwak voor hem en zonder hem iets van schuld in de schoenen te willen schuiven, moet ik concluderen dat de kennismaking met Mido bepalend is geweest voor de rest van mijn voetbalcarrière. Deze Egyptische mafketel leerde mij een kant van het profvoetballeven kennen, waarvan ik tot dan toe niet eens het bestaan wist. Hij leerde mij dat voetballers veel, zo niet alles, kunnen maken.

Als we twee keer trainden waren we tussen de middag een paar uur vrij en nadat Koeman het had overgenomen van Adriaanse, mocht je die vrij invullen. Als je even De Arena verliet, was er niemand die er iets van zei. Op tijd terug zijn was het enige wat telde. In het begin ging ik meestal even naar mijn moeder in Diemen, vlak bij De Arena. Daar dronk ik dan een bakkie en rookte een peukie. Mido ging ook graag wat roken tussen de middag, maar deed dat ergens anders. Hij rookte graag waterpijp en was vaste klant in een Egyptisch koffiehuis in het centrum van Amsterdam. Hij vroeg me een keer mee en voor ik het wist zaten we minimaal één keer per week tijdens de middagpauze in onze trainingspakjes van Ajax aan een waterpijp te lurken. Café latte erbij, heerlijk. Die shop was in een heel drukke straat, vaak was er geen parkeerplaats vrij. Op zulke momenten merkte je dat hij gewend was dat niemand hem corrigeerde. Hij parkeerde zijn knalrode Ferrari – hij had er inmiddels echt een gekocht – gewoon midden op straat of dubbel. Hij liet die wagen daar staan alsof het de normaalste zaak van de wereld was. In deze tijd van Twitter en Facebook is zoiets niet meer voor te stellen. Als je dat nu doet, is binnen vijf minuten heel Nederland op de hoogte.

In het begin wees ik hem er nog op dat ze in Amsterdam niet zo flauw waren en dat je snel een wielklem te pakken had. Zijn antwoord was altijd hetzelfde: '*I'm the king of Egypt, I can do what I want.*' Na verloop van tijd zei ik er ook niets meer van en het rare is dat hij in mijn bijzijn nooit een wielklem heeft gekregen. Ik denk dat de parkeerwachters bang waren de velg van die dure bak te beschadigen.

Mido werd in dat Egyptische zaakje de hele tijd op z'n schouders geslagen en daar genoot hij ontzettend van. Ik denk dat hij in dat koffiehuis zijn heimwee een plaatsje kon geven. Thuis in Egypte benaderde iedereen hem zo, maar in dat rare Nederland zaten ze al te zeiken als hij een Ferrari kocht. Hij kon dat allemaal niet plaatsen, begreep niets van de kritiek. Als hij besloot om tijdens een vakantie in Egypte met zijn oude ploeg mee te trainen, stond er binnen enkele minuten vijfduizend man langs de kant. In Nederland vijftien. En die stonden nog te mopperen ook als hij niet genoeg zijn best deed. In de coffeeshop golden andere regels. Gescoord of niet gescoord: daar was hij de held van iedereen. Zijn zelfvertrouwen kreeg er iedere keer een flinke *boost* van. Hij ging zich dan nog gekker gedragen. Hij liet foto's zien van flatgebouwen in Egypte, waarop reclamefoto's van hem hingen… Daar was hij verschrikkelijk trots op. Arrogant was hij totaal niet. Mido was gek, maar wel een echte vriend. Hij was zo'n jongen die je midden in de nacht komt ophalen als je met een lekke band staat.

Zlatan Ibrahimovic was in de zomer van 2001 de andere topaankoop van Ajax. Ook hij was mijn type. In tegenstelling tot Mido die uit een rijke familie kwam, was Zlatan een jongen uit een achterbuurt. Hij had binnen een maand al een paar ploeggenoten gedreigd ze op hun muil te slaan. Zlatan was een overlever. Net als Mido was hij in die tijd jong, wild en hij had schijt aan iedereen die hem de wet wilde voorschrijven. Zlatan reed een tijdje in een bloedsnelle Mercedes SL 55 AMG. Op een middag reden we met hoge snelheid de stad in en werden we gespot door een motoragent. We werden aan de kant gezet en al snel bleek dat hem dit wel eerder was overkomen. Zlatan was pas twintig, maar al veelvuldig in aanraking geweest met de politie. Ik had mijn akkefietjes ook gehad, maar bij mij ging het om kwajongensstreken in de puberteit. Zlatan was iets meer ervaren. Hij ging ijskoud en zelfverzekerd de discussie aan met de agent, die hem beschuldigde van te hard rijden. '*You have stopped me, because the pipes of my car make a loud noise. Show me proof that I have driven to fast. If you can't, let me go.*' De agent had geen meting gedaan en kon niet anders dan ons laten gaan. Hij keek nog een keer naar die enorme uitlaten en probeerde te ontdekken of die illegaal waren, maar dat was niet het geval. '*That's how we do it in Sweden*', bromde Zlatan.

Mido en Zlatan waren licht ontvlambare types. Ze waren vrienden, maar ook ambitieuze concurrenten. Hoewel ze elkaar naar het leven konden staan op het trainingsveld, haalden ze samen ook de gekste streken uit. Soms hielden ze 's avonds na twaalf uur autoraces op de ringweg A-10. Wie het snelst een rondje maakte. Mido in zijn BMW Z8, zo'n wagen waar ook James Bond in reed en later in zijn Ferrari; Zlatan in zijn Mercedes SL. Dat het een berg bekeuringen opleverde – ze zagen weleens een flitspaaltje over het hoofd – boeide ze volstrekt niet.

Zlatan was op de trainingen altijd met afstand onze beste speler, maar tijdens wedstrijden kwam het er in het eerste seizoen helemaal niet uit. Mido paste zich veel sneller aan. Die leek geen enkele druk te voelen en begon meteen te scoren. Allebei claimden ze min of meer een rol als diepe spits. Zlatan won uiteindelijk, tot irritatie van zijn vriend Mido. Het gevolg was dat Mido tijdens invalbeurten egoïstischer ging spelen. Hij wilde zich bewijzen en dat zorgde weer voor woede bij Zlatan. Het was een prachtig gevecht tussen twee topspelers. Mido moet hebben gevoeld dat Zlatan de betere van de twee was, maar het is moeilijk zoiets toe te geven. Zeker als er 'thuis' miljoenen mensen zeggen dat jij de beste bent. Hij bleef het op zijn manier proberen en dat zorgde voor onrust. Mido werd een keer geschorst voor een wedstrijd tegen Feyenoord, omdat hij had geweigerd met het tweede te spelen. Daar voelde hij zich te groot voor.

Na afloop van een thuiswedstrijd tegen PSV, vlak voor de winterstop van het seizoen 2002/03, kregen Zlatan en Mido op het veld woorden met elkaar. We verloren met 2-4 en die twee gingen als beesten tekeer. Dat ging door tot in de kleedkamer. Zlatan bleef tieren en terwijl hij stond te schelden, begon Mido de zwachtels rond zijn enkels los te knippen. Blijkbaar was er op een bepaald moment een grens bereikt, want Mido smeet die verbandschaar richting Zlatan. Dat ding knalde net naast het hoofd van Zlatan tegen de muur kapot. Op zich knap dat hij zo dicht in de buurt kwam, want het was een grote kleedkamer en Mido zat helemaal aan de andere kant. Koeman kon niet anders dan Mido schorsen.

Zoals altijd wanneer hij boos was, stapte Mido zo snel mogelijk op het vliegtuig naar Egypte. Dit keer was het niet anders. Na een paar dagen was hij blijkbaar afgekoeld, want hij belde me op. 'Andy, ik sta op Schiphol, maar ik ben mijn Ferrari kwijt. Kun je me komen halen?'

Een Ferrari kwijtraken, tsja. Dat is toch wel raar. Ik reed naar Schiphol, pikte hem op bij de terminal en vroeg hem waar hij die wagen dan had geparkeerd. 'Hier. Precies op deze plaats', antwoordde hij. Wat bleek? Hij had zijn Ferrari op zo'n kiss & ride-parkeerplaats achtergelaten, pontificaal voor de hoofdingang van Schiphol. Zonder er verder naar om te kijken was hij in het vliegtuig gestapt. Hij was echt boos dat ze die Ferrari hadden weggesleept. Daar begreep hij nou helemaal niets van. Hij was toch Mido? Ze wisten toch wel dat ze zo'n wagen moesten laten staan? Dat krijg je dus als je in je eigen land alles kunt maken. Dan ga je denken dat je overal ter wereld kunt doen en laten wat je wilt. Ik geloof dat teamleider David Endt er uiteindelijk voor heeft gezorgd dat die Ferrari weer boven water kwam.

Het zelfvertrouwen van Mido vond ik fantastisch. Dat zelfvertrouwen had ik heel mijn jeugd op het veld ook gehad, maar dat was ik na mijn debuut kwijtgeraakt. Bij FC Twente kwam het weer even terug, maar Adriaanse nam het mij in die tweede periode bij Ajax weer net zo snel af. Dat deed Co waarschijnlijk niet bewust, maar het gebeurde wel. Soms moest ik tijdens een wedstrijd kotsen van de zenuwen. Voor de buitenwacht deed ik alsof het kwam door te veel eten, maar ik wist wel beter.

Koeman gaf mij een groot deel van mijn zelfvertrouwen terug. Dat deed hij al in zijn eerste werkweek. Vlak voor het ontslag van Co had Blackburn Rovers interesse in me getoond. Ze waren serieus, want ze gingen met Ajax in gesprek over de vraagprijs. In het seizoen voor ik naar FC Twente vertrok had ik met de A1 van Ajax een oefenwedstrijdje tegen Blackburn Rovers gespeeld. In dat duel scoorde ik met een waanzinnige volley. Vanaf die wedstrijd waren ze me gaan volgen, zeiden ze tegen mijn zaakwaarnemer.

Ze hadden me bekeken in mijn periode bij FC Twente en wisten dat ik onder Adriaanse niet altijd meer op een basisplaats kon rekenen. Precies op het juiste moment deden ze een bod bij Ajax. Ik zag mijn toekomst in Amsterdam somber in. De Premier League sprak mij natuurlijk wel aan. De onderhandelingen werden opgestart, maar Koeman had heel andere plannen met mij. Plannen waarmee ik totaal geen rekening had gehouden.

Iemand van de begeleidingsstaf kwam na een middagtraining naar me toe en zei dat Koeman me in zijn trainerskamer verwachtte. Terwijl ik van het spelershome naar de trainer liep, dacht ik na over wat er gezegd zou kunnen worden. Ik was er vrijwel zeker van dat hij me ging vertellen dat ik mocht vertrekken. Blackburn en Ajax hadden een akkoord, dat kon niet anders. Ajax wilde verkopen, waarom zouden ze anders onderhandelen? Ik wist nog niets zeker, maar ik baalde al. Ik voelde dat er veel dingen gingen veranderen onder Koeman.

Deze trainer wist met al zijn ervaring als speler hoe je een spelersgroep moest benaderen. En net nu het interessant zou gaan worden, gingen ze me verkopen. Daar was ik echt zeker van en ik had er al vreselijk veel spijt van dat ik tegen mijn zaakwaarnemer had gezegd dat Blackburn me een mooie club leek. Wat een domme actie was dat. Ik kende niet één speler van naam, wist niet eens waar precies in Engeland die stad lag. Soms hoorde ik om me heen dat mensen via internet wat hadden opgezocht. Maar dat soort dingen waren aan mij niet besteed. Ik had een spelletjescomputer, dat vond ik wel genoeg. Sjaak Swart, die sinds een tijdje mijn zaken was gaan behartigen, had me verteld dat ze een paar jaar eerder nog kampioen waren geweest. Daarna waren ze in een dipje gekomen, maar nu waren ze weer naar het hoogste niveau gepromoveerd. Zelf wist ik dat ze in blauw-witte shirts speelden, maar dat kwam omdat ik twee jaar eerder zo'n mooi doelpunt tegen ze had gemaakt.

Op basis van deze nutteloze informatie had ik mijn zaakwaarnemer groen licht gegeven om te kijken of alle partijen eruit konden komen. Zelden had ik zoiets doms gedaan, dacht ik toen ik de trap naar de catacomben nam. Mijn gedachten waren al bij een afscheid van 'mijn' Ajax, maar ik bleek het helemaal verkeerd te hebben ingeschat. Ik ging zitten en Koeman begon te praten. 'Ik denk dat jij veel beter tot je recht komt als linksbuiten', stak hij van wal. 'Als je vanaf links naar binnen komt, kun je met je sterke rechterbeen uithalen. En nog iets anders: je kunt voor vijf jaar bijtekenen. Ik heb heel veel vertrouwen in je.' Ik wist niet wat ik hoorde. Ik was volledig verrast.

Koemans steun kwam precies op het juiste moment en was net dat zetje dat ik nodig had. Ik ging steeds beter spelen en werd een belangrijke factor voor het elftal. Mijn zelfvertrouwen groeide en groeide en langzamerhand ging ik mezelf wat dingen permitteren die mogelijk zijn als je veel geld hebt. Het nieuwe contract hield in dat ik zevenhonderdduizend gulden per jaar ging verdienen en dat gaf ik onder andere uit aan een mooie auto. Ik kocht een Volvo C70 cabriolet, een donkerblauwe met witte, leren bekleding. Ik was zo trots als een pauw. Het was dan wel geen Ferrari zoals Mido had, maar ik was ook nog een beginneling als het om auto's ging. Niet voor lang, want ik raakte aan auto's verslingerd. Binnen een paar maanden ruilde ik die Volvo weer in voor een Porsche. Een tweedehandsje, maar wel eentje van tachtig ruggen. Het viel de buitenwereld nauwelijks op dat er in mijn gedrag wat veranderde. Ik voetbalde goed en een Porsche valt niet op als je ploeggenoten een Ferrari of een dikke Mercedes rijden.

Ik trok steeds meer naar Mido toe, we werden dikke vrienden. Ik kwam vaak bij hem thuis en daar gebeurden bijzondere dingen. Toen hij bij Ajax kwam, had hij verkering met een of ander Belgisch fotomodel, maar al snel bleek dat hij ook 'gewoon' nog een Egyptische vriendin had met wie hij later trouwde. Met dat Egyptische meisje woonde hij samen in Ouderkerk aan de Amstel.

Op een avond had hij Zlatan, Cristian Chivu en mij uitgenodigd om zijn negentiende verjaardag te vieren. Ergens halverwege de avond pakte Mido zijn telefoon en begon te bellen. Het gesprek kon ik niet verstaan, maar tien minuten later ging de bel van de voordeur en kwam er een pracht van een vrouw binnen. Terwijl zijn verloofde naast hem zat, kroop die vrouw bij Mido op schoot. Ik wist niet wat ik zag. Die twee begonnen wat te flikflooien, mijn ogen vielen er bijna uit. Ik was een ontzettende liefhebber van vrouwen en seks was helemaal mijn ding, maar wat hier gebeurde had ik nog nooit meegemaakt. Een man die met een andere vrouw begint te zoenen, terwijl zijn verloofde naast hem zit. Het werd nog veel gekker. Een paar minuten later vroeg Mido zijn aanstaande bruid om te gaan. Zonder er iets van te zeggen vertrok ze. Ze keek niet op of om.

Chivu en Zlatan, die vrijgezel was, deden alsof er niets aan de hand was, maar voor mij was dit echt iets totaal nieuws. Vreemdgaan had ik nog nooit gedaan. De andere aanwezigen deden alsof het de normaalste zaak van de wereld was.

Zelfs Chivu, die later een keer het gedrag van Mido openlijk zou veroordelen, deed alsof het de normaalste zaak van de wereld was. Chivu was na Koemans komst aanvoerder geworden en hij was voor de buitenwereld een soort van ideale schoonzoon. Chris was een aardige jongen, die uitstekend zijn talen sprak. Hij leek de ideale prof, maar dat was deels een houding. In discotheek Escape was hij een graag geziene gast en hij had een seksuele relatie met een meisje dat bij Ajax werkte. Dat wist iedereen in de kleedkamer, maar voor de buitenwereld was het een geheimpje. Bij zijn transfer naar AS Roma bleek trouwens dat dit Nederlandse meisje hun relatie een stuk serieuzer nam dan Chris. Zij dacht dat ze mee mocht naar Rome, maar Chivu dacht daar wat anders over. Die nam 'gewoon' zijn Roemeense partner mee naar Italië.

Dat ik niet heel veel later in het huis van Mido voor het eerst vreemdging, was achteraf gezien zo logisch als wat. Volgens mij had hij het nog helemaal geregisseerd ook. Op een middag kwam zijn buurmeisje binnen, een leuk vrouwtje. Ze kwam direct bij me zitten en het duurde niet lang voordat Mido en zijn vrouw ons alleen lieten. 'Veel plezier Andy, ik zie je morgen wel', riep hij en knipoogde naar me. Op die middag bedroog ik Diana voor het eerst. Zonder er goed over na te denken, passeerde ik een grens en het bleek een eerste aanzet tot een langdurig dubbelleven.

De volgende ochtend begon Mido in de kleedkamer bij Ajax meteen te geinen over mijn avontuurtje. Hij stak er de draak mee en riep tegen iedereen die het maar horen wilde dat ik de avond ervoor seks met zijn buurmeisje had gehad. Ik deed maar mee met de grootspraak. Ik riep dat hij een lekker zacht bankstel had en dat hij maar niet naar de vlekken moest kijken. Iedereen lachte, niemand maakte een opmerking over het feit dat ik Diana had bedrogen. Het leek alsof iedereen het heel gewoon vond. Dus ik vond het zelf ook normaal. Vanaf die dag was mijn leven anders. En het voelde nog goed ook. Eerder dat seizoen was ik verlost van Adriaanse met al zijn regeltjes en rare straffen. Onder Koeman was de hele sfeer binnen de Amsterdam Arena ten positieve gekeerd. Het leek wel of iedereen ineens zichzelf weer durfde te zijn.

Koeman en zijn assistenten Ruud Krol en Tonny Bruins Slot beseften dat we toe waren aan een wat lossere aanpak. Ik voelde me onder deze leiding helemaal het mannetje worden. Als ik ging winkelen, groette iedereen me. Overal waar ik kwam moest ik handtekeningen uitdelen. Nog maar kort geleden kreeg ik een knalrode kop als iemand me vroeg of ik Andy van der Meijde was. Nu vond ik het vanzelfsprekend als iemand me aansprak en had ik voor het eerst gebruikgemaakt van een van de voordeeltjes die je krijgt als Ajacied. Op de witte, leren bank van Mido had ik iets gevonden dat naar meer smaakte.

Diana en ik waren inmiddels verhuisd naar Purmerend. Daar woonden goede vrienden van ons en we vonden het wel leuk om dicht bij hen in de buurt te wonen. Ik hield van Diana, maar blijkbaar was dat voor mij niet genoeg om haar nog langer trouw te blijven. Nog maar twee jaar geleden was ik gelukkig als ik met een broodje aardbeien in mijn hand naar Diana op haar paard kon kijken. Nu neukte ik op een doordeweekse middag het buurmeisje van een ploeggenoot. Een groter contrast was niet denkbaar. En ik voelde me niet eens schuldig, dat was het rare. Diana vertrouwde me volledig, want ze maakte er geen probleem van dat ik steeds vaker op maandagavond ging stappen. Ze zei er nooit wat van. Ze vond het allemaal best, als ik maar thuis kwam slapen.

Het waren geen heel heftige stapavonden, maar ik kwam ineens met regelmaat in een kroeg en dat was nieuw voor mij. Ik rookte daar een paar sigaretten en dronk alcohol. Dat eerste was de schuld van Tomás Galásek, mijn slapie bij Ajax en kettingroker. Hij had me tijdens een van die saaie hoteldagen in de aanloop naar een wedstrijd aan het roken gebracht. Drinken deed ik met mate, maar het kwam toch wel eens voor dat ik te veel op had om te mogen rijden en dan was ik slim genoeg om een taxi te nemen. Ik werd vrij snel een bekend gezicht bij café La Bastille op het Leidseplein. Daar kwam ik vaak met Mido samen. Of later met Jari Litmanen. Die hield ook van een peukie en een drankje op z'n tijd.

Bij La Bastille hing al snel een foto van me achter de bar en ze lieten me plaatjes draaien. Ik raakte bevriend met de barkeepers en die hielden voor mij een oogje in het zeil als ik zelf te druk was om op te letten wie er allemaal binnen was. Op een avond stond ik met een meisje aan de bar. In de ene hand een peuk, in de andere een bacootje. 'Andy, pas op, je trainer is er', fluisterde een van de gozers in m'n oor. Ik, stommerik, draaide me meteen om en keek Koeman van een metertje of tien recht in zijn lachende gezicht. 'Alles goed? Wil je wat drinken?', vroeg hij. De volgende ochtend moest ik bij hem in de trainerskamer komen. Hij zei niets over dat meisje of die baco die ik van hem had gekregen, maar begon over de sigaretten. Dat ik rookte vond hij niet zo heel erg, maar hij vroeg me wel om het een beetje binnen de perken te houden. Dat was voor mij geen probleem. Ik rookte niet meer dan twee, drie sigaretten per dag. Diana had er namelijk een gruwelijke hekel aan. Als zij rook dat ik had gerookt, stuurde ze me direct naar de douche.

Later, toen ik vaker vreemdging en er kans bestond dat ze me door bepaalde geurtjes zou betrappen, maakte ik daar misbruik van. Als ik binnenkwam na een avontuurtje met een andere vrouw liep ik meteen door naar boven, naar de badkamer. Halverwege de trap riep ik dan dat ik eerst even ging douchen, omdat ik naar rook stonk. Door dat trucje heb ik haar jarenlang kunnen belazeren, want aan iets anders kon ze het niet merken. Hoe vaak ik haar ook bedroog, het ging nooit ten koste van mijn zin in seks met haar. Ik weet dat het ongelooflijk klinkt als je met regelmaat buiten de pot piest, maar ik was gek op Diana en op seks met haar.

Het leek erop dat ik iets aan het inhalen was. In de A1 en later in het tweede, waren mijn ploeggenoten al bezig met het versieren van meisjes. Zij hadden al in de gaten dat ze met hun status als

Ajacied in de kroeg een voorsprong hadden op andere kerels. Ik ging nooit uit en als ik de verhalen hoorde, voelde ik geen behoefte om met ze mee te gaan. Ik vond het ook geen leuke gasten, dat zal ook wel hebben meegespeeld. Het waren van die zeikerdjes, bah. Rody Turpijn, Casper Nelis, Milan Berck Beelenkamp, Arno Splinter… Dat waren van die types die kickten op de status, niet op de sport. Die vonden het niet erg dat ze in het tweede liepen te kloten, dat het waarschijnlijk niks met ze zou worden bij Ajax. Zij gingen liever op vrouwenjacht dan dat ze trainden. Ik liep rond met een lijf vol frustraties en had Diana. Aan haar had ik meer dan genoeg. Op dat moment tenminste. Na dat avontuurtje met het buurmeisje van Mido twee jaar later, ging ik heel anders denken.

Ineens had ik in de gaten dat Ajacied zijn op vele manieren een bevoorrechte positie inhield. Ook als het om vrouwen ging. In het begin ging ik er niet naar op zoek, maar later ontdekte ik dat er voor een Ajacied overal mogelijkheden voor seks liggen. Zo hadden we bij De Arena een aantrekkelijke receptioniste. Met haar maakte ik af en toe een praatje en al vrij snel had ik in de gaten dat ze iets van me wilde. Ze gaf me zonder dat ik er naar had gevraagd haar mobiele telefoonnummer en we begonnen met elkaar te sms'en.

Na een paar dagen nodigde ze me bij haar thuis in de Bijlmer uit. Ik nam mijn vriend Mido mee, die vond het ook wel interessant. Na binnenkomst verwees ze Mido naar de bank en

**Dollen op de hotelkamer tijdens het Feyenoord Jeugdtoernooi met de Ajacieden Jerryl Tjon-En-Fa (midden) en Randy van der Meer.**

De A-jeugd van Ajax met de Europa Cup 1. Achteraan vanaf links: Ramon Kalff, Michael van der Kruis, Tim de Cler, Robert-Jan Ravensbergen en Roy van Ojik. Vooraan: Andy, Cedric van der Gun, Dennis Scharrenburg, Vural Karabulut, Raphael Supusepa en vooraan Bas Dreef.

Voor zijn debuut tegen FC Twente op 12 november 1997, thuis in Ajax-kostuum.

**In 1999 bij FC Twente.**

FOTO: VI IMAGES

Amsterdam, 21 april 2002. Stijlvol bij Ajax–FC Utrecht (1-0).

FOTO: VI IMAGES

ABN·AMRO

Ajax voor het seizoen 2001/02. Achteraan vanaf links: materiaalman Sjaak Wolfs, fysio Eddy de Vink, keeperstrainer Wil Coort, conditietrainer Laszlo Jambor, fysio Pim van Dord en conditietrainer Jos Geijsel. Tweede rij: Ferdi Vierklau, Nikos Machlas, Petri Pasanen, Zlatan Ibrahimovic, Mido, André Bergdølmo, John O'Brien en Mitchell Piqué. Derde rij: Pius Ikedia, John Heitinga, Maxwell, Rafael van der Vaart, assistent-trainer Peter Boeve, hoofdtrainer Co Adriaanse, assistent-trainer Leo van Veen, Andy van der Meijde, Abubakari Yakubu, Daniel Cruz en Cedric van der Gun. Voorste rij: Tim de Cler, Aron Winter, Shota Arveladze, Tomás Galásek, Fred Grim, Bogdan Lobont, Richard Knopper, Cristian Chivu, Richard Witschge en Wamberto.

FOTO: VI IMAGES

**Amsterdam, 10 februari 2002. Ajax-RKC Waalwijk 3-1. Emotie na een gemiste kans.**

FOTO: VI IMAGES

de televisie, mij nam ze mee naar de slaapkamer. Ik was nog geen vijf minuten binnen in dat appartement en lag al te vrijen met mijn 'collega' van Ajax. Na een klein half uurtje waren we klaar en toen kwam het: 'Dat is dan zestig euro', zei ze. Ik dacht dat ze een grapje maakte. 'Jij bent gek', antwoordde.ik. Maar ze was bloedserieus en zei nogmaals dat ze zestig euro wilde hebben. Het begon me te dagen dat ze dit waarschijnlijk niet voor de eerste keer op deze manier had gedaan, dat ik met een soort professional te maken had. Omdat ik geen zin had in discussie of gezeik graaide ik in mijn zak. Toevallig zat daar maar een tientje in. Dat heb ik op haar bed gegooid en ik ben vertrokken. In de woonkamer was Mido op de bank in slaap gevallen. Die heb ik wakker gemaakt en we zijn in de auto gestapt. De volgende ochtend zat ze gewoon op haar werkplek. Ik groette haar, zij groette mij. Alsof er niets was gebeurd.

Mido en ik voelden elkaar niet alleen buiten maar ook binnen het veld aan. De kampioenswedstrijd uit bij NEC in 2002 was daar een voorbeeldje van. Hij scoorde op aangeven van mij de 0-1, ik scoorde op aangeven van hem de 0-2. Voor het eerst sinds 1998 won Ajax de titel, maar het feestje die avond was bescheiden. Een week later stond namelijk de bekerfinale tegen FC Utrecht in De Kuip op het programma. We gingen voor de dubbel en hielden het daarom netjes. Een etentje, even naar de Escape met het team en de volgende ochtend stonden we met z'n allen fit op het trainingsveld.

Na de training reed ik naar huis en kreeg ik in de auto telefoon. De beller stelde zich voor als Hans Jorritsma, teammanager van het Nederlands elftal. Hij zei dat ik was geselecteerd voor Oranje, dat na het seizoen een oefenwedstrijdje in en tegen Amerika moest spelen. Ik was er bijna zeker van dat Fred Grim of Jan van Halst me in de maling nam, dus ik reageerde heel afstandelijk en koel. Pas toen ik te horen kreeg hoe laat ik waar moest zijn, werd me duidelijk dat dit geen grap was. Ik was door bondscoach Dick Advocaat voor het eerst opgeroepen voor het grote Nederlands elftal! En het mooiste was dat het goed voelde. Aan tripjes met de jeugdteams van Oranje had ik door de jaren heen een gruwelijke hekel gekregen, maar dit was het echte werk. Op één veld met mannen als Stam, Frank de Boer, Davids, Kluivert, Cocu… Dat was een droom. Hier had ik al die tijd stiekem op gehoopt.

Onze trainer Ronald Koeman had al een paar keer in kranten en in *Voetbal International* aangegeven dat ik een kans verdiende en nu was het dan zover. Ik heb het gevierd bij mijn moeder op de bank. Met een bakje koffie en een sigaretje. Opa en oma werden gebeld en er werd gehuild. Natuurlijk werd er gehuild. We beseften op dat soort momenten altijd heel goed dat het niet vanzelfsprekend was dat ik zoiets moois bereikte. Het had heel anders met ons allebei kunnen aflopen. Mijn moeder had verdomme een zelfmoordpoging gedaan! Het is overbodig om uit te leggen dat haar leven geen pretje was. Wie zegt dat ik het had kunnen opbrengen voor een loopbaan als profvoetballer te gaan knokken als mijn moeder er niet meer was geweest? Iemand verliezen door zelfmoord is voor alle achterblijvers verschrikkelijk, maar voor een tiener met een verslaafde vader kan het ingrijpende gevolgen hebben. Als mijn zus Angelique mijn moeder niet op tijd had gevonden toen ze in de woning van oom Giel haar polsen had doorgesneden, had ik verder gemoeten zonder mijn grootste steun. Ik denk niet dat ik dat had getrokken.

We spraken eigenlijk nooit meer over de vervelende dingen die we in Malburgen hadden meegemaakt. Met heel veel moeite hadden we het allebei een plekje gegeven, maar zodra iemand over mijn vader begon, ging het wondje meteen weer open. Mijn eerste selectie voor Oranje was zo'n mijlpaal die het ons mogelijk maakte vervelende herinneringen weer even wat dieper weg te stoppen.

De trip met Oranje naar Amerika stond een week later op het programma, maar er was geen mogelijkheid om er rustig naar toe te leven. De bekerfinale stond voor de deur. FC Utrecht en Ajax liggen elkaar niet zo en de wedstrijd was ook nog eens in De Kuip, het stadion van onze grote 'vijand' Feyenoord.

Wij pakten de dubbel met dank aan een buitenspeldoelpunt van Wamberto in de laatste minuut van de officiële speeltijd. Daardoor werd het 2-2 en moest er verlengd worden. Zlatan maakte daarin de *golden goal*, wat toen nog de regel was. Hij ontplofte. Voor hem was dit veel meer dan een winnend doelpunt in een bekerfinale. Voor hem was het een bewijs dat hij niet alleen de beste was van het trainingsveld, maar dat hij ook de beste in een stadion kon zijn. Zlatan was zijn basisplaats kwijt hè, in die fase. Die zat na de trainingen met zijn ziel onder de arm in dat rijtjeshuis in Diemen-Noord op zijn PlayStation te spelen. Hij vertelde me in de slotfase van het seizoen dat Sunderland interesse in hem had en dat hij serieus overwoog daar eens te gaan kijken. Ik vond dat echt verschrikkelijk om te horen. Zlatan was toen al een uitzonderlijke voetballer. In de twaalf seizoenen die ik op top- en subtopniveau in Europa heb doorgebracht, zag ik geen enkele speler die zo krachtig, snel en technisch was als Zlatan. In dat lange lijf waren een aantal onmisbare kenmerken van een topvoetballer samengekomen. Dat zag iedereen die bij Ajax speelde, alle tegenstanders moeten dat gevoeld hebben. En toch kwam het er alleen op het trainingsveld uit. Op die vreselijke winderige vlakte naast De Arena maakte hij iedereen gek. Chivu, die werd gezien als een van Europa's grootste verdedigende talenten, kwam niet eens aan de bal als hij tegen Zlatan speelde. Die lange was nog niet zo gespierd als hij later werd in Italië, maar niemand durfde met hem te stoeien. Ook zijn karakter – Zlatan had ballen – was geschikt voor de wereldtop. Maar toch was deze klasbak aan het twijfelen geslagen. Hij was nog jong, had moeite met vervelende opmerkingen van de kritische Ajax-supporters. Zijn winnende doelpunt in de bekerfinale was daarom een bewijs van klasse richting alle mensen die hem hadden bekritiseerd, maar net zo goed richting zichzelf. In Engeland noemen ze spelers die falen op belangrijke momenten *chokers*. Zlatan leek een *choker* te gaan worden, maar vanaf die dag in Rotterdam wisten we allemaal zeker dat hij zou doorstoten naar de absolute top. Hij doorbrak een barrière.

Hetzelfde deed ik een dag later. Op zondagavond was ik naar strandtent Bloomingdale in Bloemendaal gegaan. Daar was het allemaal netjes binnen de perken gebleven. Na de huldiging op het Leidseplein op maandagavond liep het volledig uit de hand. Samen met mijn buitenlandse vrienden Chivu, Mido, Ibrahimovic, Lobont en Didulica kwam ik in discotheek Escape op het Rembrandtplein terecht. Op maandagavond was het daar wel vaker erg gezellig, omdat dit de stapavond was van de mensen die in de horeca werkten. En nu Ajax weer kampioen was, werd het een spetterend feest. Iedereen ging helemaal los. De volgende ochtend was ik eigenlijk de complete film kwijt. Op zich was dat niet zo heel erg, iedereen mag een keer uit de band springen en er was aanleiding genoeg voor een feestje.

Er was alleen één groot probleem. Ik lag in een vreemd bed, in een vreemd huis. En naast mij lag niet Diana, maar een meisje met wie ik al een paar keer eerder was vreemdgegaan. Ik raakte lichtjes in paniek. Buiten de deur neuken was inmiddels een hobby van me geworden, maar dit was niet de bedoeling. Ik had een soort regel voor mezelf, dat ik altijd thuis zou slapen. Het klinkt idioot uit de mond van iemand die zichzelf toestond vreemd te gaan, maar ik vond dat ik het tegenover Diana niet kon maken ergens anders te slapen.

Dat was nu dus wel gebeurd en daar was ik ziek van. Doodziek. In gedachten probeerde ik na te gaan hoe het zo ver had kunnen komen. Ik kon me nog herinneren dat ik in de Escape met André Ooijer van PSV had staan praten over de trip met Oranje die we later die week zouden maken. Verder schoot me niets te binnen. De Escape, Ooijer, dat was het.

Ik stapte uit bed en pakte mijn telefoon uit mijn broekzak. Het was zeven uur 's ochtends en Diana had me tussen zes en zeven een keer of tien gebeld. Normaal belde ze me nooit als ik was stappen. Ze wist dat ik altijd zou thuiskomen. Meestal werd het ook niet heel laat. Het was volstrekt begrijpelijk dat ze naar me op zoek was. In haar geval zou ik hetzelfde hebben gedaan. Omdat de alcohol nog duidelijk niet uit mijn lijf was verdwenen, kon ik onmogelijk helder nadenken. Waarschijnlijk zette ik daarom mijn telefoon uit en dat was natuurlijk niet slim. Als iemand eerst een telefoon over hoort gaan en dan later meteen de voicemail krijgt, dan zijn er maar twee opties: je hebt de telefoon uitgezet of de batterij is leeg. Het moet de ongerustheid bij Diana enorm hebben vergroot. Omdat ik nog steeds erg moe was – voor mijn gevoel had ik nauwelijks geslapen – kroop ik terug in bed. Een paar uur later werd ik wakker. Mijn scharrel keek me aan en zei iets van 'welkom in Hilversum.'

Brak van de drank en met een vervelend gevoel dat nog het meeste leek op een mengeling van schaamte en angst, zette ik mijn telefoon aan. De meldingen met voicemailberichten volgden elkaar in rap tempo op. Ik hoorde Diana een paar keer. Boos, ongerust, woedend. Voor iedere emotie kon ik wel begrip opbrengen. Zelf raakte ik steeds meer in paniek.

Het was intussen middag en ik had nog totaal geen idee hoe ik me hier uit ging redden. Mijn telefoon ging weer en ik zag dat het mijn zaakwaarnemer Chiel Dekker was. Chiel werkte nog niet zo heel lang voor me. Diana en ik hadden desondanks al een stevige band met hem opgebouwd. Hij kwam zeer betrouwbaar op ons over en had een groot Engels bedrijf achter zich staan, SFX Sports Group. Over Sjaak Swart en Søren Lerby was ik niet eens ontevreden, maar ik had direct een heel goed gevoel bij Chiel gekregen. Hoe graag ik hem ook mocht, de telefoon opnemen deed ik niet. Ik liet ook hem een voicemail inspreken. Uit zijn bericht dat ik meteen afluisterde, kon ik wel opmaken dat Diana hem gebeld had. Hij vroeg namelijk waar ik was en dat vroeg hij anders nooit. Ook Chiel klonk ongerust.

Mijn scharreltje moet hebben gezien dat ik me met de minuut minder gemakkelijk voelde, maar dat interesseerde haar niet veel. Zonder al te veel tegenstribbelen van mijn kant lokte ze me weer het bed in. Vervolgens nam ik een van de meest egoistische en domste beslissingen van mijn leven tot dan toe. Ik besloot voorlopig niet naar huis te gaan. Het kan niet anders dan dat de alcohol hier een hoofdrol in speelde. Hoewel ik min of meer een dubbelleven leidde, had ik nog nooit de keuze gemaakt om Diana in alle openheid pijn te doen. Van dat vreemdgaan wist ze namelijk niets, dus dat voelde ze niet. Zo redeneerde ik. Dat er nu wat aan de hand was, wist ze wel. En ik vond het nodig om het nóg erger te maken. Tegen de avond luisterde ik mijn voicemail nog eens af. Natuurlijk stonden er berichten van Diana op. Ze vertelde onder andere dat ze de politie had ingeschakeld. Dat deed me beseffen dat ik echt veel te ver was gegaan. Met lood in de schoenen ben ik terug naar Purmerend gegaan. Daar heb ik een of andere lulsmoes opgehangen over een afterparty met wat spelers en overmatig drankgebruik. Ik noemde heel slim en gemeen de namen van spelers als Zlatan, Chivu en Mido, die inmiddels op weg waren naar de trainingskampen van hun nationale ploegen. Zij hadden op dat moment geen vrouwen in Nederland, bij wie Diana mijn verhaal kon checken. Blijkbaar was ik overtuigend genoeg, want gevolgen heeft het niet gehad. De pijn was echter in haar ogen zichtbaar en dat raakte mij.

De volgende ochtend moest ik me in Noordwijk voor het eerst bij Oranje melden. Ik was nog niet binnen in Huis ter

Duin of Ooijer stond grijnzend voor me. Hij vroeg me wat ik in hemelsnaam had uitgespookt. Omdat ik niet begreep hoe het kon dat hij leek te weten dat ik een nachtje spoorloos was geweest, deed ik alsof ik gek was. Ik vertelde wat algemeens over een leuk avondje, maar Ooijer bleek veel beter op de hoogte dan ik vermoedde. Dekker was op onderzoek uit gegaan en had iemand gesproken die hem vertelde dat ik samen met wat Ajaxspelers en Ooijer in de Escape was geweest. Chiel kende André en had hem daarom gebeld en gevraagd of hij wist waar ik was. De voetballerij is net een dorp, ontdekte ik nu voor het eerst. En in een dorp blijft niets geheim.

# 8

# ZIEK VAN ELLENDE

Ik zat samen met Diana in een restaurant in Purmerend en op mijn telefoon verscheen een voor mij onbekend nummer. Het begon met 0039. Ik wist niet welke landcode dat was en besloot de oproep te negeren. Als het dringend was, zouden ze mijn voicemail wel inspreken. Ik bleek met een vasthoudend type te maken te hebben, want m'n telefoon blééf gaan. Na een keer of vier nam ik op. Een of andere kerel van de Italiaanse krant *La Gazzetta dello Sport* maakte me in gebrekkig Engelse duidelijk dat Internazionale een bod op mij ging doen.

Een jaar eerder had ik met Ajax tegen Inter gespeeld en volgens hem waren ze me vanaf dat moment intensief gaan volgen. Ik begon nog net niet te lachen. In eerste instantie dacht ik dat een ploeggenoot me in de maling nam, maar tegelijkertijd besefte ik dat niemand zo maar kon beschikken over een telefoonnummer dat begon met 0039.

Dit moest dus wel een echte Italiaanse journalist zijn, maar voor mij stond vast dat deze gozer onzin uitkraamde. Ik had niets gehoord van mijn zaakwaarnemer Dekker en ook niet van Ajax. Ik was inmiddels behoorlijk thuis in het topvoetbal en wist dat geïnteresseerde clubs altijd eerst even bij de speler navragen of het zin heeft om een bod te doen. Chiel had mij niets gezegd over interesse van Inter, dus ik zei netjes tegen die journalist dat Inter een prachtige club was, maar dat ik het heel goed naar mijn zin had bij Ajax en dat het einde van mijn contract nog lang niet in zicht was.

Dat waren niet eens leugens. Ik had het echt heel goed naar mijn zin bij Ajax, voelde nog helemaal geen drang om te vertrekken. Diana was zwanger van ons eerste kindje, ik was nu international en we speelden de kwartfinale van de Champions League tegen AC Milan. Er werden al vergelijkingen gemaakt met het laatste grote Ajax, het team van Louis van Gaal dat in 1995 de Champions League had gewonnen. En ik was in topvorm, alles leek vanzelf te gaan. Al maandenlang.

In het bereiken van de kwartfinale had ik een groot aandeel gehad, door uit bij AS Roma al in de eerste minuut te scoren. Na dat doelpunt ging ik op mijn knie zitten en deed alsof ik met een geweer iets uit de lucht schoot. Dat was een eerbetoon aan de gebroeders Boomkamp uit Enschede, met wie ik nog regelmatig contact had. Zij hadden mij tijdens mijn jaartje bij FC Twente met een jachtgeweer leren schieten. Deze manier van juichen bleef in Italië wel even hangen, want toen ik later bij Inter tekende kreeg ik de bijnaam 'sluipschutter.'

Dat tripje naar Rome was niet alleen qua voetbal een succes. Het leverde me ook weer een bizar seksavontuurtje op. Hoe meer ik erop ging letten, hoe vaker ik mogelijkheden zag voor een wip. Het was bijna onwerkelijk te ervaren hoe makkelijk vrouwen zich door mij lieten verleiden. En dan alleen omdat ik in een stadion voetbalde en een bekende kop had. Soms was het een onenightstand, soms had je een paar keer achter elkaar hetzelfde meisje. Als we met Ajax naar het buitenland gingen, hadden we een vaste crew in het vliegtuig. Daar zaten een paar leuke stewardessen bij en tijdens de trip naar Rome raakte ik met een van hen aan de praat. Het was een kort babbeltje, maar genoeg om haar telefoonnummer los te peuteren. Ik wist nu wel dat dit een signaal was dat er mogelijkheden waren. Na de wedstrijd tegen AS Roma een dag later, ontstond het perfecte scenario. We kwalificeerden ons dankzij een 1-1 gelijkspel voor de kwartfinale en als beloning gaf Koeman ons toestemming om na de wedstrijd uit te gaan. Ik stuurde de stewardess een sms en ergens diep in de nacht kwamen we elkaar 'toevallig' tegen in een discotheek. We dronken wat en ik vroeg haar om met me mee te gaan. Dat Diana hoogzwanger thuis in Purmerend zat, kwam geen moment in me op. Ik had andere zorgen, want ik lag niet alleen op een kamer. Reservekeeper Joey Didulica lag bij me en die had behoorlijk wat gedronken. Na terugkomst in het hotel vertelde ik hem wat er stond te gebeuren en vroeg hem om ergens anders een kamer te regelen. Joey had andere plannen. Die idioot wilde zich verstoppen en dan kijken wat er ging gebeuren. Ik vond dat raar, maar ik kon me er tegelijkertijd niet druk om maken. Ik liet de stewardess per sms weten dat de kust veilig was en Joey verstopte zich achter de gordijnen.

Terwijl ik seks had met de stewardess, zag ik die geilneef door een opening kijken. Na een poosje was hij het blijkbaar beu en toen die vrouw met haar rug naar het gordijn op me zat, kroop hij op handen en voeten door de kamer. Ondertussen maakte hij oogcontact met mij en daarom kon ik mijn lach niet meer houden. Om niet door de mand te vallen, besloot ik te doen alsof hij mij ook verraste. *'Joey! Fuck off! What are you doing here'*, gilde ik. De stewardess raakte helemaal in paniek en eiste dat ik hem zou wegsturen. Gierend van de lach stuurde ik hem de kamer uit.

Zonder pottenkijkers zijn de stewardess en ik verder gegaan, terwijl Joey beneden in de bar nog een paar borrels naar binnen tikte. De volgende ochtend knipoogde ze naar hem bij het serveren van de koffie in het vliegtuig. Tenminste, dat zei die maffe Australiër.

Vlak voor de uitwedstrijd tegen AC Milan in de kwartfinale kwam het nieuws over de vermeende interesse van Inter in *La Gazzetta dello Sport* naar buiten. De meegereisde Nederlandse pers confronteerde mij er natuurlijk meteen mee. Tot dat moment had ik nog steeds niets van Inter of Ajax gehoord, maar ik had er wel uitgebreid met Diana en Dekker over gesproken. De timing was in verband met de zwangerschap van

Diana beroerd, maar we concludeerden samen wél dat een vertrek uit Nederland bepaalde voordelen met zich meebracht.

Diana wilde steeds meer afstand nemen van onze families. Haar vader en moeder waren inmiddels net als de mijne uit elkaar en het contact met hen werd steeds koeler. Dat lag aan Diana. Zij creëerde die verwijdering. Misschien deed ze dat uit teleurstelling over de scheiding, maar het gevolg was hoe dan ook dat ze nog maar zelden bij ons kwamen.

Haar broertje en zusje negeerde ze net zo makkelijk. Aan regelmatig contact met hen had ze ook geen behoefte. Mijn moeder en Diana konden het evenmin goed met elkaar vinden. Ma kwam zelden in Purmerend, net als mijn zussen Dinie en Angelique. Ik vond dat jammer, want ik had hen allemaal graag om me heen. Mijn liefde voor Diana weerhield me ervan dit tot onderwerp van gesprek te maken. Ik had altijd al een hekel aan ruzie en ging gewoon iedere dag na de training bij ma een bakkie doen. Iedereen tevreden.

Een eventuele verhuizing naar Italië of een ander land zou dat dagelijkse bezoekje onmogelijk maken. Het zou flinke gevolgen voor de familieband hebben. Dat was het laatste wat ik wilde. Ik wist dat ik het heel moeilijk ging krijgen als ik mijn moeder niet een paar keer per week kon zien. In mijn puberteit had ik haar bijna een jaar niet gezien, omdat mijn pa me had meegenomen naar zijn vriendin in Nederhemert. Nadat ik daartegen in opstand was gekomen, had ik gezworen nooit meer langdurig zonder mijn moeder te willen leven. Al die gedachten borrelden in mijn hoofd en toch was ik degene die het hardste riep dat ik hoopte op een transfer naar Inter. De reden was mijn vader, die ik eerder al was ontvlucht.

Mijn vader had ik na de verhuizing naar Diemen eigenhandig uit mijn leven verbannen. Helemaal zelf had ik besloten nooit meer iets met hem te maken te willen hebben. In ons flatje in Diemen had ik het ene na het andere verschrikkelijke verhaal van mijn moeder gehoord, ik was wel klaar met hem. Zo af en toe zocht hij nog contact, maar hij zette nooit door. Toch had ik als puber nog steeds het gevoel dat ik een statement moest maken. Bij een ploeggenoot van me in de A1 van Ajax, Serge de Groot, zag ik een interessante optie. Zijn ouders waren gescheiden en ineens heette Serge de Groot Serge van den Ban. Zo ontdekte ik dat het mogelijk was je achternaam te wijzigen. Dat zette mij aan het denken. Omdat Serge het met dezelfde reden – een echtscheiding van zijn ouders – voor elkaar had gekregen, moest het voor mij net zo goed mogelijk zijn. Ik wist wat me te doen stond. Het aannemen van de naam Neervoort, de achternaam van mijn moeder en geliefde opa en oma, zag ik als het ultieme afscheid van mijn vader. Natuurlijk, het zou even duren voordat iedereen me als Andy Neervoort zou gaan zien, maar uiteindelijk ging dat gebeuren. In De Arena spelen met Neervoort op mijn rug, dat werd een droom. Dat zou die ouwe wel leren. Het idee alleen al dat ze me niet meer konden aanspreken met de naam van de man die het leven van ons gezin zo zwaar had gemaakt, maakte me blij.

In die tijd hadden mijn moeder en ik de gewoonte belangrijke zaken te bespreken met Co Adriaanse. Ik had geen zaakwaarnemer, dat was in die tijd nog niet vanzelfsprekend voor een zeventienjarige speler. Mijn moeder en ik stapten gewoon naar Co als we ergens mee zaten. Hij had ons vertrouwen nog nooit beschaamd. De verhuizing naar Diemen, het vinden van een flatje, het bekostigen van de inrichting, het was allemaal door hem geregeld. Het plan om mijn achternaam te veranderen, legden we daarom ook aan hem voor.

Co nam, zoals altijd, geen blad voor de mond. Hij vond het een slecht idee. Als speler van de zeer succesvolle A1 van Ajax was ik al bijna iedere week op televisie te zien. Er was namelijk een programma over de Shell A-jeugdcompetitie. Als koploper en gedoodverfde kampioenskandidaat kwamen wij iedere week aan bod. Ik schoot er nogal eens een balletje in en gaf veel assists. Volgens Co was Nederland al gewend aan het raken aan de voetbalnaam Van der Meijde en was het zeer onverstandig in deze cruciale fase van mijn loopbaan een andere achternaam aan te nemen. Daar zaten we dan met ons mooie plan van wraak. De mening van Co was voor ons zeer belangrijk, zo niet bepalend. Op zijn initiatief waren we gaan nadenken over een verhuizing naar Diemen. Hoeveel invloed kan iemand op mensen hebben? Om zijn standpunt nog wat extra kracht bij te zetten, vertelde Co dat het wijzigen van een achternaam behoorlijk wat geld kostte. We moesten rekening houden met enkele honderden guldens. Dat was voor ons de druppel. Wij dachten dat het met een bezoekje aan het gemeentehuis en een nieuw paspoort aanvragen geregeld was.

Mijn moeder en ik zagen van ons plan af. Tenminste, voor het grootste gedeelte. Ik besloot wel mijn achternaam voortaan met een y in plaats van met een ij te schrijven. Ook bij Ajax drong ik daar op aan en als ik een interview gaf, zei ik het tegen journalisten. Een heftig signaal richting mijn vader bleef uit, maar meer zat er niet in.

Misschien was een rigoureuze naamsverandering voor hem wel een reden geweest om mij voor altijd met rust te laten, maar dat deed hij nu – jaren later – dus niet. Net na het ondertekenen van mijn nieuwe contract bij Ajax begon hij weer contact te zoeken. Om wat voor reden dan ook ontging het mij in eerste instantie dat dit wel heel erg toevallig was. Ik was van enkele tienduizenden euro's per jaar ineens zeven ton gaan verdienen en pa trok weer aan de bel. Dat had ik moeten beseffen, maar dat deed ik niet. Waarschijnlijk omdat ik nog steeds niet heel erg met geld bezig was. Zelfs met het kopen van ons huis en het regelen van de hypotheek had ik me nauwelijks bemoeid. Dat soort dingen liet ik over aan Diana en Dekker. In mijn bankafschriften keek ik nooit. Als ik de post uit de bus haalde, smeet ik die vaak ongeopend in de prullenbak.

Omdat ik weinig uitgaf, vond ik dat ik mezelf dat soort gedrag kon veroorloven. Het was uitgesloten dat ik in de financiele problemen zou komen. Oké, ik vond het grappig dat ik nu zonder nadenken drie spijkerbroeken kon kopen, maar dat deed ik eigenlijk nooit. En Diana was al helemaal geen *big spender*. Zij kon juist erg goed sparen. Samen vonden we het leuk om ergens een broodje te eten, maar je zag ons nooit sushi eten in het Okura Hotel. Wij waren geen mensen die alle hippe plekken bezochten om daar dan veel geld uit te geven aan een diner. Wij bleven gewoon met dezelfde mensen omgaan. Onze beste vrienden bleven onze beste vrienden. Dat was een stelletje waarvan de vrouw bij Diana in de klas had gezeten. Haar vriend had een normale kantoorbaan. Ze kwamen bij mijn wedstrijden kijken en af en toe gingen we uit eten.

Ik ging de huur voor mijn moeder betalen en ik gaf haar een bedrag om leuke dingen van te doen. Mezelf gunde ik een mooie auto, maar er stond zeker geen enorm wagenpark op de oprit. Ik had een geweldige tweedehands Porsche aangeschaft, maar die had ik weer verkocht omdat Diana zwanger was. We moesten een grote, veilige auto hebben. Dat werd de toen net geïntroduceerde BMW X5, geen moment overwoog ik die Porsche erbij te houden. Echt, geld speelde geen hoofdrol in mijn leven. Mijn geld speelde echter wel een hoofdrol in het leven van anderen, zo bleek.

De eerste paar gesprekjes die pa en ik voerden verliepen wat ongemakkelijk, maar al snel werd het best wel gezellig. Mijn pa had zich door zijn verslavingen als de slechtst mogelijke vader gedragen, maar je kon wél plezier met hem maken. De vervelende momenten en de leugens kon ik nooit meer vergeten, maar toch: ik had ook leuke dingen met hem meegemaakt. De ritjes in die Volkswagen Golf met allerlei soorten kleuren beplating, waren toch leuk geweest. Hij was trots op me en liet dat blijken. Ik was daar gevoelig voor, hoewel ik al volwassen was. Ik besloot het een kans te geven, maar het duurde een paar weken voor hij door de mand viel. We hadden een telefonisch gesprek over auto's en hij vertelde dat hij ergens een mooie wagen had gezien. Hij maakte een opmerking in de trant van dat ik die auto wel voor hem kon kopen, want ik had toch een geweldig nieuw contract getekend en hij kon zich die wagen niet veroorloven. Wat een afknapper. We hadden alweer een paar maanden contact en spraken elkaar regelmatig. Zijn ware bedoelingen kwamen nu boven water. Het ging hem niet om mij of om het herstellen van onze relatie. Hij had gewoon geld nodig. Punt. Ik vond het misselijkmakend. 'Je hoeft me nooit meer te bellen', riep ik tegen hem. Daarna verbrak ik de verbinding.

Ik werd een beetje wanhopig van het voorval en vroeg me af hoe ik die man uit mijn leven zou kunnen verwijderen. Een transfer naar een buitenlandse clubs kon me helpen. Dan wist ik in ieder geval zeker dat ik van hem af was. Diana en ik vertelden Dekker dat we openstonden voor een vertrek uit Nederland. Italië, het land waar ik veel indruk had gemaakt in het voorbije seizoen, zagen we wel zitten. Er was al interesse uit de Serie A, het leek een simpele optelsom. Het probleem was dat Inter niets van zich liet horen. Alleen de journalisten bleven bellen. Om de paar dagen hing er wel een aan de lijn. Telkens vertelden ze dat er een bod onderweg was, maar er gebeurde niets. Deze onzekerheid irriteerde me enorm, maar mijn spel leed er absoluut niet onder. We werden met één puntje achterstand op PSV tweede in de eredivisie, in de halve finale van de beker verloren we van Feyenoord. Voor mij persoonlijk was het een topjaar. Ik eindigde op elf doelpunten en dertien assists in de competitie. En ik durf wel te beweren dat de eredivisie toen nog wel wat sterker was dan nu. Advocaat bleef me met enige regelmaat voor Oranje selecteren en ik werd bijna vader. Daar keek ik erg naar uit.

Ik was niet alleen als voetballer gelukkig bij Ajax, maar ook als mens. Omdat ik het gevoel had dat ik volledig mezelf kon zijn, was ik een van de gangmakers geworden. Koeman, Krol en Bruins Slot waren trainers die een lekkere sfeer konden creëren.

Er was altijd ruimte voor die echte, Amsterdamse humor die ik in de C-tjes bij Günther de Haan zo had leren waarderen. Die humor is zo af en toe heerlijk plat en daar deed ik graag aan mee.

Een van de makkelijkste slachtoffers was de helaas overleden materiaalman Sjakie Wolfs. Hij verzamelde na de training de vieze kleding. Het kwam regelmatig voor dat ik met een stijve piemel voor hem ging staan en hem vervolgens een serieuze vraag stelde. Sjakie liep wat krom, dus hij keek eigenlijk altijd naar beneden. Het duurde nooit lang voor zijn oog viel op mijn erectie. 'Smerige pleurislijer, rot toch op', riep hij dan in plat Amsterdams dialect. Van Zlatan tot John O'Brien, iedereen werd gek van het lachen. En hoe harder ze lachten, hoe vaker ik dergelijke streken uithaalde. Ik werd sfeerbepalend. Alles wat ik deed werd getolereerd, omdat ik presteerde. Want zo werkt het in de voetballerij.

Midden 2003 was mijn leven helemaal in balans. Zo oordeelde ikzelf tenminste. We waren naar een prachtig nieuw huis in Purmerend verkast en hadden dat helemaal naar onze smaak ingericht. Het was ons paleisje. Op 13 juni was onze eerste dochter geboren. We noemden haar Isabella. Begin juli begon ik als trotse vader aan de voorbereiding. Aan wat mijn eigen vader me had aangedaan dacht ik totaal niet meer. De geboorte van die kleine had zelfs het verlangen om Nederland te verlaten wat afgezwakt. Ik moest er eigenlijk niet aan denken dat je de zorg voor zo'n klein meisje moest combineren met een verhuizing en alles wat daar weer bij komt kijken. Ik vond het eigenlijk wel prettig dat er geen stapels verhuisdozen rond de wieg stonden. Ik begon met veel zin, maar wel enigszins vermoeid door de gebroken nachten, aan de voorbereiding.

Ajax trainde in die tijd nog naast De Arena en aan de noordzijde van de velden staat het honk van de harde kern, de F-side. Tijdens de eerste training hing daar ineens een gozer uit het raam van het honk en die riep mijn naam. 'Andy, Andy', schreeuwde hij zo hard dat ik even opzij keek. 'Rot dan toch lekker op naar Rome als je zo graag weg wil.' Ik was stomverbaasd. Waar had die kerel het over? Na de training kwam ik er snel genoeg achter. In Italië was uitgelekt dat AS Roma met Ajax een akkoord had over een transfer van een speler. Er was echter nog geen naam bekendgemaakt. Omdat ik in Italië al een paar maanden 'hot' was, dacht die schreeuwer waarschijnlijk dat het om mij ging. Wij, de spelers, kregen echter al snel te horen dat het om onze aanvoerder Chivu ging. We feliciteerden hem met zijn promotie en gingen over tot de orde van de dag. Voor mij duurde dat nog geen 24 uur.

Na de tweede training op dinsdag, liep ik na de douche richting het spelershome. Vanuit de trainerskamer riep Koeman mijn naam. Hij zei dat ik even naar boven moest, naar algemeen directeur Arie van Eijden. Ik draaide me om, maar schrok een beetje toen Koeman en zijn assistent Ruud Krol meeliepen. Ik had geen flauw idee waarom, ik vond het maar vreemd.

Met z'n drieën stapten we het kantoor van Arie binnen en die koos voor de keiharde confrontatie: 'We hebben een fax gehad uit Italië. Je bent verkocht aan Internazionale, wij hebben een akkoord met die club', zei Arie. Koeman voegde er nog aan toe dat ik 'het zelf wel moest willen', maar dat hoorde ik amper. Ik was compleet in shock, wist niet wat me overkwam. Hoe was het mogelijk dat deze deal was gesloten zonder dat ik wist dat het eraan zat te komen? Clubs vragen toch altijd eerst de speler of hij wil komen? Van Eijden trok zich weinig aan van de opmerking van Koeman dat ik zelf toch ook nog wat te vertellen had. 'Er ligt ongetwijfeld een mooi contract voor je klaar, jongen', zei hij. 'Proficiat.' Volledig in trance stond ik op. Koeman hield me nog even tegen en vertelde me dat ik zo lang de persoonlijke onderhandelingen liepen niet op de training hoefde te komen. Hij raadde me aan om direct mijn spullen mee te nemen, want het kon wel eens heel snel gaan. Volgens hem zou Inter mij wel weten te overtuigen.

Als een zombie moet ik die kamer van Arie hebben verlaten. Het gesprek waarin een van de belangrijkste mededelingen uit mijn leven werd gedaan, had nog geen vijf minuten geduurd. Ik was volledig overrompeld door het nieuws. Ik liep naar beneden en kwam langs de massageruimte van onze verzorger Pim van Dord. Rafael van der Vaart lag op tafel, zag ik in het voorbijgaan. 'Ben je weg, jongen?', vroeg Van Dord. Ook hij was blijkbaar al op de hoogte.

Ik antwoordde bevestigend, maar ik liep door naar de kleedkamer. Ik moest bellen. Ik moest Diana en mijn moeder inlichten. Nog steeds voelde ik niets van blijdschap. Het enige wat ik voelde was de angst om Ajax te verlaten. Dik tien jaar stond mijn leven in het teken van voetballen bij deze club. Ik voelde me in De Arena net zo thuis als in het flatje van mijn moeder in Diemen. En ineens had ik het gevoel dat ik er niet meer welkom was, dat ik een indringer was.

Ik belde Diana om te vertellen wat er was gebeurd en daarna mijn moeder. Ze begon te huilen. Zelf had ik niet eens de kracht om te huilen. Ik was alleen maar bezig met het in gedachten opsommen van allerlei zaken die deze transfer onmogelijk zouden maken. Met een kind van één maand oud verhuizen naar Milaan – dat kan toch niet? Ik had niet eens met de trainer van Inter gesproken. Wie zegt dat zijn manier van spelen mij aansprak? Waarom had ik niets van Dekker gehoord? Ik wist niet eens wat ik ging verdienen? Misschien was het financieel wel helemaal niet interessant?

Terwijl ik de wildste excuses verzon, ging mijn telefoon. Het was Chiel. Hij was net ingelicht door technisch directeur Leo Beenhakker van Ajax en had al kort telefonisch contact gehad met de directie van Inter. Chiel zou die avond nog op het vliegtuig naar Milaan stappen en de onderhandelingen opstarten.

Hij vond dat we in ieder geval moesten gaan luisteren. Directeur Marco Branca was laaiend enthousiast geweest aan de telefoon. Dit was een kans uit duizenden. Inter was een van de grootste clubs van Europa. Ik zou het mezelf volgens hem nooit vergeven als ik niet zou gaan luisteren naar wat ze te vertellen hadden. Ik besefte dat Chiel gelijk had. Ik heb mijn kicksen uit het rekje gepakt en ben vertrokken.

De dag erop vonden in Milaan de onderhandelingen plaats, terwijl ik met Diana en Isabella thuis in Purmerend zat. Chiel belde een paar keer op om de tussenstanden door te geven. Ze begonnen met veertigduizend euro per maand. Netto. Ik had tegen Chiel gezegd dat ik minimaal het dubbele wilde verdienen van wat ik bij Ajax had. Bij Ajax hield ik bijna dertigduizend in de maand over, Chiel wist wat hij eruit moest slepen.

Op een gegeven moment belde hij op en toen werd ik even stil. ‘Ze bieden tachtigduizend per maand netto en ze willen dat je voor vier jaar tekent’, zei Chiel. In mijn hoofd vermenigvuldigde ik het bedrag met twaalf. De uitkomst was zelfs voor een niet zo goede student als ik helder. Ik zou bijna een miljoen euro netto gaan verdienen. En dat voor een periode van vier jaar. Dat bedrag kon ik niet weerstaan. ‘Zeg maar dat ik het doe’, zei ik tegen Chiel.

Ik kreeg van Inter twee dagen de tijd om wat zaken in Nederland te regelen. Ik ging naar Ajax om afscheid te nemen van de spelers, de staf en de mensen op kantoor. Een dag later stapte ik alleen in het vliegtuig naar Milaan. Diana en Isabella bleven in Nederland, want de dag na mijn presentatie moest ik meteen op trainingskamp. In Milaan moest ik in het centrum van de stad op een kantoor mijn contract tekenen.

Ik had even contact gehad met Aron Winter, die bij Inter had gespeeld. Hij zei dat het een geweldige club was en dat ik geen spijt zou krijgen. Van directeur Branca kreeg ik te horen dat trainer Héctor Cúper met vleugelaanvallers zou gaan spelen. Christian Vieri was de centrumspits en die wilde van de flanken bediend worden. Het zag er allemaal fantastisch uit. De laatste mededeling van die dag beviel me wat minder: de volgende dag vertrok de selectie voor een trainingskamp van 21 dagen naar Oostenrijk. Ik had nog nooit langer dan zeven dagen in een hotel gezeten. Nu moest ik drie weken op pad met een selectie waarvan ik niemand kende. Behalve *pasta* en *pizza* sprak ik geen woord Italiaans.

Ik begon me al wat zorgen te maken. Toch heb ik die nacht, waarschijnlijk door vermoeidheid en spanning, goed geslapen. Maar bij het ontwaken was het meteen foute boel. Ik kreeg paniekaanvallen en had voortdurend het gevoel dat ik moest overgeven. Inter had keurig een persoonlijke assistent voor me geregeld. Deze man sprak vloeiend Engels en was 24 uur per dag voor mij beschikbaar. Ik vertelde hem dat ik ziek was, dat ik een lange busrit niet zou trekken. Hij pakte zijn telefoon en vroeg de teammanager om advies. Het kon natuurlijk niet zo zijn dat de duurste aankoop van de zomer van 2003 niet meeging op trainingskamp. Ze besloten dat ik in een auto met chauffeur achter de bus aan zou rijden. We moesten zo'n vijf uur rijden. Onderweg moest de chauffeur twee keer stoppen. Ik kotste zoals ik nog nooit had gekotst. Angst, stress, alles kwam eruit.

In het hotel in Oostenrijk werd ik met drie zoenen verwelkomd door linksback Coco. Ik was nog nooit door een man gekust, dus ik keek wel even vreemd op. Verdediger Marco Materazzi nam me direct op sleeptouw en stelde me persoonlijk voor aan alle spelers. Materazzi, die een jaartje bij Everton had gespeeld, Vieri, de Nigeriaan Obafemi Martins en de Deen Thomas Helveg waren de enigen die Engels spraken. Met de rest kon ik geen woord wisselen.

Ze deden echt hun best voor me, maar op de een of andere manier kwam het niet binnen. Ik voelde me verschrikkelijk en dat werd maar niet minder. Met de dag voelde ik me ellendiger en eenzamer. Op mijn kamer belde ik uren met Diana en mijn moeder. David Endt, de teammanager van Ajax, was de eerste 'buitenstaander' die ik belde. Ik vertelde hem dat het zwaar was, dat ik twijfels had over mijn keuze. David vertelde dat dit gevoel minder zou worden, dat dit heel normaal was. David kreeg geen gelijk.

Na anderhalve week Oostenrijk heb ik huilend Chiel gebeld. Ik trok het niet en wilde opgeven. Ik was in Nederland een bijna extreem gewoontedier. Mijn hele leven was ingedeeld volgens een vast patroon, ik deed bijna iedere dag hetzelfde. Door die klotetransfer was mijn hele ritme verstoord. Alle vastigheden die mijn leven zo prettig maakten waren verdwenen en daar kon ik niet tegen. Die tachtig ruggen per maand konden me gestolen worden. Mijn nieuwe ploeggenoten hadden geen humor. De hele mentaliteit beviel me niet. De trainingen waren een hel. 's Ochtends voor achten renden we al door de bergen. Chiel vroeg me of ik gek was geworden. Inter had zeven miljoen voor me betaald. Ik riep dat het me niets kon schelen. Dat ik voor niets bij Ajax wilde gaan spelen als dat de oplossing was.

# 9

# HET PARADIJS IS EEN KERKHOF

Als speler van Ajax was ik in alle opzichten gewend geraakt aan kwaliteit. Of het nu ging om wedstrijd- en trainingskleding, eten, reizen, hotels... Bij Ajax hadden ze alles perfect voor elkaar, kon niet beter. Tenminste, dat dacht ik. Bij Inter had ik al na een paar dagen in de gaten dat er een nóg hogere standaard bestond. Bij Ajax werd je in de watten gelegd, bij Inter werd je verwend. Echt verwend. Op de verjaardag van je vrouw of kinderen werden er namens de club cadeautjes bezorgd. Als we na een verre uitwedstrijd 's nachts op het vliegveld arriveerden, stonden onze auto's naast de landingsbaan klaar. Je hoefde niet eerst met de bus naar het trainingscomplex of een hotel, nee, je kreeg je sleutels en je kon naar huis.

Inter had voor alles 'mannetjes' in dienst. Als je iets geregeld wilde hebben, hoefde je maar wat te zeggen tegen teammanager Andrea Butti of hij stuurde iemand naar je toe. Het wassen van je auto's, het uitlaten van je honden; niets was te gek. De mannen die zulke karweitjes opknappen verdienen bijna niets. Ze vinden het een eer dat ze voor Inter mogen werken, dat vinden ze belangrijker dan geld. Dankzij de fooien van de spelers is hun 'salaris' nog enigszins normaal, maar een vetpot is het niet.

Op trainingscomplex Appiano Gentile, waar deze mannetjes altijd rondhingen en geduldig wachtten op een klusje, is het voor liefhebbers van lekker eten een paradijs. In Nederland eet je met je team op door de trainer bepaalde tijden een warme maaltijd of brood. De kok van de club kiest het menu, je eet wat hij of zij bedenkt. Daar is niets mis mee, maar bij een club als Inter werkt het wat anders. Daar bestelde je in het restaurant precies wat je wilde en wanneer jij dat wilde. Op ieder moment van de dag was er minimaal één kok beschikbaar. Clubs van deze grootte leggen spelers geen beperkingen op. Bij Ajax werden er een paar tientjes van mijn loon ingehouden als ik een shirtje ruilde in een competitiewedstrijd. Dat mocht namelijk alleen als je Champions League speelde. Zomaar een shirtje weggeven? Prima, maar dat betaal je zelf. Bij Inter zei ik tegen de materiaalman soms dat ik drie shirts wilde en dan kreeg ik ze. Zelfs als ik dat iedere week deed. Er is er nooit eentje in rekening gebracht. Op de dag voor mijn eerste derby met AC Milan kwam president Massimo Moratti op Appiano Gentile langs. Hij had een korte mededeling: 'Als jullie morgen winnen, krijgen jullie allemaal een bonus van vijftigduizend euro. Succes.' Ik wist niet wat ik hoorde. Helaas verloren we met 3-1.

De medische staf vond het geen probleem dat spelers voortdurend gebruikmaakten van persoonlijke fysio's. Ze werden gewoon toegelaten op de club. Christian Vieri had zelfs fulltime een eigen fysio tot zijn beschikking. Die betaalde hij persoonlijk. Zo'n fysio hielp ook andere spelers, maar als Vieri de behandelkamer binnenkwam kon je opkrassen. Dan liet hij je gewoon liggen en was er alleen maar aandacht voor zijn baas.

In Italië beleven ze voetbal op een totaal andere manier. Zowel binnen als buiten de clubs. Materazzi schold in de spelerstunnel iedere tegenstander helemaal verrot. Of het nu een spits van Modena was, of die van aartsvijand Milan, het maakte hem niets uit. Met de meest verschrikkelijke dreigementen probeerde hij ze te intimideren. Toen ik dat de eerste keer hoorde, kreeg zelfs ik er schrik van. De haat spatte van zijn gezicht. Marco was zeker in het begin een belangrijke steun voor me. Hij hielp me waar mogelijk en was een fantastische collega. Door zijn spijkerharde spel denken veel mensen dat Materazzi een idioot was, die alleen maar kon schoppen en intimideren. Dat beeld klopt niet helemaal. Hij kon namelijk heel aardig voetballen, kon verschrikkelijk goed aanvallend koppen en had een verwoestend schot. Vrije trappen en strafschoppen kon je zonder problemen aan hem overlaten. Niet voor niets heeft hij in zijn totale loopbaan een stuk of veertig keer gescoord. Dat is veel voor een verdediger.

Het duurde niet lang voor ik de betekenis leerde kennen van 'het vingertje van Materazzi'. Als iemand hem iets had aangedaan wat in zijn ogen niet door de beugel kon, ging hij voor die speler staan en begon te schelden. Als dan zijn wijsvinger omhoog ging, kreeg de tegenstander te horen dat hij na de wedstrijd klappen kon verwachten. Bij wijze van spreken werden er meteen extra stewards naar de spelerstunnel gestuurd. Meerdere keren heb ik hem direct na het laatste fluitsignaal de catacomben in zien sprinten, om daar iemand op te wachten. Meestal zorgden bewakers ervoor dat het niet escaleerde, maar na een uitwedstrijd tegen Fiorentina was hij ze te snel af. Een speler van hen, ik meen Fantini, kreeg een paar flinke tikken op z'n bek.

Het enthousiasme en de liefde die je van de supporters in Italië voelde, waren in het begin bijna onwerkelijk voor me. Zelfs fans van Juventus en de grote vijand AC Milan wilden met me op de foto als ze me ergens zagen lopen. In Nederland kwam dat buiten de trainingen nauwelijks voor. Later in Engeland werd ik als speler van Everton bijna dagelijks voor een vechtpartij uitgedaagd door een supporter van Liverpool. In Milaan gebeurde dat niet. Daar was je een soort god voor alle voetballiefhebbers. Het is zelfs een keer gebeurd dat een meisje van een jaar of zestien begon te huilen toen ik de winkel binnenliep waar ze werkte. Dat was bizar om te ervaren. Ik kwam terecht in een wereld die voor mij totaal onbekend was en er was niemand die mij had verteld wat ik kon verwachten.

In Nederland had ik een vrij overzichtelijk leven: ik trainde, dronk koffie bij mijn moeder en ging daarna door naar huis in Purmerend. Gemiddeld twee keer per week gingen Diana en ik samen ergens wat eten. Op maandagavond ging ik soms iets drinken in La Bastille. Heel af en toe ging ik met Diana naar de PC Hooftstraat om te winkelen. De enige uitspatting die ik mezelf wat vaker gunde was vreemdgaan. Niet dat ik iedere week een ander scharreltje had, maar het gebeurde wel geregeld. Ik had voor mezelf een omgeving gecreëerd waarin ik me prettig voelde. In Milaan was niets meer normaal of vanzelfsprekend. Ik was ziek van heimwee.

Ik kon het goed vinden met Thomas Helveg, die door Inter van AC Milan was gekocht. Hij was mijn slapie tijdens dat eerste trainingskamp in Oostenrijk. Met hem kon ik Engels praten. Het contact met Helveg was leuk, maar kon mijn verdriet niet verdringen. Ik miste Nederland, mijn moeder, maar vooral Diana en mijn twee maanden oude dochtertje Isabella. In totaal zag ik ze na de transfer een maand niet en daar heb ik letterlijk buikpijn van gehad. Gelukkig namen we deel aan het jaarlijkse Amsterdam Tournament van Ajax. We waren met Inter nog geen vijf minuten in hotel Jan Tabak in Bussum, of Diana stond al met Isabella op de stoep.

‘s Avonds kwam ik voor het eerst terug bij Ajax. Ik was er pas vier weken weg, maar ik vond het raar en moeilijk om als niet-Ajacied in de Amsterdam Arena rond te lopen. Ajax voelde ineens als een vijand en dat gevoel wilde ik helemaal niet hebben. Dit was mijn stadion, maar ik speelde in een ander shirt en moest me in een andere kleedkamer omkleden. Mijn medespelers spraken een andere taal en ze voetbalden met een andere mentaliteit. Ik had er op dat moment echt moeite mee.

Direct na het Amsterdam Tournament kwamen Diana en onze baby Isabella naar Milaan. Ons nieuwe leven kon beginnen. Ik was 23, Diana een jaartje jonger. Op kosten van Inter kregen we een suite in hotel Meliá, een geweldig hotel in het centrum van de stad. Verder hadden we de hele dag een auto met chauffeur tot onze beschikking. We voelden ons filmsterren, maar gelukkig waren we niet. Ook na een week of zeven, acht, voelde ik me nog steeds niet op mijn gemak. Hoe lief en aardig iedereen ook was, ik miste Ajax, Nederland en mijn moeder.

Het had al best lang geduurd voor ik binnen de A-selectie van Ajax mezelf durfde te zijn. Dat hele gedoe begon nu weer van voren af aan en dan ook nog eens in een kleedkamer waarin voornamelijk mensen zaten die ik niet kon verstaan. Diana kon net als ik niet aarden. Ik was vaak de halve dag weg en zij zat dan alleen met Isabella in het hotel. Ik was veel weg, omdat je in Italië voor uit- én thuiswedstrijden op trainingskamp gaat. Het was een moeilijke periode. We hebben vaak tegen elkaar gezegd dat we er klaar mee waren. We hadden bakken met geld, maar we konden niet overweg met ons nieuwe leven. In Nederland hadden we een volledig voorgeprogrammeerd leven. Nooit deden we iets onverwachts, alles was gepland. We hadden weinig vrienden, maar met de vrienden die we hadden waren we erg close. En nu moesten we ineens in een totaal ander ritme onze weg zien te vinden. We waren echt doodongelukkig en daarnaast waren er praktische zaken die niet zo lekker liepen.

De huizenjacht bijvoorbeeld verliep moeizaam. Mijn voorkeur was een appartement in de stad, maar dat zag Diana niet zitten. Zij wilde rust en ruimte en kreeg haar zin. We kozen na weken zoeken voor een villa vlakbij Como. Ik had zo mijn eigen redenen om liever in de stad te wonen. Hoewel ik in het begin vreselijk veel klaagde over mijn nieuwe leven, had ik al ervaren dat het één groot voordeel had: de vrouwen in Milaan zijn prachtig en velen van hen staan open voor avontuurtjes met voetballers. Daar kwam ik al achter op mijn eerste avondje uit in Milaan.

Na het trainingskamp in Oostenrijk keerden we vlak voor het Amsterdam Tournament één dag terug in Milaan. We arriveerden 's middags, 's avonds waren we vrij. De volgende ochtend zouden we nog even trainen en dan afreizen naar Amsterdam. Mijn Turkse ploeggenoten Emre Belözoglu en Okan Buruk vroegen of ik die avond mee de stad in ging, wat eten en drinken. Die gasten spraken nauwelijks een woord Engels, maar ze waren heel vriendelijk en met handen, voeten en goede bedoelingen kom je overal wel een eindje. Het werd een leuke avond, want ik kwam een Bulgaars meisje tegen en zij wist blijkbaar wie ik was.

Ik had al een behoorlijke antenne voor dit soort types en ik wist meteen dat dit de mogelijkheid was om voor het eerst in bijna een maand weer wat seksuele actie te krijgen. Het leek me niet handig dit meisje mee naar mijn eigen hotel te nemen. De mensen daar hoefden niet meteen te weten dat ik niet zo trouw was. Emre en Okan kwamen met de oplossing. Zij bleken in het centrum van de stad een geweldig appartement te hebben. Een enorme woonkamer, zes slaapkamers en een groot balkon. Omdat het heerlijk weer was, nam ik die Bulgaarse mee naar het balkon. Terwijl ik in het maanlicht op de Milanese binnenstad keek, had ik seks met haar. En later nog een keer in de slaapkamer. Die Turken kwamen de volgende dag niet meer bij van het lachen.

Het was een daad die tegenstrijdig was met de gevoelens die ik in die weken had. Ik miste Diana en Isabella ontzettend. Toch ging ik vreemd. Mijn verlangen naar seks bleek sterker. Dat meisje was er absoluut naar op zoek geweest. Misschien dacht ze er wat aan over te houden, maar dan waren ze bij mij aan het verkeerde adres. Soms ging ik een paar keer met een meisje, maar liefde werd het nooit. Voor mij was het gewoon lust. Ik kon het niet weerstaan en ik weet zeker dat ik geen uitzondering ben.

De meeste mannen moeten moeite doen voor een vrouw. Een voetballer van Ajax, Internazionale en Everton kan, zo heb ik ervaren, op de gekste plaatsen een vrouw vinden die seks met hem wil. En het kost niet eens moeite. Dat laatste was mijn valkuil. Ik was net vader, hield van Diana, had heimwee naar alles in Nederland, maar op het moment dat deze Bulgaarse dame liet merken dat ze met me wilde vrijen ging ik voor de bijl.

Wat het vreemdgaan vergemakkelijkte is dat je ploeggenoten, de mensen die het zien gebeuren of er als enigen van horen, hun mond houden. In iedere kleedkamer is er een erecode: avontuurtjes blijven binnen de groep. Je schept er over op, je lacht er iemand om uit, maar in de buitenwereld blijf je stil. Al is het je grootste vijand in de groep, over zulke dingen klap je niet uit de school. Ik beweer overigens niet dat iedere profvoetballer zo makkelijk te verleiden is als ik in die tijd. Ik weet wel zeker dat ze allemaal 'aanbiedingen' krijgen. Hoe lelijk sommigen ook zijn.

In het buitengebied van Como, ten noorden van Milaan, had Diana een geweldige villa gevonden. Groot, luxe, veel grond en prachtig gelegen. In die streek wonen niet voor niets veel spelers van Inter en AC Milan, want de trainingscomplexen van de clubs liggen ook in die regio. Vanuit de stad kost het je ruim een uur om naar de training te rijden. Vanuit Como was ik in maximaal 35 minuten op Appiano Gentile.

We kregen een tip over de beschikbaarheid van de villa van de directeur van de bank waar ik op advies van Inter mijn financiële zaken had ondergebracht. Deze man was bevriend met mijn ploeggenoten Alvaro Recoba, Materazzi en Vieri. Zij vertrouwden hem, dus ik deed dat ook. Zo werkt dat in de voetballerij. Je volgt elkaar.

Diana werd verliefd op het huis vanwege de grond. Als groot dierenliefhebber zag ze daar veel mogelijkheden. We hadden op dat moment vier honden, twee Amerikaanse bulldogs en twee Maltezer leeuwtjes en een kat, die trouwens Maffia heette. Die kat liep later weleens weg en dan struinden Diana en ik door het dorp terwijl we voortdurend 'Maffia' riepen. Dat vonden ze daar natuurlijk maar raar. Diana wilde graag in haar eigen tuin wat kleine paardjes hebben, maar dat was stap twee. Eerst moesten de honden en Maffia hun plekje vinden.

Inter zorgde ervoor dat de procedure voor het invoeren van de dieren soepeltjes verliep. We namen onze intrek in de villa en een dag later arriveerden de honden en de kat op de luchthaven. De club stuurde een van de 'mannetjes' om ze op te halen. Ik had gevraagd om een busje, want de kooien waarin ze werden vervoerd pasten niet in een normale auto. Blijkbaar kon ik nog niet goed overweg met het boekje 'Hoe en wat in het Italiaans', want ze hadden me niet helemaal goed begrepen. Op het vliegveld arriveerde een vrachtwagentje met een open laadruimte, maar zonder iets van een hek om de laadbak heen. Met behulp van een spanband werden de kooien vastgezet en zo werden mijn beesten naar Como vervoerd. Bij de ene automobilist na de andere die we inhaalden viel de mond open. Dat kon ik mooi zien, want ik reed er in mijn gloednieuwe Mercedes cabrio lachend achteraan.

Later hebben we zelf nog een keer twee paardjes vervoerd in de BMW X5 van Diana. We hadden deze Falabella's gekocht en dachten dat de verkoper ze in een trailertje klaar had staan. Eenmaal bij die kerel bleek dat er geen trailer was. Omdat ik geen zin had helemaal terug te rijden, zetten we die paarden achter in de X5 en zo reden we terug naar Como. We hadden de ramen wat geopend, zodat ze hun hoofdjes naar buiten konden doen. Ook dat leverde bij het passeren van andere auto's tientallen verbaasde blikken op.

Alle dieren kregen een plaatsje in de enorme tuin van ons huis. De villa kostte een vermogen aan huur: tienduizend euro per maand. Omdat Diana veel alleen was en niet aan huis gekluisterd wilde zijn, namen we personeel in dienst. Via een supermarktje in de buurt kwamen we in contact met een echtpaar met wie we het heel goed konden vinden. De man, Francesco, stond graag in de keuken en kookte voor ons als we thuis wilden eten. Zijn vrouw Tina ging als au pair aan de slag en deed de huishouding. Diana hoefde niets meer te doen en ik vond dat prima. Een kok en een au pair in dienst nemen is pure luxe, maar als het kan, waarom zou je het niet doen? Ik was drie dagen, soms zelfs vier dagen per week van huis. Diana was net als ik jong en wilde niet de hele dag thuiszitten en koken was niet haar ding. Nu kon ze gaan paardrijden wanneer ze wilde en zo lang ze wilde.

Op de spaarzame momenten dat ik thuis was, konden we wat leuks gaan doen, want ons kindje was in goede handen. Het kostte me niet eens zo veel. Voor een paar honderd euro per maand werd ons leven een stuk makkelijker en zorgelozer. Dat had ik er graag voor over. Ik vond het niet nodig dat Diana als een huisvrouw door het leven ging. We hadden het goed en daar moesten we wat mij betreft zo veel mogelijk van genieten.

In Nederland waren we altijd zuinig geweest, maar in Italië werd dat anders. We leerden genieten en genieten kost geld. En geld hadden we heel veel. Diana, die altijd erg van het sparen was, deed er volop aan mee. Ons uitgavenpatroon veranderde fors. Als speler van Inter had je gelukkig een groot voordeel: regelmatig kreeg je goederen voor niets en korting kreeg je sowieso altijd. Iedereen maakte daar graag gebruik van.

Tijdens de voorbereiding op mijn eerste seizoen vroeg Materazzi aan iemand van het kantoorpersoneel een lijst met daarop de namen en telefoonnummers van de belangrijkste mensen van de sponsors. Zonder schaamte begon hij te bellen met de mensen die spullen verkochten waar wij spelers iets aan konden hebben. Binnen een uurtje kwam hij langs de andere tafels om te vragen wie er interesse had in zonnebrillen, audioapparatuur, fietsen, kleding. Wachtlijsten bestonden er voor ons niet. Die zomer bracht Rolex een nieuw horloge van het type Daytona op de markt en al snel was er een wachtlijst van vier jaar. Maar niet voor Christian Vieri en mij. Christian had er binnen een dag twee geregeld. Dat ding kostte vijftigduizend euro, maar dan had je wel een klokje met saffieren en diamanten.

Bij clubs als Inter is het normaal dat je een dikke auto rijdt. Daar kijken ze niet op van een Ferrari of een Porsche, ze vinden het volstrekt normaal. Ik kocht een Mercedes SL 55 AMG, cabriolet natuurlijk, want in Italië heb je daar wat aan. Het kapje kon er 's ochtends al af, heerlijk. Na een maandje of drie, vier, toen we wat gesetteld waren, kon ik van die momenten voor het eerst genieten. In een dikke Mercedes cabrio door de bergen van Como, sigaretje in de hand, dat was het goede leven. Na een paar maanden kocht ik ook nog een Porsche 911 Turbo van 140.000 euro. Die Porsche importeerde ik vanuit Nederland. Ik moest zelf zorgen voor de verzekering en het kenteken. Dat was ik, laks als ik ben met dit soort dingen, natuurlijk vergeten. Toen die wagen eindelijk werd bezorgd, kon ik het niet opbrengen weken te wachten op het afhandelen van de formaliteiten. Ik zette er een paar oude kentekenplaten op, die nog in de garage van mijn huis lagen en ben gaan rijden. Ik heb minimaal een half jaar onverzekerd en met ongeldige kentekenplaten in die wagen gereden. Achteraf denk je dan: wat een idiote actie. Op het moment zelf heb je er schijt aan. Ik wist dat ik nooit een boete zou krijgen. Zo werkt het in Italië als een voetballer een verkeersovertreding maakt. Het is zo makkelijk om misbruik te maken van je status.

Voetballers bij Inter hadden in die tijd een meer dan relaxed leven. De trainingsintensiteit werd na de voorbereiding een stuk lager en dat lag mij beter. Na een verschrikkelijk zwaar trainingskamp, waarin we conditioneel helemaal waren klaargestoomd voor de competitie, viel de arbeid in de rest van het seizoen naar verhouding reuze mee. Maximaal twee keer per week werd er hard gewerkt, de rest van de tijd trainden we vooral tactisch. Geregeld stonden we nog geen drie kwartier op het veld als Cúper het partijtje al stopte en *'Basta, a domani!'* riep. Dat was het teken dat hij genoeg had gezien. De rest van de dag was je dan vrij, was er geen programma. Het leek wel een voetbalvakantie.

Ik deed de groepstraining en vond het daarna wel prima. Ik speelde in de basis en het ging best goed. Waarom zou ik me extra inspannen? Maar na een paar maanden raakte ik mijn basisplaats kwijt en werd zichtbaar dat ik genoot van het heerlijke Italiaanse eten. Die pasta's zijn super, maar ook dik makend. En het glaasje wijn dat je bij dat eten op de club drinkt, liet ik ook al niet staan. Ik kwam kilo's aan en dat kon natuurlijk niet.

Ineens snapte ik waarom die andere reserves zo vaak voor zichzelf trainden. Op eigen initiatief ging ik een paar keer per week 's middags lopen met een van de conditietrainers. Niet zomaar joggen, maar echt stevige duurlopen.

Ook als ik voor mezelf had getraind, was ik 's middags vaak al voor twee uur klaar. De eerste maanden gingen we dan lekker met z'n tweetjes winkelen of wat eten. In die periode gaf ik regelmatig een kleine duizend euro per dag uit. Na een poosje zat Diana hele dagen op de manege en ging ik daar dus ook maar heen. Dat was goedkoper dan samen winkelen, maar het stallen en verzorgen van de dieren kostten net zo goed handenvol geld. Ik vond het prima.

Omdat ze verder niets hoefde te doen, kon Diana zo veel tijd aan paardrijden spenderen als ze maar wilde. Ze kon het goed, haar specialiteit was dressuur. In Nederland zat ze op een gegeven moment zelfs tegen de nationale top aan. Voor haar 21ste verjaardag had ze van mij een toppaard gekregen. Het had een goede bloedlijn en kostte dertigduizend euro. Iemand die op hoog niveau dressuur wil rijden, moet daar veel tijd in steken. Dat deed Diana. Met liefde en plezier. Ze was meerdere malen per week van 's ochtends vroeg tot laat in de middag op de manege te vinden. Na een poosje reed ik na de training niet eens meer naar ons huis, maar rechtstreeks naar de manege. Zij was aan het rijden of verzorgde haar paarden. Ik ging daar ergens zitten en dronk koffie. Soms de hele middag. Dat klinkt misschien treurig, maar ik vond het lange tijd oké. Ik kan heel goed nietsdoen. Beetje rondkijken, wat hangen. Heb ik geen problemen mee. Ik ben ook heel geduldig. Het boeit me niet als iemand wat later is of als ik ergens moet wachten. Geef mij een kop koffie en iemand om mee te kletsen en ik kom er wel uit.

Diana gaf veel geld uit aan de verzorging van de paarden, maar nog veel meer aan kleding. Vooral voor Isabella. En allemaal dure merken. Eigenlijk te belachelijk voor woorden, want een baby groeit binnen een paar weken door naar de volgende maat. Maar goed, er was geld genoeg en ik wilde haar alles geven. Ze was mijn grote liefde. Delen zit in mijn karakter; zeker van wie ik hou komt bij mij nooit iets tekort. Die kunnen van mij alles krijgen.

Daarnaast had ik dat eerste jaar last van een flink schuldgevoel. Niet omdat ik regelmatig vreemdging, maar omdat ik er bijna nooit was. Daar voelde ik me rot over. Ik verdiende tachtigduizend euro netto per maand, maar toen de eerste verjaardag van mijn dochtertje groots werd gevierd, zat ik in Rome. De hele straat was door Diana uitgenodigd, er liepen clowns rond, maar ik kwam pas aankakken toen het feest al bijna was afgelopen. Het is een taboe voor mensen die veel verdienen om over zulke dingen te klagen, maar ik vond dat echt niet leuk. Het gevolg was dat ik het in mijn ogen niet kon maken om te klagen als Diana weer eens voor duizend euro kinderkleding kocht of mij vroeg om nog een paard of een nieuwe auto voor haar te kopen.

Ik speelde in een ploeg met grote spelers. Materazzi, Fabio Cannavaro, Javier Zanetti, Adriano, Vieri... Dat waren megasterren. Die behoorden op hun posities tot de tien beste spelers ter wereld. Deze jongens namen mij serieus, maar ik kwam er na een paar maanden achter dat hun positieve houding een grens kent. Als je veel speelt en belangrijk bent, tel je mee. Hoe minder je speelt, hoe vluchtiger de contacten worden. Dat is geen klacht, maar een constatering. Het hoort bij de absolute top, denk ik. Bij Ajax ging het er in ieder geval niet zo aan toe. Daar vonden ze je leuk, of niet leuk.

De eerste maanden werd ik vaak opgesteld en was ik belangrijk. Ik speelde goed en gaf assists. In september wonnen we in de Champions League uit bij Arsenal met 0-3 en ik maakte met een aardige volley het tweede doelpunt. Ik vierde die goal door te knielen en te doen alsof ik met een jachtgeweer schoot – mijn eerbetoon dus aan de familie Boomkamp. Na de wedstrijd kwamen we op vliegveld Heathrow van Londen bij de gate. Op een bankje zaten wat bestuursleden te wachten, onder wie president Moratti en zijn zus. Ik liep al babbelend met Materazzi hun kant op, maar tot mijn verbazing stonden ze allemaal op en begonnen te applaudisseren. 'Wat doen ze nou?', vroeg ik aan

Marco. 'Dat is voor jou', antwoordde hij. 'Dit is hun manier om te laten zien dat ze je waarderen, dat ze blij zijn dat je hebt gescoord in deze voor de club zo belangrijke wedstrijd.' Stomverbaasd en met een rood hoofd gaf ik ze allemaal een hand en een kus. Dat was niet het enige aparte voorval die nacht. Toen ik een paar uur later in Como de straat van ons huis in reed, hing er een enorm spandoek aan het hekwerk. *Grazie Andy*, stond erop. De volgende ochtend werden bij ons thuis bloemen en enorme flessen drank bezorgd. Moratti kwam naar Appiano Gentile en vertelde dat we bij een juwelier in het centrum allemaal wat moois mochten uitzoeken. Ik koos voor een horloge van Bulgari. Voor Diana.

Wie bij Inter regelmatig speelde, leefde als een prins. Iedereen, inclusief je ploeggenoten, droeg je op handen. Het enthousiasme van trainer Cúper zat wat minder diep. We begonnen minder te presteren, er kwam druk op hem en mij knikkerde hij er als een van de eersten uit. Cúper en ik gingen op een aparte manier met elkaar om. We hadden eigenlijk niet eens relatie, want hij sprak geen woord Engels en ik sprak toen nog geen woord Italiaans. Bij onze kennismaking kreeg ik een hand, dat was het. Hij heeft nooit iets persoonlijks aan me gevraagd, niets. Als hij iets tactisch aan me kwijt wilde, werd Materazzi er als tolk bij gehaald. Maar die gesprekjes duurden nooit langer dan twee minuten.

Technisch directeur Branca had me tijdens de onderhandelingen een prachtig scenario geschetst. Ze wilden topscorer Vieri nóg beter bedienen en daarom was ik gekocht. Er zou met drie spitsen gespeeld worden en ik – als grootste aankoop van die zomer – kreeg een hoofdrol. Al vrij snel kreeg ik in de gaten dat ze Cúper niet hadden ingelicht over die plannen.

Die speelde gewoon 4-4-2. Zoals ze daar al jaren deden, hoorde ik achteraf. In het begin stelde hij me nog wel op, maar er was zelden contact over wat hij van me verwachtte. Voor mij was wel duidelijk wat er aan de hand was: ik was gekocht door Branca, niet door Cúper. Het leek erop dat Cúper z'n best deed het mij moeilijk te maken. In de eerste derby tegen Milan, begin oktober, stelde hij me op als rechtshalf. Ik kreeg één opdracht mee: Clarence Seedorf afstoppen. Dan weet je niet wat ik kan óf je wil me voor lul zetten. Ik denk dat het een combinatie van beide was. Vanzelfsprekend bakte ik er niets van. Na iets meer dan een half uur werd ik gewisseld. Cúper was een rare man. In de bespreking voorafgaand aan de derby begon hij over Kaká, die door Milan was gekocht. 'Zij hebben een Braziliaantje gekocht, Kaki, Koko of zoiets', vertelde hij. Misschien was dat zijn manier om de druk proberen weg te halen, maar hij werd er juist om uitgelachen. Iedereen wist dat Kaká een van 's werelds grootste talenten was. De domme teksten van Cúper werden afgestraft, want Kaká speelde geweldig en scoorde ook nog. Twee weken later werd Cúper ontslagen.

Ik was opgelucht, maar dat duurde niet lang. Vrijwel direct nadat Cúper was ontslagen, stelde de club Alberto Zaccheroni aan. Dat was echt een zak patat, een onooglijk, klein en dik mannetje dat om onverklaarbare redenen altijd een veel te grote coachjas droeg. Deze man maakte er een gewoonte van bij veel spelers het zelfvertrouwen weg te nemen. Je kon de ene week basisspeler zijn, maar werd net zo makkelijk een week later zonder uitleg naar de tribune gestuurd. Om gek van te worden. Aan het eind van het seizoen, we werden vierde, nam hij ontslag. Een zegen. Bij Inter was alles meer dan goed geregeld, maar op het onderdeel waar het écht om ging – het voetbal – was het een grote chaos. Het is ongelooflijk, maar bij Inter zaten de bestuursleden voor de wedstrijd gewoon in de kleedkamer. Soms kwam je bij een uitwedstrijd in een kleine kleedkamer en moest je wringen voor een plaatsje om je om te kleden.

De keuzes die er op technisch gebied werden gemaakt, waren niet te volgen. Ik vond het zelfs amateuristisch hoe ze daar te werk gingen. Hoe kun je het in je hoofd halen om, als je van plan bent 4-3-3 te gaan spelen, zes spelers aan te trekken die in dat systeem alleen centraal uit de voeten kunnen? Bij Inter kon het gebeuren.

Julio Ricardo Cruz, Alvaro Recoba, Christian Vieri, Mohammed Kallon, Obafemi Martins en Adriano kwamen allemaal het beste tot hun recht als diepe spits of als een van de twee spitsen in een twee-spitsensysteem. Die gasten hadden allemaal een enorme reputatie en verdienden bakken met geld. Recoba en Cruz vonden het wel prima, die maakten zich niet zo snel druk als ze wat minder speelden. Vieri was anders, die kon er echt helemaal niet tegen. Hij werd gek. Na een uitwedstrijd tegen Bologna in december 2003, barstte bij *Bobo* – zo werd hij genoemd – de bom.

We hadden allebei op de bank gezeten en waren ingevallen. Zaccheroni was nog geen twee maanden in dienst, maar *Bobo* en ik waren al helemaal klaar met hem. We mochten beiden spreken van een goede invalbeurt, maar we wisten dat het zinloos zou zijn. Deze trainer had andere belangen. Na het laatste fluitsignaal sprintte ik direct naar de kleedkamer, zonder de meegereisde supporters te bedanken.

De spelers kwamen vervolgens een voor een lachend binnen, want we hadden met 0-2 gewonnen. *Bobo* was de laatste, hij stapte al discussiërend met directeur Branca door de deur. Ze hadden flinke woorden en ik kon er wel uit opmaken dat het ging over de reserverol van *Bobo*. Vieri verweet Branca dat die zich bemoeide met de opstelling en daar werd Branca boos om.

Het bekvechten ging door, totdat Vieri er klaar mee was. Hij liep naar Branca en sloeg hem vol op z'n bek. De grote baas ging meteen gestrekt. Grote paniek in de kleedkamer, maar vreemd genoeg heeft dit incident nooit consequenties gehad. Het bleef geheim, sowieso al een wonder in de voetballerij, en *Bobo* bleef contractspeler.

Ten tijde van deze vechtpartij was ik niet alleen klaar met Zaccheroni, maar ook met Italië. Ik had het als voetballer al maanden niet meer naar mijn zin, omdat ik vaker niet dan wel speelde. Ik was lang niet de enige speler die met zichzelf geen raad meer wist. In het begin was de sfeer nog wel goed. De Zuid-Amerikanen krijgen iedere spelersgroep aan de gang met hun muziek, maar toen er van hen ook steeds meer op de bank en de tribune terechtkwamen, werd het snel minder. De een werd chagrijnig, de ander deed alsof hij geblesseerd was. Kleine pijntjes werden aangegrepen om weken niets te doen. De spelers die er positief mee probeerden om te gaan, gingen extra voor zichzelf trainen.

Probleem was alleen dat je geen wedstrijden speelde. Er was geen tweede elftal, dus er liepen een stuk of vijftien spelers rond die totaal geen ritme hadden en hun energie niet kwijt konden. Onderling hadden we het er eigenlijk alleen maar over dat we zo snel mogelijk weg wilden. Geloof me, dan is het niet zo gezellig meer.

Ook privé begon het bij mij te wringen. Ik raakte uitgekeken op de dagelijkse gang naar de manege en ergerde me steeds meer aan de manier waarop Diana in het leven stond. We gingen weleens winkelen of ergens eten, maar verder was ons leven dodelijk saai. Ook in bed. Ik had soms het idee dat ik met een non samenwoonde. Ik hield van haar, maar baalde ervan hoe ze ons leven regisseerde. Er was een sleur ontstaan, net als ooit in Nederland. Voorheen kon ik me prima vinden in die sleur, maar nu begon het te irriteren. Toch sprak ik het nooit uit tegen haar. Dat was zwak van me.

Ondertussen werd ik nog vatbaarder voor seks met andere vrouwen. Iedere poging tot flirten van een vrouw viel me op, zo ook op een zondagmiddag na een thuiswedstrijd in San Siro. Ik reed weg en bij een verkeerslicht zag ik in de auto naast me een mooie vrouw achter het stuur zitten. Ze lachte een paar keer en ik lachte terug. Het licht sprong op groen en al snel kreeg ik het gevoel dat ze me volgde. Ik besloot de proef op de som te nemen en sloeg een zijstraat in waarvan het te toevallig was als zij daar ook moest zijn. Net na de bocht stopte ik en zorgde dat er alleen vóór mijn auto ruimte was om te parkeren. Als ze wat wilde, dan zou ze voor me moeten stoppen. En ja hoor, het gebeurde. Ze sloeg af en ze stopte. Ik stapte uit en liep naar haar wagen. Het bleek een Russische dame te zijn, die al jaren in Milaan woonde. Ze deed in onroerend goed, zei ze. We kletsten een paar minuten en ik vroeg haar of ze een keer wilde afspreken. Vanaf die middag werd ze mijn vaste scharrel, een minnares. De dag voor iedere thuiswedstrijd had ik seks met haar. Na de ochtendtraining waren we vrij tot zeven uur 's avonds. Dat was het tijdstip waarop we ons in hotel Meliá moesten melden.

Ik reed vanaf Appiano Gentile rechtstreeks naar het hotel en lag daar vanaf een uur of één tot zeven uur met haar in bed. Zij had een vrij beroep, was eigen baas en bepaalde zelf wanneer ze werkte.

Ik had Diana, maar die was aan het paardrijden en had niets in de gaten. Bij deze Russische vrouw kon ik in bed doen en laten wat ik wilde. Dat was een verademing in vergelijking met thuis. Ze stond voor alles open. Ik fotografeerde haar naakt met mijn telefoon en liet die foto's 's avonds tijdens het diner met het team zien aan Recoba en Materazzi, met wie ik meestal aan tafel zat. Zo ging dat. Ik denk dat zij mij wel een aparte gozer vonden.

Mijn relatie met technisch directeur Branca was in het eerste jaar prima, maar onze goede omgang begon mij in het tweede seizoen na een paar maanden te irriteren. Ik werd namelijk niets wijzer van zijn mooie praatjes. Hij schonk meer aandacht aan mij dan de trainers die hij aanstelde. Hij had zelf een poosje bij Middlesbrough gespeeld en sprak goed Engels. Bij elke training stond hij in zijn mooie pakkie langs de lijn, altijd met een sigaretje tussen de lippen. Tijdens het eerste trainingskamp kreeg ik al van hem te horen dat ik hoe dan ook zou spelen, dat ik me niet druk hoefde te maken. Leuk en aardig, maar ik wilde dat liever van de trainer horen.

Branca en ook voorzitter Moratti deden er alles aan mij een goed gevoel te geven.

In november viel ik voor een EK-kwalificatie-interland met Schotland voor de camera van RTV Noord Holland flauw omdat, zo bleek later na onderzoek, ik een te lage bloeddruk had. Dat was een vreemd voorval, logisch dat het ook in Italië nieuws was. Moratti hing nog voor het avond was aan de telefoon. *'Andy, what's going on? Everything okay? Come home, to Milano and we will take care of you.'* Omdat het niets ernstigs was, bleef ik in Nederland. Maar het incident kreeg de volgende dag een vervelend staartje.

Journalist Henk Spaan publiceerde in *Het Parool* een column waarin stond dat enkele spelers zaterdagavond op een feest ergens in Amsterdam waren geweest. Dat was volgens hem belachelijk, omdat we zaterdagmiddag met 1-0 in Schotland hadden verloren. Dat mocht hij best vinden, maar het vervelende was dat hij maar één naam van de aanwezigen onthulde: de mijne. Heel het land sprak er schande van. Ik was pas net international, er was een belangrijke wedstrijd verloren, ik kreeg de wind van voren. Die klootzak van een Spaan was voor 95 procent goed geïnformeerd. Er waren inderdaad behoorlijk wat spelers op dat feestje geweest. Het enige wat hij fout had, was mijn naam. Ik was er niet geweest. Diana had mij op Schiphol opgehaald en ik was rechtstreeks naar huis gegaan. Dat hadden mensen van de KNVB gezien, dus niemand twijfelde aan mijn verhaal. Omdat het ging om een vrije avond van de selectie – we hoefden ons pas op zondagavond te melden voor de tweede en beslissende wedstrijd op woensdag – greep de KNVB niet in. Spaan kreeg wel van meerdere bronnen te horen dat hij het mis had en plaatste de volgende dag een rectificatie. Het speet hem dat hij mijn naam had genoemd, zoiets. Voor iedereen was hiermee de kous af, maar ik zat met de brokken. De strekking van de column was namelijk wel in Italië overgenomen, maar de rectificatie niet. Op woensdagochtend, de dag van de wedstrijd, belde Branca weer en hij eiste dat ik terugkwam. Het kostte me een hoop moeite om uit te leggen dat het allemaal onzin was. Ik gaf mijn zaakwaarnemer Chiel Dekker opdracht Spaan aan te klagen, maar Chiel zette niet door. Ik heb er nog steeds spijt van dat ik dat niet heb gedaan.

Het vertrouwen dat bondscoach Dick Advocaat bij Oranje in mij had, voelde ik niet bij de trainers van Inter. Advocaat zag het gewoon in me zitten, dat geluk moet je af en toe hebben als profvoetballer. Hoewel ik in de aanloop naar het EK in Portugal niet alles speelde, nam hij me wel mee. Daar ontstond een discussie over, waarin Johan Cruijff het voor me opnam. Hij belichtte de positieve kant en wees erop dat ik fysiek en mentaal topfit aan het toernooi ging beginnen, omdat ik niet zwaar belast was. Daar had hij gelijk in, maar de gebeurtenissen bij Inter hadden hun uitwerking niet gemist. Ik was topfit, maar erg gefrustreerd. Ik wilde me revancheren. Op Inter en op de mensen in Nederland die zonder wat van mijn situatie te weten hun oordelen klaar hadden. Waren ze vergeten dat ik een jaar eerder bij Ajax zo belangrijk was geweest?

Mijn ergernis kwam er in de eerste wedstrijd tegen Duitsland uit. Ik speelde slecht, maar gaf vlak voor tijd wel de assist waaruit Ruud van Nistelrooy scoorde. We verdienden het niet om die wedstrijd te winnen en ik speelde zelf zeker niet sterk. Advocaat liet me toch staan en dat vertrouwen maakte ik waar. Ik veroverde de bal vlak bij de cornervlag op Fabian Ernst en gaf de bal zonder te kijken snoeihard, half hoog voor. Van Nistelrooy kwam altijd naar de eerste paal, nu ook. Daar was hij scherper dan zijn tegenstander Christian Wörns. Het doelpunt heb ik niet eens meegevierd, ik deed een domme poging om een reclamebord in tweeën te trappen. Ik was kwaad. Op mezelf. Op Inter. Op het Nederlandse publiek.

Hoewel ik niet zo heel goed had gespeeld en er ook wel redenen waren om me te passeren, stelde Advocaat me in de twee volgende pouleduels en in de kwartfinale tegen Zweden toch op. In de verloren halve finale tegen Portugal koos hij voor Marc Overmars.

Niet alleen mijn eerste jaar bij Inter was in een teleurstelling uitgelopen, mijn eerste eindtoernooi met Oranje ook. Het was sportief een rampseizoen. Bij Oranje was het simpel: ik speelde niet heel sterk in Portugal en dan kun je in een selectie vol topspelers je plaats verliezen. In Milaan was het heel anders. Daar vocht ik een kansloze strijd. Ik was – zonder dat ik het wist – de aankoop van de directeur. Ik had voor ik tekende een gesprek met Cúper moeten aanvragen. Misschien had ik dan wel een signaal gekregen dat ik niet voor Inter moest kiezen. Ik werd verblind door de transfersom. Het leek me logisch dat iedereen achter een dergelijke, grote investering stond. Dat was naïef.

Er was zeven miljoen voor me betaald, maar het bleek niet uit te maken. Mijn eerste trainer Cúper sprak niet met me en gebruikte me te weinig en verkeerd, zijn opvolger Zaccheroni nam tegenstrijdige beslissingen en stelde me nog minder vaak op. Ik voelde me steeds ongelukkiger en concludeerde nog voor het einde van de competitie dat ik sportief een volledig verkeerde keuze had gemaakt. Vervolgens raakte ik op het EK mijn plaats in Oranje kwijt en omdat Nederland Dick Advocaat als de grote schuldige aanwees, stapte de trainer die het in mij zag zitten op.

Terwijl de sportieve tegenslagen elkaar opvolgden, begonnen er thuis steeds grotere problemen te ontstaan. Diana wilde op een gegeven moment niet dat ik nog contact had met mijn familie. In het begin waren mijn moeder, opa Henk en zijn zwager langs geweest, maar meer familiebezoek stond Diana niet meer toe. Ze wilde niemand zien. Ook haar eigen familie niet. Dat afstand nemen was in Nederland al een beetje begonnen en kreeg in Italië een vervolg. Mijn moeder moest van haar in een hotel gaan slapen. Haar eigen broertje stond later een keer als verrassing voor de deur, maar zelfs hem liet ze niet in ons huis slapen. Gelukkig voor dat ventje kon hij op de manege slapen, daar mocht hij van Diana wel mee naar toe.

Omdat ik een hekel heb aan ruzie en ik van haar hield, ben ik nooit echt in opstand gekomen tegen Diana. Ik werd weleens boos, maar bleef dat nooit lang. Ik vond het verschrikkelijk dat ik mijn moeder nauwelijks sprak, maar ik vond het ook jammer dat haar ouders nooit op bezoek konden komen. Achteraf is het te gek voor woorden dat ik naar Diana heb geluisterd. Zij verbood mij contact te hebben met mijn moeder en mijn zussen en ik gehoorzaamde. Triest van mij, onvolwassen. Ik kon niet eens voor mezelf en mijn familie opkomen.

Mijn moeder heeft Isabella alleen als baby gezien en Purple, die in januari 2005 werd geboren, zelfs nooit in levenden lijve. Heel treurig. Ik had geen enkel idee waarom Diana iedereen buitensloot. Angst dat onze familie zich als profiteurs zouden ontpoppen kon het niet zijn. Al die jaren voor ons vertrek naar Italië hadden haar ouders en mijn moeder nooit om geld gevraagd. De enige die dat had gedaan, was mijn vader en die had ik zelf uit mijn leven verbannen.

Diana veranderde in een vrouw die ik niet meer herkende. Zelfs onze beste vrienden uit Purmerend wilde ze van de ene op de andere dag niet meer zien of spreken. Zij waren in de ogen van Diana de bronnen van een verhaal in roddelblad *Privé*, waarin werd gesuggereerd dat Diana miljoenen uitgaf in de PC Hooftstraat. Het kringetje waarin wij leefden werd steeds kleiner. We hadden de kok, zijn vrouw de au pair en wat mensen op de manege. Anderen liet ze niet toe in ons leven. Dat begon mij steeds meer tegen te staan. Ik ging automatisch steeds meer 'rondkijken'. Zocht naar afleiding om het leven wat leuker te maken. De een gaat gokken of drinken of allebei, ik ging neuken.

Na een uitwedstrijd tegen Lecce liep ik naar de bus. Net toen ik wilde instappen zag ik tussen de schreeuwende supporters een bloedmooie vrouw staan. Donkere krullen, grote borsten. Vanaf mijn stoel in de bus kon ik oogcontact maken. Ze bleef me aankijken. Na een paar minuten flirten, maakte ze met haar hoofd een wenkende beweging en ik ging naar buiten. Met het uitdelen van handtekeningen als dekmantel, schuifelde ik rustig in haar richting. Ze pakte me vast en duwde een papiertje met – zo zag ik later – haar telefoonnummer in mijn hand. Een paar weken lang sms'te ik wat met haar, daarna gingen we chatten via msn.

Ze stuurde me via e-mail wat naaktfoto's en dat was voor mij het laatste zetje: ik moest haar in mijn bed hebben. In ons competitieprogramma ging ik op zoek naar de eerstvolgende uitwedstrijd die we moesten combineren met een overnachting ná de wedstrijd. Dat werd Lazio uit. Ik vroeg haar of ze wilde komen en dat deed ze maar wat graag. Ze moest vijf uur rijden, maar dat had ze er wel voor over. In de nacht na de wedstrijd heb ik geen oog dichtgedaan.

Er waren genoeg meiden die minder moeite hoefden te doen om mij te ontmoeten. Soms pikte ik zelfs iemand op bij de training. Bij het hek stonden altijd fans te wachten, af en toe ook een mooie dame. Dan zei ik vóór de training dat ze na de training op een bepaalde straathoek moest wachten. Met zo'n meisje reed ik dan direct naar een hotel voor een vluggertje. En dan zag ik ze nooit meer. Met sommigen had ik één keer seks en dan deden we bij volgende ontmoetingen net of we elkaar niet kenden. Bij Inter trof je na de wedstrijd in de parkeergarage onder het stadion altijd een rijtje speciale fans. Bijna zonder uitzondering familie van spelers, sponsors of relaties van sponsors. Daar maakte je altijd een praatje mee. Dat stelde de clubleiding op prijs.

Op een avond trof ik daar een leuk meisje met wie ik een kort gesprekje voerde. Een week later stond ze er opnieuw en weer spraken we even met elkaar. Zo ging dat een poosje door, tot het eind van de competitie. Tot mijn verbazing dook ze in de voorbereiding op in het spelershotel waar we voor een oefenwedstrijdje zaten.

Ze was samen met haar ouders, die contacten hadden tot in de top van de club, en een nichtje. Omdat ik een hamstringblessure had, werkte ik een apart programma af. Ik kon me vrijuit en onbespied bewegen en nodigde haar uit op mijn kamer.

Tot mijn verbazing kwam ze met haar nichtje! Een triootje werd het niet, maar ze ging zonder tegensputteren in op mijn verzoek om mee naar de badkamer te gaan. Daar hadden we een stomend half uurtje. 's Middags kwam ik haar met de familie weer tegen in de lobby en deden we alsof we elkaar oppervlakkig kenden. Heerlijk.

Deze activiteiten maakten mijn leven in Italië nog een beetje leuk. Het voetballen is normaal gesproken een uitlaatklep, maar dat was het de laatste maanden niet geweest. Op de club was het nog vervelender dan thuis. Tijdens de zomervakantie nam ik mezelf voor om nog één keer vol gas te geven. Roberto Mancini werd aangesteld als opvolger van Zaccheroni en ik zag dat als iets positiefs. Nieuwe ronde, nieuwe kansen. Ik had voor mezelf bewezen dat ik het niveau van Inter aankon en was er klaar voor ook Mancini te overtuigen.

Ik was vastberaden om te knallen, maar besloot desondanks vanaf het begin duidelijk te maken dat het voor mij de laatste poging was om er iets van te maken. Als ik ook onder de derde trainer geen basisspeler zou worden, was het tijd om te vertrekken. De eerste trainingsweek had ik een gesprek met Mancini. 'Jij bent de beste rechtsbuiten van Europa, ik heb grote plannen met jou', zei hij. 'Jij kunt ook als rechtshalf spelen en dan met jouw snelheid en techniek achter de spitsen voor gevaar zorgen.'

Ik kon me niet voorstellen dat hij dat van 'de beste rechtsbuiten van Europa' meende, maar het klonk in ieder geval goed. Deze trainer zag het in me zitten, daar leek het tenminste op. Toch reageerde ik koeltjes. Ik vertelde hem dat ik het prima vond, maar dat ik direct weg wilde als hij me niet zou opstellen. Ik moest me geen zorgen maken, zei hij. Maar het bleken niets dan loze beloften te zijn. Mancini is later heel succesvol geworden bij Inter, maar ik heb me daarover verbaasd. Hij was in mijn beleving meer bezig met zijn kleding en het shawltje om zijn nek, dan met het verbeteren van het spel van Inter. Humor had hij niet en hij werd soms uit het niets vreselijk boos. Met van dat onvoorspelbare gedrag kan ik niet omgaan.

Wat ik wel mooi aan hem vond, was dat hij de spelers in hun doen en laten vrij liet. Italiaans international Giuseppe Favalli, onze spits Alvaro Recoba en ik zaten af en toe gewoon op de gang in een hotel samen te roken. Mancini heeft dat vaak genoeg gezien, maar zei er nooit iets van. Misschien kwam dat wel omdat Francesco Coco bij ons speelde. Die rookte twee pakjes per dag, maar kwam telkens als beste naar voren bij de conditietesten.

Waar ik op voorhand al een beetje voor vreesde, werd uiteindelijk waarheid: Mancini had het niet zo goed met me voor als hij had doen geloven. Nog voor hij me serieus had kunnen beoordelen, kocht hij de ene na de andere speler voor het middenveld. De concurrentie werd moordend. In de winterstop van het vorige seizoen had Zaccheroni al een concurrent voor mij gekocht, Dejan Stankovic. Mancini vond echter dat hij nog niet genoeg keuze had. Hij haalde ook Juan Sebastián Véron, Sinisa Mihajlovic, Esteban Cambiasso en Edgar Davids. Ineens hadden we een stuk of twaalf spelers die zich in zijn 4-4-2-systeem op een positie op het middenveld moesten richten. In totaal liet Mancini me dat seizoen een keer of twintig meedoen, maar hij gaf me nooit het gevoel dat ik waarde voor hem had.

Net als zijn voorganger vond hij het normaal om je na een basisplaats een week later zonder uitleg op de tribune te zetten. Zulke acties maakten mij steeds onzekerder. Ik kreeg weer het gevoel dat ik aan het begin van mijn eerste volledige seizoen bij Ajax onder Olsen had. Het was frustrerend, want met Ajax had ik de subtop van Europa bereikt. Wij werden ten onrechte uitgeschakeld in de kwartfinale van de Champions League en ik was een van de betere spelers.

Ik wist dat ik bij Inter ook van waarde kon zijn, maar kreeg de kans niet. Net als destijds onder Olsen, die me terugzette naar het tweede elftal, ging ik me vervelend gedragen. Ik verzaakte op trainingen of meldde me ziek als ik niet ziek was. Dat laatste pikte Mancini niet. Dan stuurde hij een paar van die kereltjes om me op te halen. In een oude joggingbroek en op slippers meldde ik me dan bij het trainingsveld. Mancini vroeg wat er aan de hand was, ik antwoordde dat ik ziek was en mocht weer gaan. Slaat natuurlijk nergens op, maar zo werkte dat bij het grote Internazionale. Ik heb hem daarom nooit serieus kunnen nemen. In het begin probeerde ik nog wel een gesprek aan te knopen, maar dat had geen enkele zin. Er kwam geen zinnig woord uit. Mancini vond het al best als hij zijn eigen aankopen tevreden kon houden door ze op te stellen.

De aanwezigheid van Edgar Davids maakte de vervelende sportieve situatie en het gedoe thuis allemaal iets draaglijker. Ik heb het altijd goed met Edje kunnen vinden, ook bij Oranje. Bij Inter zaten we tijdens de trainingskampen 's avonds vaak bij elkaar op de kamer, eten deden we meestal samen aan een tafel. Als we thuis speelden, gingen we voor de wedstrijd altijd met z'n tweeën een beetje met de bal pielen in het sporthalletje in de catacomben van San Siro. We hadden een klik en dat was eigenlijk best opvallend. Onze karakters verschillen als dag en nacht. Hij deed soms dingen dat ik dacht: ja, daarom vinden mensen jou nou een rare.

De avond voor de uitwedstrijd tegen Werder Bremen in de groepsfase van de Champions League gebeurde er zo iets vreemds. Ik zat samen met Davids in de lobby van ons hotel. Een dame herkende Davids, stapte op hem af en vroeg om een handtekening. Dat weigerde hij. Waarom weet ik niet, want dat zei hij niet eens. Hij vertikte het. Als hij ergens geen zin in had, kon Edgar heel dwars zijn. Dan gebeurde het gewoon niet.

De vrouw die hij een krabbel had geweigerd, had dit blijkbaar tegen haar man gezegd. Die kwam een paar minuten later verhaal halen. Davids werd zo kwaad, dat hij hem wilde aanvliegen. Omdat ik er net op tijd tussen sprong, kreeg die kerel geen klap op z'n bek. Natuurlijk vond ik dat een vreemde gebeurtenis, maar ik ben geen persoon die daar dan een diepgaand gesprek over aanknoopt. Ik vond het nooit een probleem om een handtekening uit te delen. Edgar blijkbaar wel. Dat mag.

Edgar kon wel vaker op een vreemde manier reageren. Ik zat een keer samen met hem en Vieri in een restaurant in Milaan, waar Filippo Inzaghi binnenkwam. Inzaghi speelde bij AC Milan, maar had in het verleden samen met Edje bij Juventus gevoetbald. Blijkbaar was daar iets voorgevallen dat Edgar niet was vergeten. Inzaghi gaf Vieri en mij een hand en toen hij zijn hand richting Edgar uitstak, draaide die zijn gezicht weg. Dat leverde een ongemakkelijke situatie op. Davids keek net zo lang de andere kant op tot Inzaghi vertrok. En vervolgens deed hij alsof er niets aan de hand was.

Later hoorde ik van Vieri dat die twee een keer ruzie op de training hadden gehad en dat Davids hem daarom haatte. Met Edje valt niet te spotten. Daar kwam Mancini dat seizoen ook achter. Nadat hij een paar keer tijdens een uitwedstrijd op de tribune had gezeten, was Davids op Mancini afgestapt. Hij had hem duidelijk gemaakt dat hij alleen mee wilde reizen als

**Op de Ajax-bank met Zlatan Ibrahimovic, met wie Andy tussen 2001 en 2003 intensief optrekt.**

TO: SOENAR CHAMID

FOTO: ANP

Rotterdam, 12 mei 2002. Ajax heeft de KNVB-beker veroverd ten koste van FC Utrecht. Andy toont de Ajax-supporters in De Kuip de bokaal. Herkenbaar vanaf links: John Heitinga, Cristian Chivu, Wamberto, Steven Pienaar, Daniel Cruz, Hatem Trabelsi, Zlatan Ibrahimovic, Mido, John O'Brien, Rafael van der Vaart, Richard Knopper, Petri Pasanen, Cedric van der Gun, assistent-trainer Ruud Krol en trainer Ronald Koeman.

**Nijmegen, 5 mei 2002. Ajax viert het landskampioenschap na de 0-2 overwinning bij NEC. Vanaf links: Steven Pienaar, Pius Ikedia, Cristian Chivu, Andy en Zlatan Ibrahimovic.**

FOTO: ANP

**Boston, 19 mei 2002. Verenigde Staten-Nederland 0-2. In actie tijdens zijn debuut voor Oranje.**

FOTO: ANP

**Rome, 19 maart 2003. AS Roma-Ajax 1-1. Na zijn doelpunt tegen AS Roma waarmee Andy Ajax naar de kwartfinale van de Champions League schiet. De pose levert hem in Italië de bijnaam *El Cecchino* (De Sluipschutter) op.**

FOTO: ANP

O: VI IMAGES

Amsterdam, 1 augustus 2003. Galatasaray–Internazionale 0-3. In het shirt van zijn nieuwe Italiaanse werkgever op het Amsterdam Tournament.

Rotterdam, 6 september 2003. Nederland–Oostenrijk 3-1, een van zijn zeventien interlands.

FOTO: VI IMA

hij een basisplaats kreeg of op de bank mocht zitten. Een paar dagen later speelden we een uitwedstrijd. Mancini gaf een paar uur voor de wedstrijd de opstelling prijs en had de gewoonte zijn assistent vlak voor de wedstrijd te laten vertellen wie er op de bank zaten en wie op de tribune. 'Edgar, tribuna', mompelde de assistent. Edgar werd wild. Hij liep op Mancini toe en pakte hem bij zijn arm. 'Jij gaat mee naar buiten, wij gaan dit even anders oplossen', riep Davids tegen Mancini. Direct sprongen er een paar stafleden tussen en voorkwamen daarmee dat Davids de trainer van Internazionale op zijn gezicht zou timmeren.

Een paar weken later was Mancini het voorvalletje vergeten, maar Edgar niet. We gingen een partijspel doen op de training en die arme Roberto maakte de fout mee te doen en zichzelf als tegenstander van Davids in te delen. Edgar kwam direct naar me toe lopen en zei: 'Let op, ik geef hem dadelijk een rotschop'. Het duurde geen twee minuten. Mancini dacht een bal aan te nemen, maar nog voor dat gebeurde, vloog Davids vanachter bij hem binnen. De trainer schreeuwde als een speenvarken en strompelde naar de kant. Vanaf dat moment heeft Davids niet veel meer gespeeld. Dat boeide hem niets. Hij stapte minimaal drie keer per week 's middags op het vliegtuig naar Amsterdam en pakte dan 's ochtends de eerste vlucht naar Milaan. Dan was hij net op tijd op de training. Na dat seizoen vertrok hij naar Tottenham Hotspur.

Op momenten dat je het ergens niet goed naar je zin hebt, ga je op dingen letten die je normaal niet boeien. Zo was ik bijvoorbeeld nooit geïnteresseerd in de salarissen van mijn collega's, maar toen ik in die periode ontdekte dat gasten als Vieri en Recoba acht, negen keer zo veel verdienden als ik, moest ik toch even slikken. Recoba vertelde me een keer dat hij zijn villa, direct gelegen aan het Comomeer, wilde verkopen. Ik vond het een prachtig huis – er zat zelfs een lift in – maar met mijn bijna één miljoen netto op jaarbasis was dat niet te betalen.

Fabio Cannavaro liet in de kleedkamer foto's zien van zijn nieuwe boot. Die kostte vijf miljoen euro. Vijf miljoen! Ik was in de zomer van 2003 de duurste aankoop, maar qua salaris hoorde ik allesbehalve bij de top. Van de eerste achttien spelers verdiende alleen mijn Nigeriaanse ploeggenoot Obafemi Martins minder dan ik.

Hoewel ik het niet naar mijn zin had, stapte ik wel naar Branca om over mijn contract te praten. Hij was immers degene die altijd normaal tegen me had gedaan en zijn vertrouwen in me had uitgesproken. Ik vertelde hem dat ik graag wilde bijtekenen, maar dat ik dan wel meer wilde verdienen. Uit het antwoord bleek dat de liefde over was. 'We gaan niet verlengen, we gaan je verkopen.'

Omdat ik daar als voetballer en mens inmiddels doodongelukkig was, vond ik het wel best. Dan maar een nieuwe start bij een andere club. Ik maakte het seizoen af en nog voor de markt openging, kwam Branca met een koper aanzetten: AS Monaco. Zij waren als derde in Frankrijk geëindigd en ik zag het als een perfecte mogelijkheid om me weer in de kijker te spelen bij Oranje. Marco van Basten, de opvolger van Dick Advocaat, had nog geen contact met me gezocht, maar dat had Dick ook nooit gedaan. Een jaar vlammen bij Monaco en ik stond op het WK. Dat wist ik zeker. Mijn zelfvertrouwen was niet aangetast, alleen mijn eergevoel had een tik gekregen. Daarnaast was me wel duidelijk geworden dat ik hoe dan ook op een beter contract kon rekenen dan bij Inter. Branca wist dat ik niet gek was.

Samen met Chiel Dekker ging ik naar Monaco en wat daar gebeurde was de overtreffende trap van mensenhandel. Ik werd door een vent opgehaald en die wilde me meteen meenemen naar een ziekenhuis voor de medische keuring. Ik weigerde en zei dat ik pas gekeurd wilde worden als er een akkoord was. Al snel kwamen we erachter wat er aan de hand was. Net als Ajax eerder had nu Inter achter mijn rug om al een akkoord bereikt. Het verschil met Ajax was dat Branca ineens zijn keiharde, zakelijke gezicht liet zien. 'Hij móet daar tekenen', schreeuwde hij door de telefoon tegen Dekker. Ik hield vol dat ik eerst wilde praten en pas wilde tekenen als alles naar tevredenheid was ingevuld. Er kwam een mooi voorstel op tafel: 1,4 miljoen netto per jaar, exclusief tekengeld en bonussen. Dat was een salarisverhoging van vijftig procent én een paar ton tekengeld. Financieel zag het er prima uit.

Daarna ging het over de randvoorwaarden, zoals woonruimte. In heel Monaco was geen huis met een fatsoenlijk stuk grond te vinden. En ik zat in Italië met een stuk of dertig dieren, waarvan mijn vrouw sowieso geen afscheid zou nemen. De enige optie was om een villa buiten Monaco te nemen, maar dan viel het enorme belastingvoordeel weg. Ik heb nog geprobeerd met Diana te praten over de optie om de dieren buiten Monaco te stallen. Dat was een kansloze missie. Ik liet een gegarandeerd bedrag van ongeveer zes miljoen euro netto lopen, omdat mijn vrouw niet zonder de dieren in de tuin kon leven. Over echte liefde gesproken…

Door dat veto van Diana vond ik mezelf in de voorbereiding op mijn derde seizoen in het buitenland weer terug in die verschrikkelijke bergen van Oostenrijk. Bikkelhard trainen en 'natuurlijk' raakte ik geblesseerd. Een forse scheur in de hamstring. Ik zag het niet zitten om daar de hele dag in de gym te gaan zitten en vertelde dat ik me in Amsterdam wilde laten behandelen door Leo Echteld van Fysiomed. Inter vond het prima. Ik betaalde het immers zelf: zes weken trainen bij Fysiomed en slapen in het Hilton aan de Apollolaan voor dertigduizend euro. Inclusief eten.

Tijdens de revalidatie bleek ook een van de medewerksters van Echteld te geilen op voetballers. Ze 'koos' mij uit, omdat mijn geboortedatum haar aansprak, zei ze vlak voor we na een dinertje op het terras aan de de Amstel het bed indoken. Ik denk dat het iets met een horoscoop te maken had, want ze zei iets als: 'Jij bent op 30 september geboren, ik weet precies wat je wil en ik wil het ook.' Ik had een kamer op de tiende etage. Je had er een prachtig zicht op Amsterdam. Terwijl ik met haar vree, keek ik uit over mijn stad.

Het bleef bij een eenmalig pretje, want een paar dagen later belde Chiel Dekker. Everton had interesse. Behalve dat ze in de Premier League speelden, wist ik wederom weinig van deze club. Ik was niet zo'n nauwkeurige volger van het internationale voetbal. Een paar jaar eerder hadden ze me ook al gepolst, maar destijds schoof ik het direct aan de kant. Chiel vertelde dat ze een ambitieuze subtopper waren en dat ze nu door wilden pakken.

Ook zij wilden me eerst medisch testen en daarna zouden we kijken of we het rond konden maken. Ik vond dat nu geen probleem en vloog met Leo Echteld naar Liverpool. In eerste instantie keurden ze me af. Vanwege die hamstring. Er zat te veel bloed in, dat zagen ze op een scan. Echteld zei tegen de clubarts van Everton dat het kwam door het harde trainen tijdens de revalidatie. Dat wilden ze in eerste instantie niet geloven. Omdat ze blijkbaar toch twijfelden aan hun eigen waarneming, mocht ik een paar dagen later alsnog een tweede keuring ondergaan. Ik had wat gas teruggenomen in de sportschool en die hamstring zag er nu goed uit. Het licht ging op groen. Ik belde Diana om haar het nieuws te vertellen. Ze was niet heel erg enthousiast. Van de zon en het Comomeer naar de regen in Liverpool.

Bij Inter ben ik nooit meer terug geweest. Ik was de duurste aankoop van 2003, maar in 2005 was er niemand die nog naar me omkeek. Een groot succes was het niet geweest, al had ik toch nog dik veertig wedstrijden gespeeld. Ze verkochten me voor twee miljoen. Branca, Moratti, niemand heb ik nog gesproken. Alsof ik er nooit had gespeeld, heel raar. De twee jaren die ik bij Inter heb doorgebracht hebben me als voetballer niets gebracht. Ik ben er eerder slechter dan beter geworden, voortdurend heb ik me geërgerd aan de manier van werken daar. Het leek nergens op. Het was amateuristisch.

Toch snap ik wel dat het een van de grootste clubs ter wereld is. Het lijkt namelijk op een paradijs, bijna niemand zegt 'nee' als Internazionale je een aanbieding doet. De werkelijkheid was helaas niet zo mooi. In mijn tijd was Inter een kerkhof voor goede voetballers. Maar haten doe ik de club niet. Nog steeds ben ik er trots op dat ik daar heb gespeeld, maar ik geloof niet dat het wederzijds is. Ook best. Daar lig ik niet wakker van. De woede en teleurstelling die ik voelde toen ik daar voetbalde en nadat ik er net was vertrokken, zijn helemaal verdwenen. Dat komt onder andere door het Calciopoli-omkoopschandaal, dat in 2006 werd blootgelegd. Luciano Moggi, de directeur van Juventus, was de grootste boef. Zijn zoon Alessandro scheen in opdracht van zijn vader scheidsrechters om te kopen. Vooral in het voordeel van Juve en AC Milan. Juventus degradeerde voor straf naar de Serie B, Milan moest het volgende seizoen met een hoop punten in mindering beginnen. Mijn gevoel zegt dat er mensen bij Inter hebben geweten dat kampioen worden onmogelijk was en dat er daarom andere belangen zoals het handelen in spelers voorrang kregen.

Dat hele schandaal is grotendeels langs me heen gegaan. Ik wist dat Moggi erbij betrokken was, maar niet dat zijn zoon de hoofdrolspeler was. Uitgerekend deze Alessandro Moggi had ik na anderhalf jaar Everton ingeschakeld om te bekijken of ik terug kon naar Italië. Hij was namelijk directeur van het grootste spelersagentschap van Italië, GeaWorld. Op een middag belde ik hem om te vragen of hij al wat voor me had. Hij nam de telefoon op en begon meteen te praten. 'Andy, je moet voorlopig even een andere zaakwaarnemer zoeken. Ik moet nu de gevangenis in en weet niet wanneer ik weer vrijkom.' Ik kreeg niet eens tijd om te antwoorden. Nog voor ik kon reageren werd de verbinding verbroken. Het was de laatste keer dat ik een Italiaan aan de lijn had, want vrienden voor het leven heb ik daar niet gemaakt.

# 10

## BETRAPT!

In de lobby van een hotel in Brussel zat ik samen met Chiel Dekker tegenover David Moyes, de manager van Everton. 'Andy, je moet bij ons komen voetballen. We hebben een goede groep, maar ik heb spelers van jouw niveau nodig om de volgende stap te kunnen zetten.' Deze man was serieus. Everton was vierde geworden in de Premier League en wilde meer.

Moyes had een goed verhaal en liet voortdurend blijken dat mijn komst voor hem zeer belangrijk was. Hij herinnerde me eraan dat hij me al eerder had willen kopen en ik merkte aan alles dat hij me dit keer niet zou laten lopen. Ik vertelde hem waarom de transfer naar Monaco niet was doorgegaan. Hij zei meteen dat het vinden van een manege en een huis met grond in of rond Liverpool geen probleem zou worden. Dat zou de club allemaal regelen, daar hoefde ik niet eens naar om te kijken.

Aan het einde van het gesprek ging het nog even over de financiële mogelijkheden. Ik viel bijna van mijn stoel. Deze club, waarvan ik niet één selectiespeler kon opnoemen, wilde me 30.000 pond netto per week betalen. Dat was toen ruim veertigduizend euro, dus dik twee miljoen per jaar. Netto. Een ruime verdubbeling ten opzichte van Inter. En dat was niet alles. Ze hanteerden daar ook nog een mooi bonussysteem. Voor iedere wedstrijd in de A-selectie, de eerste achttien spelers, kreeg je drieduizend pond. Voor elk doelpunt kreeg je drieduizend pond, net als voor iedere assist. 'Je merkt dat we serieus zijn, hè', zei Moyes met een knipoog. Dat was inderdaad wel duidelijk.

Een week later, op de laatste dag van de transferwindow, tekende ik een vierjarig contract ter waarde van ruim acht miljoen euro. Exclusief premies. Dat geld was natuurlijk belangrijk, maar in mijn achterhoofd speelde ook het WK 2006. Ik was er nog steeds zeker van dat één goed seizoen voldoende was voor een selectie. Na Euro 2004 en het vertrek van Dick Advocaat had ik wat domme opmerkingen gemaakt over Oranje. Ik zei in een interview dat Van Basten me altijd kon bellen als hij me nodig had. Niet zo slim. Marco belde natuurlijk niet. Terecht.

Bij Everton wilde ik hem bewijzen dat ik nog wel geschikt was voor het hoogste niveau. Het enige wat Van Basten hoefde te doen, was mij selecteren. Ik zou hem niet teleurstellen en dan was het een kwestie van tijd voor er een topclub mij bij Everton zou weghalen. Er was in Nederland nog steeds geen betere rechtsbuiten opgestaan, vond ik. Behoorlijk naïeve gedachten, besef ik nu, maar het zorgde er wel voor dat ik zeer ambitieus begon in Engeland.

Ik arriveerde in de eindfase van mijn revalidatie van die hamstringblessure bij Everton. Ik had nog een maandje of twee nodig om helemaal fit te worden, maar toen dat eenmaal het geval was, liep het meteen als een trein. Ik speelde zes duels in een maand tijd, dat was een poosje geleden, en gaf drie assists. Na zes maanden zonder wedstrijden was dat een fantastisch gevoel. Manager Moyes tevreden, de fans enthousiast. Het kon niet beter.

Omdat ik nog niet de inhoud had om negentig minuten in het geweld van de Premier League te spelen, werd ik bijna iedere wedstrijd voortijdig vervangen. Dat was logisch en op de trainingen deed ik er alles aan om fitter te worden. Halverwege december moesten we uit naar Manchester United en daags voor die wedstrijd trainden we in ons eigen stadion, Goodison Park. In een partijtje schoot ik op doel en direct voelde ik een vreselijke steek in mijn bovenbeen, ik schreeuwde het uit van de pijn. Ik wist dat het foute boel was. Ik had vaker een hamstringblessure gehad, geen pretje, maar dit was qua pijn vele malen erger. In het ziekenhuis bleek uit een scan dat ik een spierscheuring van vijf centimeter in mijn bovenbeen had opgelopen. Zo'n blessure geneest alleen met rust. Het kostte me bijna vier maanden, waarvan ik de eerste tien weken niets mocht doen.

Gelukkig had ik Adriano bij me, het veertienjarige zoontje van onze kok en au pair. Diana en ik hadden de Italiaanse familie die in Como zo goed voor ons had gezorgd, gevraagd om met ons mee te gaan. We waren inmiddels zo gehecht aan die mensen, dat we niet meer zonder ze konden. Het waren lieverds, ze stonden altijd voor ons klaar. Ze waren personeel, maar we beschouwden hen als vrienden. Wij zouden een huis voor ze huren, zodoende konden we hetzelfde leven leiden als we in Italië gewend waren. Omdat het voor Adriano geen zin had om in Italië aan een nieuw schooljaar te beginnen, reisde hij met mij vooruit. Zijn zusje was nog te jong en bleef bij haar ouders, Diana en onze kinderen. Als de huizen waren gevonden, zou iedereen naar Engeland komen.

Adriano en ik waren in Liverpool onafscheidelijk. We sliepen zelfs op één hotelkamer. Hij ging mee naar de club, waar hij van Moyes overal mocht komen. Dat was uitzonderlijk. Bellefield, het oude trainingscomplex van de club, was voor buitenstaanders hermetisch afgesloten. Je mocht er alleen binnen als je voor Everton speelde of werkte. Alle trainingen werden zonder pers en publiek afgewerkt.

Moyes maakte voor Adriano een uitzondering. Of eigenlijk voor mij. Hij deed er alles aan om het mij naar de zin te maken. Mijn veertienjarige Italiaanse vriend vond het fantastisch. 's Middags gingen we op verkenning door de stad, wat winkelen en lunchen. 's Avonds gingen we samen eten in de beste restaurants van de stad. In een café of discotheek kwamen we nooit.

En zo ging het week in week uit. Die blessure genas verschrikkelijk langzaam, maar gelukkig vonden we in de tussentijd wel twee geschikte huizen: één voor ons en één voor onze

Italiaanse vrienden. De zoektocht had lang geduurd. We hadden veel eisen. Er moest ruimte zijn voor de dieren en het moest in de buurt van een manege zijn, zodat Diana kon rijden. Pas na een maand of drie vonden we de huizen die aan alle wensen voldeden. Iedereen, behalve de dieren die later zouden komen, kwam van Italië naar Engeland. Dat was goed. Er was nu rust in de tent. Een paar maanden eerder was Diana bevallen van onze tweede dochter, Purple. Ik vond het heerlijk om ze weer allemaal om me heen te hebben. Op het gebied van vreemdgaan had ik me al die maanden netjes gedragen, maar juist nadat Diana in Engeland was gearriveerd, begon het weer te kriebelen.

De vijftiende verjaardag van Adriano vond ik een mooi moment om weer eens uit te gaan. Natuurlijk was hij nog wat te jong, maar ik vond dat het moest kunnen. Ik had een Ferrari 430 Spider gekocht en met het kapje eraf – het was lekker weer – reden we de stad in. De eerste halte was de News Bar, de populairste club van de stad. Er stond een enorme rij en er was geen parkeerplaats. Ik zette die Ferrari op de stoep, gooide de sleutels naar een van de portiers en binnen zette ik het samen met Adriano op een drinken. Na een paar uur met veel alcohol stapte ik in de Ferrari en reed naar de dichtstbijzijnde stripclub. Ik vond het tijd dat Adriano voor het eerst blote vrouwen te zien kreeg. Om als speler van Everton midden in Liverpool dronken een stripclub binnen te lopen, is niet slim. Gelukkig was de uitsmijter een Everton-fan. Adriano had de avond van zijn leven. Ik liet hem fotograferen met zes naakte vrouwen en daar kreeg hij een polaroidafdruk van. Het was inmiddels ver na twaalven en tijd om naar huis te gaan. Achteraf tot mijn grote spijt stapte ik zelf in mijn auto. Bij de slagbomen in de toltunnel onder de Mersey kwam ik met mijn dronken hoofd op het idee Adriano het stuur aan te bieden. Die Ferrari was een automaat, dat moest hem wel lukken. Adriano vond het geweldig en reed ons gelukkig zonder brokken naar huis. De volgende ochtend liet hij die polaroidfoto aan zijn vader zien. Die kon erom lachen, maar wel als een boer met kiespijn.

Het avondje uit met Adriano smaakte naar meer. Het duurde niet lang voor we weer samen op pad gingen. Na een paar drankjes in een 'normale' tent, begon ik weer te verlangen naar naakte vrouwen. We zochten een stripclub op en ik schonk Adriano de eerste lapdance. Hij wees een mooie brunette aan. Omdat hij en ik tegenover elkaar zaten, werd ik getrakteerd op een prachtig uitzicht op haar kont. Die duwde ze een paar keer naar achteren en vanaf dat moment wist ik één ding zeker: ik wilde seks met haar. Ik begon met haar te babbelen. Ze heette Lisa en ze gaf me haar telefoonnummer.

Het begon met sms'en, na een poosje spraken we af. Na haar werk zouden we wat gaan drinken en dan naar haar huis gaan. Ik kon niet wachten. Dit moest ik meemaken. Ik haalde haar op een avond op in de stripclub waar ze werkte, we dronken wat en onderweg naar huis begon ze ineens vragen te stellen. Ze vroeg waarom we niet naar mijn huis gingen. Dat was toch veel leuker, zei ze. De uitsmijter van de club waar ze werkte had haar verteld dat ik voetballer was. Ze dacht dat ik een geweldig landhuis had en dat wilde ze wel zien.

Ik had haar niet verteld dat ik een vrouw en twee kinderen had en zei dat ik niet wilde dat we naar mijn huis gingen. Ze werd woedend, liet de taxi stoppen en stapte uit. Ik was verrast. Het was een pittige tante. Tegelijkertijd vond ik het ook wel goed. Graag of niet. Er waren genoeg mooie vrouwen. Ik verwijderde haar nummer uit mijn telefoon en ging naar huis.

'Wil je bij me in bed komen liggen?', las ik nog geen week later in een sms. Het nummer van de afzender stond niet in mijn telefoongeheugen en daarom stuurde ik een sms terug met de vraag wie me dat aanbod deed. Het was Lisa de stripper en ze wilde me. Omdat ik moest trainen kon ik niet komen, maar de volgende avond spraken we af om samen te eten.

Ik verzon voor Diana een smoes dat ik met Everton een liefdadigheidsavond had en ging met Lisa de hort op. Na het eten bracht ik haar thuis en zoenden we. Een paar dagen later nodigde ze me bij haar thuis uit. We zouden een filmpje kijken, maar we lagen binnen twee minuten in bed. Na één keer seks met Lisa was ik verslaafd. Ik werd verliefd op haar. En zij op mij.

Lisa was volledig het tegenovergestelde van Diana. Lisa was wild, gek en geil. Diana was niets van dat alles en daarom denk ik dat ik Lisa zo aantrekkelijk en spannend vond. Ze had dezelfde, enorme behoefte aan seks als ik en dat zorgde ervoor dat we elkaar vaak wilden zien. Maar het was onmogelijk om dat te realiseren en dus ging ik liegen. Ik loog dat ik stress had van die nog steeds niet herstelde spierscheuring en dat ik daarom een week alleen wilde zijn. Ik zou in een hotel gaan slapen en iedere dag even thuiskomen. Diana, die inmiddels wel wat van me gewend was en goed alleen kon zijn, vond het prima.

Na een weekje vroeg ze me of ik weer thuis kwam slapen. Ik zei dat mijn hoofd nog steeds niet leeg was, dat ik langer de tijd nodig had. De waarheid was dat Lisa iedere nacht na haar werk in de club bij mij in het hotel sliep. Onze hotelkamer leek wel de set van een pornofilm. Lisa vond alles goed en ging zo tekeer dat er zelfs geklaagd werd over de herrie die we maakten. Gelukkig bleef het hotelpersoneel discreet, want met zulke verhalen weten de tabloids wel raad. Dat Lisa eerst voor andere mannen danste en daarna bij mij in bed kroop, interesseerde mij echt helemaal niets. Ik vond het vooral lekker dat ik een meisje had dat zo geil kon dansen.

De enige die wist wat er speelde, was teammanager Bill Ellaby van Everton. Ik vertelde hem dat ik verliefd was geworden op een andere vrouw. Hij waarschuwde me. Bill vond dat ik moest stoppen met Lisa voor het te laat was. Bill wees me erop dat ik een gezin had en dat ik dat op het spel zou zetten. Ik luisterde niet en nam steeds meer risico's. Ik vroeg Bill een appartement voor me te regelen en dat deed hij.

Na een dag of veertien begon er bij Diana een belletje te rinkelen. Op het moment dat ik weigerde na de tweede week naar huis te komen, begon ze iets te vermoeden, zo vertelde ze me later. Ik nam steeds meer kleding mee. Het leek wel of ik stiekem aan het verhuizen was. Als ik alleen maar in dat hotel zat, waren een paar joggingbroeken ook genoeg, maar ik had inmiddels een kwart van mijn omvangrijke garderobe meegenomen.

Diana nam geen halve maatregelen. Ze schakelde een privédetective in. Ze wilde weten wat er aan de hand was. Die detective wilde mij volgen als ik de stad in ging, maar ik was hem zonder dat ik het in de gaten had veel te snel af in mijn BMW M6. Hij verloor me iedere keer uit het oog op de snelweg.

Samen met Diana bedacht hij een plan om dat probleem te tackelen. Mijn auto moest voorzien worden van een zender, anders zouden ze nooit te weten komen waar ik uithing. Die zender hebben ze uiteindelijk kunnen plaatsen toen ik op een middag even thuiskwam. Ik had Diana gebeld dat ik onderweg was en blijkbaar liet ze na mijn telefoontje meteen die gozer komen. Eenmaal binnen liep ik door naar boven om kleding te pakken en op dat moment kon Diana met de reservesleutel mijn auto van afstand openen. De detective kwam tevoorschijn uit zijn verstopplaats, legde een zendertje onder de bestuurdersstoel en zodoende was ik nergens meer veilig. Echt, het was net James Bond, Diana heeft het me allemaal opgebiecht.

Die speurneus vond mijn auto later die dag terug bij het appartementencomplex in het centrum waar Bill een woning voor me had geregeld. Ik mocht er een maandje wonen. Omdat Diana op zoek was naar bewijsmateriaal waaruit zou blijken dat ik haar bedroog, was ze gestopt met vragen of ik naar huis kwam. Ik waande me volledig veilig en had totaal niet in de gaten dat ik nauwkeurig werd geobserveerd door een privédetective. In al die jaren dat ik Diana besodemieterde, had ze nog nooit een hint gegeven dat ze iets vermoedde. Maar nu was ik zonder het in de gaten te hebben te ver gegaan.

Het duurde niet lang voor 'Sherlock' mij voor het eerst met Lisa samen zag. Hij ontdekte dat ik in het penthouse op de bovenste etage sliep. Vanuit een parkeergarage enkele straten verderop, had hij met een verrekijker perfect zicht op ons. Met een telelens werden tientallen foto's en filmpjes van ons gemaakt. Zelfs als we seks hadden. Dat deden we namelijk weleens in de woonkamer. Wisten wij veel dat er iemand meekeek.

Op een avond in januari 2006 lag ik op de bank. Diana belde. Ze vroeg of mijn nieuwe vriendin leuk was en of ze lekker neukte. Ik probeerde nog te ontkennen, maar die detective had zijn werk goed gedaan. Enkele uren voordat hij rapport uitbracht aan Diana, had hij nog foto's van ons gemaakt. Diana beschreef door de telefoon precies de kleding die Lisa droeg en hoe haar kapsel die dag zat. Ik kon niet anders dan bekennen en dat deed ik dan ook. Diana huilde. Ik ook. Ik was verliefd op Lisa, maar ineens besefte ik hoe egoïstisch ik was geweest. Diana riep meteen dat ze de eerste de beste vlucht naar Milaan zou nemen. Met de kinderen.

Twee dagen later moest ik afscheid nemen van Isabella en Purple. Ik arriveerde huilend bij het huis, waar de kinderen al in de auto zaten te wachten om naar de luchthaven te gaan. Ik keek in Isabella's vragende ogen en kon niets uitbrengen. Ze was een peuter en wist inmiddels wat huilen betekende. Voor haar waren het natuurlijk ook traumatische tijden. Eerst naar Engeland verhuizen en dan na een paar maanden begon mama van het ene op het andere moment de koffers te pakken en stond papa te huilen bij een auto. Ik kon mezelf op dat moment wel voor de kop slaan. De woede van Diana begreep ik volledig. Ik zou hetzelfde hebben gedaan. Dat beeld van Isabella in die auto zie ik nog minimaal één keer per week voor me. Een verschrikkelijke herinnering.

Omdat ik niet goed wist waar ik met mijn verdriet heen moest, belde ik mijn moeder. Omdat Diana het niet leuk vond als ik haar sprak, had ik mijn moeder in tweeënhalf jaar tijd veel te weinig gesproken en maar een paar keer gezien. Als ik haar belde, deed ik dat stiekem. Ik vond dat verschrikkelijk, maar had niet het lef daar zelf verandering in te brengen. Gelukkig verweet mijn moeder me dat niet. Ze kwam nog dezelfde week naar Engeland. Na een weekje vroeg ik haar om in Liverpool te komen wonen. Ik wilde haar bij me in de buurt hebben. Francesco en Tina bleven nog een paar maanden in Liverpool, tot het schooljaar van hun kinderen was afgelopen. Daarna kon mijn moeder in dat huis gaan wonen. Ze twijfelde geen moment, de schat.

Hoewel ik mijn kinderen verschrikkelijk miste, moest ik na een paar weken concluderen dat ik echt verliefd was op Lisa. We gingen samenwonen, maar ik liep niet weg voor mijn verantwoordelijkheden richting Diana en de kinderen. Ik bleef ze financieel onderhouden.

Dat was voor mij vanzelfsprekend, maar het bedrag was dat niet. Ik maakte maandelijks tussen de tien- en twintigduizend euro over. Dat deed ik zonder tegensputteren, want een scheiding zou me nog veel meer kosten. In Italië waren we twee jaar eerder in alle stilte op het gemeentehuis getrouwd. Dat gebeurde op initiatief van Diana. Zij vertelde me een verhaal dat onze kinderen anders naar een pleeggezin moesten, als er iets met haar en mij zou gebeuren. Omdat ik veel in een vliegtuig zat en we daar allebei niet gerust op waren, was er in onze ogen sowieso een verhoogd risico dat ik een ernstig ongeluk zou krijgen. Door te trouwen zouden we in ieder geval een hoop problemen voor de kinderen voorkomen, dan gingen zij naar onze familie.

Of het waar was weet ik niet, maar de gedachte aan een pleeggezin voor mijn kinderen was al voldoende. Trouwen dus. Ik ging dan wel gemiddeld een keer of twee per maand vreemd, maar ik was er op dat moment zeker van dat ik mijn hele leven bij Diana zou blijven. Ik voelde namelijk geen enkele liefde bij al die scharrels en bij Diana wel. Er was wat mij betreft geen moreel bezwaar. Bovendien was het mijn eigen schuld dat zij dacht dat ik ooit met haar wilde trouwen. Twee jaar eerder had ik voor de kerst een ring gekocht voor Diana. Ik was absoluut niet van plan haar ten huwelijk te vragen. Ik had in mijn omgeving gezien dat een huwelijk helemaal niets waard is als je er samen een zootje van maakt. Van mij hoefde dat niet. Diana opende het doosje, zag de ring en voor ik iets kon zeggen riep ze: 'Natuurlijk wil ik met je trouwen.'

Daar stond ik dan. Terugkrabbelen was geen optie. Op zo'n moment zeggen dat je dat niet bedoelde, daar maak je geen vrienden mee. Ik deed maar net of dat inderdaad de opzet was en na een paar maanden in Italië werd ik aan mijn belofte gehouden.

Door die ring om haar vinger had Diana na de door mij veroorzaakte breuk een machtig drukmiddel. Ze wilde vrijwel direct officieel scheiden, want ze wist waarschijnlijk dat ze dan aanspraak maakte op de helft van mijn vermogen. Ik hield de boot af en bleef maar zonder officiële afspraken heel veel geld storten. Ongetwijfeld een groot gedeelte van dat geld ging op aan het onderhouden van de dieren. Ze had op een bepaald moment elf paarden!

Omdat ik mijn kinderen Isabella en Purple wilde blijven zien, bleef ik maar geld overmaken. In het begin mocht ik zo heel af en toe nog op bezoek komen. Iedere keer als ik in Como kwam, had ze meer dieren gekocht of overgenomen van andere mensen. Zo werd ik een keer 's avonds in het donker verrast door een kameel in de garage. Een kameel! Die had ze ergens voor een prikkie kunnen kopen. Vond ze leuk voor de kinderen. In Italië gaat alles makkelijk als je een bekende naam hebt. Er liepen ook herten en zebra's in de tuin, ze was compleet doorgeslagen. Ik telde op een gegeven moment tien honden. Op zondag was onze tuin een bezienswaardigheid. In het dorp waar ze woonde, was helemaal niets te beleven. De gezinnen met kleine kinderen stonden allemaal aan het hek en kwamen de dieren voeren. Ik ben, net als Diana, een grote dierenvriend, maar dit werd te gek. Op een middag kreeg ik in Liverpool een sms van haar waarin stond dat ik *La Gazzetta dello Sport* van die dag moest kopen. Ik reed meteen naar een kiosk. Ze hadden Diana geïnterviewd en ze stond op de foto in de tuin. Ze droeg een regenhoed en regenlaarzen en probeerde alle dieren voor de foto bij haar in de buurt te krijgen. Diana was naïef. Iemand die twee keer nadenkt laat zich zo niet fotograferen. Ze had geen kwade bedoelingen, maar liet zich overhalen. Dat was haar twee jaar eerder ook al overkomen.

Nada van Nie kwam toen langs voor een reportage over Diana in het programma *Mijn leven als voetbalvrouw*. We zaten net in de villa in Como, maar die was nog niet ingericht. Alle meubels, lampen en accessoires moesten nog worden bezorgd, maar we woonden er al omdat we dat hotel beu waren. Bij het verwelkomen van de televisiecrew was ik nog thuis, maar ik moest na een uurtje op trainingskamp. Ik zei tegen Nada dat ze buiten alles mochten filmen, maar binnen alleen bij een soort van decortje dat we hadden gemaakt.

Dat beloofde ze, maar ze kwam het niet na. Dat bleek toen het een paar maanden later werd uitgezonden. Ze hadden alles gefilmd, al die lege, treurige ruimtes. En ze maakten het allemaal nog veel erger dan het was. De oorspronkelijke bewoner van het huis was een jager en hij had in de kelder een trofeeënkamer ingericht. Er hingen wat koppen van dieren en er stonden wat opgezette beesten. Die man was lang geleden gestorven en in het dorp deed een verhaal de ronde dat zijn geest er zo af en toe kwam spoken.

Diana vertelde daar iets over en onder die uitspraken hadden ze een eng muziekje gezet. Ineens leek het wel of we in een spookhuis woonden. Dat vonden Diana en ik verschrikkelijk. We waren allebei als de dood voor geesten en spoken. Als ik ergens iets hoor dat ik niet kan verklaren, ben ik meteen vertrokken. Wij hadden zelfs een hoefijzer boven de voordeur hangen, dat zou helpen tegen het buiten de deur houden van spoken en geesten. We waren allebei zeer bijgelovig, maar dat soort dingen wilde ik niet met heel Nederland delen. Diana's reportage zat in dezelfde uitzending als die over Joyce Makaay, de vrouw van Roy. Hij speelde bij Bayern München en woonde al een paar jaar in een prachtig huis met een zwembad. Het was gezellig ingericht, totaal het tegenovergestelde van onze villa. Van dat contrast profiteerden de programmamakers. We werden vreselijk in de maling genomen ten opzichte van de pracht en praal bij de familie Makaay. Tot overmaat van ramp lag ik op de massagetafel bij Oranje toen het werd uitgezonden. In dezelfde kamer zaten Pierre van Hooijdonk, Boudewijn Zenden en toevallig ook Makaay. Ik ben dagenlang voor de gek gehouden. Als ze mij zagen, gingen ze spookgeluiden maken. Dat snapte ik wel, ik zou het ook doen, maar ik vond het lullig, omdat ik niets verkeerds had gedaan. Als ik zelf iets doms doe, moet ik op de blaren zitten. Dit was gewoon een valse streek van Nada van Nie. Zij maakte misbruik van onze gastvrijheid en daar heb ik haar op aangesproken.

Diana was niet sterk genoeg om zulke mensen tegengas te geven. Dat merkte je later ook bij die foto met al die beesten. Je moet je zelf als 'beroemdheid' niet zo neer laten zetten, met regenlaarzen en een regenhoed op. Iedereen in Nederland dacht dat ik in Engeland voetbalde en in Italië een privédierentuin aan het inrichten was. Diana werd neergezet als de vrouw van Andy van der Meijde, maar dat was ze allang niet meer. Dat zij zich zo kon noemen was trouwens mijn eigen schuld. Het was namelijk mijn idee om onze breuk stil te houden. Mijn moeder wist het, maar verder niemand.

Diana had in die tijd geen contact met haar ouders. Ik was bang dat het voor een hoop sores zou zorgen als de scheiding uitlekte en daarom hielden we het stil. Diana deed mee, omdat ik voor haar bleef zorgen. Ze had zelf niets, geen euro. Heel lang heb ik de definitieve scheiding kunnen afhouden, maar in 2009 hield het op. Ik heb de alimentatie af kunnen kopen door haar de helft van mijn vermogen te schenken. In totaal kreeg ze ruim drie miljoen euro van me.

Mijn relatie met Lisa was vanaf het begin, januari 2006, zeer onstuimig. Al bij onze eerste date, toen ze woedend uit de taxi stapte omdat ze niet mee mocht naar mijn huis, was het raak. Lisa kon heel lief zijn en ze was ontzettend aantrekkelijk. Maar ze was ook gek. En met dat woord overdrijf ik niet. Ze kon soms als een gestoorde uit de hoek komen. Zeer onvoorspelbaar en agressief, ze deinsde nergens voor terug. Een echte pittige Engelse.

Ik ben zeker drie keer met een blauw oog op de training verschenen, dan had ze me tijdens een ruzie gewoon een knal voor mijn bek gegeven. Dat probeerde ik te verbergen, maar als je 's winters met een zonnebril de kleedkamer binnenkomt zijn er altijd wel wat jongens die naar je kijken als je die afzet. En als je drie dagen het spelershome op het trainingscomplex links laat liggen, vragen ze op den duur ook wel even of er soms wat aan de hand is. De eerste keer verzon ik een smoes. Dat ik een klap had gekregen van een Liverpool-supporter in de stad, maar zo'n verhaal kun je niet blijven ophangen. Op den duur wisten ze wel wat er gaande was en werden er opmerkingen over gemaakt.

Zelf heb ik haar nooit geslagen, wel hardhandig van me afgeduwd. De oorzaak van vele ruzies was jaloezie. Lisa was ontzettend jaloers en achterdochtig. Dat leidde tot vreselijke scènes, ook in het openbaar. Ik werd een keer tijdens een avondje uit aangesproken door een bloedmooie, blonde stoot. *'Where were you last weekend?'*, vroeg ze. Helaas wist ik absoluut niet wie deze dame was, maar nog veel erger: Lisa hoorde wat ze zei. Ik reageerde wat nerveus, omdat ik wist hoe Lisa dit zou kunnen interpreteren en wimpelde haar onhandig af. Dat maakte het allemaal nog veel erger. Ze begon meteen te tieren en schreeuwen. 'Wat moet die hoer van je en waar had zij jou afgelopen weekend moeten zien dan?' Lisa wist hoe vatbaar ik voor vrouwelijk schoon was – ze had er immers zelf van geprofiteerd – en draaide even helemaal door. Na een paar minuten schelden, bedaarde ze en gooide ze het over een andere boeg. Ze ging extreem overdreven flirten met enkele andere kerels. Omdat ik verliefd was en wist dat Lisa net als ik geen heilige was, merkte ik aan mezelf dat ik daar vreemd op reageerde. Ik voelde óók jaloezie. En dat gevoel had ik nooit eerder. Bij Diana had ik op dat vlak nooit iets te vrezen. Die was zo trouw als een labrador. Diana kéék niet eens naar andere kerels, laat staan dat ze zou flirten. Ik werd boos op Lisa en ze rende huilend de club uit. Opnieuw dacht ik dat onze relatie over was, maar 's nachts kwam ik thuis en daar zat ze met mijn moeder op de bank. Nog steeds huilend. Het speet haar.

Maar dat duurde nooit lang. Ik heb met haar talloze gênante momenten in openbare gelegenheden meegemaakt. Op een avond zaten we te eten in Piccolino, een populair Italiaans restaurant in Liverpool. Daar werkte een knappe serveerster en ik kon het niet laten haar een keer van top tot teen te bekijken. Lisa zag dat en kieperde mijn bord met eten over me heen, zonder pardon. Ik werd natuurlijk boos en daarop begon ze nog harder te schreeuwen. In hetzelfde restaurant gooide ze een keer een hele tafel omver toen ik in haar ogen iets te gretig een handtekening uitdeelde aan een knappe vrouw. Gelukkig was ik vaste gast en werd alles snel en discreet opgeruimd, maar toch. Ik schaamde me dood. Ik was in Liverpool een beroemdheid, overal herkenden de mensen mij. In Engeland is iedereen gek van voetbal en in Liverpool heb je met Everton en Liverpool FC ook nog eens twee clubs die in dezelfde stad waanzinnig populair zijn. Iedereen kickt erop als ze spelers zien. Je kunt in het centrum geen stap zetten zonder dat iemand wat naar je roept. Het is daarom een wonder dat deze voorvalletjes nooit in de tabloids terechtkwamen.

Lisa maakte me gek. Ik ging hetzelfde gedrag vertonen als zij. Ik ging me jaloers gedragen, terwijl dat helemaal niet in mijn aard zit. Ik gun iedereen altijd alles. Materieel, in de liefde, ik ken geen afgunst. Door dat ziekelijke gedrag van haar werd ik een ander persoon. Ik ging letten op naar wie Lisa keek en hoe lang. Als we uit waren en ze ging naar het toilet, hield ik in de gaten met wie ze onderweg sprak. Vreselijk gedrag, als ik er nu aan terugdenk. Aan een van haar woedeaanvallen heb ik nog een bijnaam overgehouden. Lisa en ik hadden weer eens een fikse ruzie en die eindigde ermee dat ik in de woonkamer op de bank ging liggen, terwijl zij in de slaapkamer naar bed ging. Ik dacht dat ze ging slapen en dat de kust veilig was. Ik deed mijn ogen dicht, maar nog voor ik in slaap viel werd ik door iets hards op mijn voorhoofd geraakt. Ik kwam overeind en zag Lisa staan met een snoer van een stekker. Ze had me met de plug, zo'n plastic ding met drie ijzeren pinnen, op mijn hoofd geslagen. Je zag gewoon de afdruk in mijn kop. Mijn goede vriend Tony heeft me maandenlang 'Plugs' genoemd.

Het gooien met spullen of vernielen van dure audioapparatuur leek een hobby van Lisa. Ik heb zeker een stuk of acht flatscreen-televisies moeten kopen, omdat zij een vaas of iets anders door het scherm had gesmeten. Mij bekogelde ze een keer met een stereotoren. Onze ruzies hebben me tienduizenden euro's gekost. De duurste kostenpost tijdens een ruzie veroorzaakte ik per ongeluk zelf. Ze was weer eens helemaal doorgedraaid en ik maakte dat ik wegkwam om te voorkomen dat ik de volgende dag weer met een blauw oog naar Bellefield moest. Ik stapte in mijn gloednieuwe Lamborghini Gallardo van 150.000 euro, maar wegrijden was niet zo makkelijk. Op de oprit stond namelijk een container met puin, omdat er een nieuwe vloer werd aangelegd. In mijn haast lette ik niet goed op en raakte met de achterkant van mijn auto die container. De Lambo werd als een blik sardientjes opengereten. Ik stapte uit om de schade te bekijken en kon wel janken. In de deuropening stond Lisa te lachen… Repareren kostte me dertig ruggen.

Onze ruzies thuis eindigden vaak in een vertrek met slaande deuren van een van ons beiden. Meestal was ik degene die vertrok. Uit mijn eigen huis. Dan reed ik naar een hotel en bleef daar dan twee, drie nachten slapen. Meestal was zij degene die belde om het goed te maken, soms ik.

Veel van die ruzies zijn me bijgebleven, omdat de oorzaak en de gevolgen vaak zo bizar en onnozel waren. Ik ben zelfs een keer 's nachts om half vier te voet met een trolley van Louis

Vuitton vol geld en kleren van huis vertrokken. We hadden ruzie gekregen na een avondje uit en zoals wel vaker was ik degene die woedend de benen nam. Ik pakte een koffer, smeet daar wat kleren in en terwijl ik dat deed zag ik op een tafel in de slaapkamer een berg geld liggen. Ik had 's middags bij de bank veertigduizend pond gehaald. Dat deed ik één keer in de zoveel tijd, om een beetje overzicht te houden op wat ik uitgaf. Als je alles pint, weet je het op den duur ook niet meer. Dat geld smeet ik ook maar in de koffer, want ik wist inmiddels dat Lisa tot alles in staat was. Ik had op dat moment vier auto's: een Audi Q7, een BMW M6, de Lamborghini waar ik het eerder over had en een Mini Cooper. Alsof de duvel ermee speelde: op dat moment stond er geen enkele auto onze de oprit. Een stond er op de club, twee waren in reparatie en de vierde hadden we in de stad laten staan omdat we allebei te veel gedronken hadden. Het was mijn eer te na terug naar binnen te gaan en dus schakelde ik maar over op plan B: ik liep naar mijn moeder, die een klein halfuurtje verderop woonde. Daar liep ik dan, de multimiljonair van Everton met veertigduizend pond in een koffer. Ik had geen sleutel van het huis van mijn moeder bij me, dus ik moest haar wakker maken. Ze deed open en zag al aan mijn gezicht dat er problemen waren. 'Koffie?', vroeg ze.

# 11

# ACHTBAAN

Na een maandje of vijf was Lisa zwanger. Het was niet de bedoeling, maar dat het gebeurde was niet vreemd. We hadden vanaf het eerste moment seks zonder condoom. Dat deed ik met scharrels nooit, maar waarschijnlijk had ik bij Lisa vanaf de eerste keer het gevoel dat het meer was dan een scharrel. Ondanks de terugkerende ruzies tussen ons was ik blij. Ik ben gek op kinderen en mocht mijn eerste twee kinderen niet of nauwelijks zien. De zwangerschap kon goed uitpakken voor onze relatie. Misschien werden we wat liever voor elkaar. Voor Lisa betekende het zwanger zijn dat ze moest wennen aan een totaal andere manier van leven. Ze was een stripper en die werken vooral 's nachts.

In het wereldje waarin zij verkeerde was het heel normaal cocaïne te gebruiken en veel te drinken. Best te begrijpen, want je kruipt natuurlijk niet alleen bij jonge, afgetrainde voetballers op schoot. En je maakt lange dagen. In haar vriendenkring was coke snuiven tijdens het uitgaan ook heel normaal. Dat heb ik meerdere malen gezien. De omgeving waarin ze verkeerde, was totaal ongeschikt voor een zwangere vrouw. Haar moeder, een lief mens, vond dat erg. Ze zei tegen me dat ze het fijn zou vinden als ik ervoor kon zorgen dat ze stopte. Omdat ik wist dat het moment van stoppen toch een keer zou aanbreken – met een dikke buik kun je niet strippen – haalde ik haar weg uit de stripclub.

Alcohol en sigaretten had ze al afgezworen, maar het kostte haar blijkbaar wel moeite. Daar kwam ik achter na de zoveelste ruzie. Dit keer was zij kwaad vertrokken. Ze gilde dat ze naar een vriendin in Liverpool ging. Lisa verliet ons huis op Uggs, maar kwam 's nachts terug op hoge hakken. En toen ze naast me kwam zitten, rook ik alcohol. Ik vroeg waar ze was geweest. Na een paar ontwijkende antwoorden en lulsmoezen kwam het hoge woord eruit. Ze was gaan stappen, had gedronken en was met de auto naar huis gereden. Terwijl ze zwanger was.

Ik ging volledig door het lint en sloeg haar een paar keer hard op haar bovenbeen. Zelf was ik niet het toonbeeld van volwassen gedrag, maar een zwangere vrouw die dat soort dingen deed, daar kon ik niet tegen.

Lisa was niet dom, maar ik denk eerder dat dit soort gedrag te maken had met haar afkomst en de omstandigheden waaronder ze opgroeide. Die waren vergelijkbaar met de mijne en ik ben ook niet altijd even verstandig geweest. Lisa's ouders waren gescheiden. Moeder was een fantastisch mens, vader was aardig, maar hij had een verslaving. Die man kon alles met zijn handen, maar zijn leven werd bepaald door die verslaving. In het begin wist ik dat niet en probeerde ik hem te helpen. Ik kocht een busje, zodat hij zijn eigen klusbedrijfje kon opstarten. Hij had namelijk ook nog kinderen bij een andere vrouw en die moest hij ook onderhouden. Het was weggegooid geld, helaas. Hij wilde wel, maar het lukte hem niet.

De broer van Lisa was een hartstikke aardige, nette kerel, ik kon het goed met hem vinden. Hij was een ondernemer met goede plannen, maar in een stad als Liverpool is het lastig om boven te komen drijven als je niets hebt. Dat is om wanhopig van te worden en velen komen daardoor op het verkeerde pad terecht. Lisa's broer ook. Het laatste wat ik van hem hoorde is dat hij voor een jaartje of zes de bak in moest omdat hij betrokken was bij een drugsdeal. Zes jaar. Dat ging dus niet om een paar wietplanten op zolder.

Haar broer was er nog wel bij toen we in augustus 2006 Lisa's 26ste verjaardag vierden. We gingen naar ons favoriete restaurant Piccolino, waar we met wat vriendinnen en familie aten. Het was twee dagen voor een vriendschappelijke wedstrijd tegen Aberdeen en bij Everton mag je dan niet meer in een kroeg of club gezien worden. Omdat het een speciale avond voor ons was, liet ik me overhalen nog één drankje te doen in een zaakje tegenover het restaurant. Er stond immers maar een oefenpotje op het programma, dat moest kunnen.

Ik bestelde een biertje en dat nam ik mee toen ik moest plassen. In de rij bij het toilet werd ik aangesproken door een paar Liverpool-fans en dat ging er voor de verandering eens een keer best vriendelijk aan toe. Er werden wat stekelige opmerkingen gemaakt, maar er werd niet gescholden zoals gebruikelijk. Toen ik aan de beurt was om te plassen, zette ik mijn glas op een plank naast de wastafel. Voor een seconde of dertig – hoe lang duurt pissen? – verloor ik het uit het oog. Daarna pakte ik het glas weer en ging terug naar Lisa en haar familie. Een half uurtje later voelde ik me ineens draaierig en misselijk worden. Omdat ik maar twee biertjes op had, kon dat niet van de alcohol zijn. Er was iets mis en ik zei tegen Lisa dat ik naar huis wilde. Blijkbaar zag ze aan me dat het serieus was, want in tegenstelling tot anders sputterde ze niet tegen. We stapten in een taxi, maar die moest onderweg stoppen omdat ik moest overgeven. Mijn kots bestond uit bloed en rode brokken. Vies. Eng zelfs.

Thuis kreeg ik ademhalingsmoeilijkheden en belde Lisa de politie. Dat was niet slim, want ten eerste had ik een ambulance nodig en ten tweede is de politie de grootste tipgever van de tabloids. Dat is in Engeland algemeen bekend. De agenten herkenden me natuurlijk en belden een ambulance. Op dat moment ging bij mij het licht uit. Pas in het ziekenhuis kwam ik weer bij. Er waren allerlei testen gedaan. Er was niets in mijn bloed gevonden en ook mijn urine was schoon. Waarschijnlijk hadden die gasten iets in mijn bier gegooid, wat niet te traceren is. Dat schijnt bijvoorbeeld met de partydrug GHB het geval te zijn. Bewijzen kan ik niets.

De volgende ochtend mocht ik naar huis. Dagenlang had ik een hoofdrol in de kranten. Bij mijn terugkeer op de club moest ik bij Moyes komen. Hij gaf me een boete van dertigduizend pond, een weeksalaris, de maximale boete, omdat ik de regels had overtreden.

Deze forse boete was niet de laatste tegenvaller van die maand. Een paar dagen nadat die klootzakken hadden geprobeerd me te vergiftigen, speelden we een oefenwedstrijd tegen Athletic Bilbao op Goodison Park. Het was de laatste testcase voor de competitie begon en het duel werd gecombineerd met een soort Open Dag. In verband met wat extra activiteiten met de fans moesten we wat eerder dan gebruikelijk aanwezig zijn, maar dat was ik vergeten omdat ik met mijn nieuwe hond Mac in de tuin aan het spelen was. Lisa en ik zouden mijn moeder ophalen en dan naar Goodison Park gaan. Omdat ik te laat dreigde te komen, zou Lisa zelf rijden en mijn moeder meenemen.

Door flink het gaspedaal van mijn Audi Q7 in te trappen arriveerde ik net op tijd. Het wedstrijdje stelde niet veel voor. We verloren met 1-0, ik viel twintig minuten voor tijd in. Na de douche pakte ik mijn telefoon en zag ik dat Lisa een paar keer had gebeld. Ik belde haar en vroeg wat er aan de hand was. 'Er is ingebroken. Alles is weg', zei ze. Wat ze met 'alles' bedoelde wist ik niet, maar een vermoeden had ik wel. Zo snel als ik kon, scheurde ik naar huis.

Ik had net buiten Liverpool in een afgelegen gebied het huis van een golfpro gehuurd. Er lag een golfbaan in de tuin, het had een inpandig zwembad en stallen voor paarden. Een paradijsje, maar veel te groot voor Lisa en mij. Het was al een poosje de bedoeling dat ik daar zou vertrekken, want het lag veel te ver weg van de bewoonde wereld. Dat was me in de voorbije maanden gaan storen. Ze konden het huis met een kanon beschieten, geen mens zou het in de gaten hebben.

De rust die er heerste om ongestoord te kunnen doen en laten wat ze wilden, hadden de inbrekers die bij mij op bezoek waren geweest niet nodig gehad. Er was geen spoor van braak, er was niets overhoop gehaald. Er stond een schuifdeur van een slaapkamer op de begane grond open, daar waren ze binnengekomen. Vanuit daar waren ze rechtstreeks naar een kledingkast in een kamer op de eerste etage gelopen. En achter de kleding hadden ze hun slag geslagen.

Daar had ik een juwelendoos van Rolex verstopt. In de box zaten zes horloges van Rolex, wat ringen en kettingen. Onder andere de zeer exclusieve Daytona van vijftig ruggen die ik in Milaan had gekocht zat in die doos. Mijn zevende Rolex lag op de badkamer. Die had ik namelijk klaargelegd, samen met een speciaal voor mij ontworpen ketting met diamanten van zeventienduizend euro die ik pas twee weken had. Het horloge en de ketting had ik om willen doen naar de wedstrijd, maar omdat ik me zo had moeten haasten, was ik daar niet aan toe gekomen. De dieven was het niet ontgaan. Ze hadden ze allebei meegenomen.

Wat ik in mijn haast niet eens had opgemerkt toen ik thuiskwam, was dat de garagedeur openstond en mijn Ferrari 430 Spider en BMW Mini Cooper verdwenen waren. De sleutels lagen altijd binnen in een kast en ook die hadden ze gevonden. Omdat de sleutels van de garagedeur er niet bij lagen, hadden ze die moeten forceren. Tot overmaat van ramp ontdekte ik tot slot dat ook puppy Mac, mijn nieuwe bordeauxdog van pas een paar maanden oud, nergens te bekennen was. 'Misschien weggelopen in de chaos', zei iemand. Ik stond te trillen op mijn benen. De totale schade was enorm. Ik was voor dik drie ton aan juwelen en auto's kwijt en miste mijn puppy. Ongelooflijk.

De politieagenten die het technisch onderzoek deden, gaven me al snel het gevoel dat het leek alsof de inbrekers hulp hadden gekregen. De schuifdeur die ze hadden gebruikt, stond nooit open en nu vreemd genoeg wel. En ze hadden overduidelijk geweten waar ze moesten zijn. Ze waren rechtstreeks op hun doel af gelopen en hadden niet eens de moeite genomen kasten en lades open te maken.

Tijdens de gesprekken met de politie werd ik gebeld door een vriend van me die een kledingzaak had. Ik nam in eerste instantie niet op, maar omdat hij bleef bellen, deed ik dat na een paar keer toch. 'Andy, Andy, ze hebben je hond ontvoerd', riep hij. Ik zette mijn telefoon op de luidspreker, zodat de politie kon meeluisteren en vroeg die vriend van me hoe hij dat wist. Wat bleek? In de Ferrari had ik een telefoon liggen die ik gebruikte om stiekem contact met meisjes te onderhouden. Die telefoon hadden die gasten gevonden en ze hadden het laatst gedraaide nummer gebeld. Dat was het nummer van een van de vrouwelijke personeelsleden van die vriend van me. Met dat meisje had ik een paar dagen eerder een avontuurtje gehad.

Dat meisje, Trish, was zich rot geschrokken. Ze had per telefoon te horen gekregen dat iemand mijn hond had ontvoerd, maar dat was haar verteld door iemand die mijn telefoonnummer gebruikte. Ze had in paniek haar baas gebeld, vertelde hem wat haar was overkomen en hij nam weer contact met mij op. Omdat die vriend van me vertelde dat hij door Trish was gebeld, stond Lisa meteen op haar achterste poten. 'Wie is verdomme dat wijf', gilde ze midden in het gesprek. Ik kon haar kalmeren door te zeggen dat er even andere zaken belangrijker waren dan dat zij zich afvroeg wie dat meisje was. We zaten aan de keukentafel en ik zag die politieagenten grinniken. Die zullen wel gedacht hebben dat ze in een slechte film terecht waren gekomen. Ze gaven me het advies nog even geen actie te ondernemen richting die hond. Ik moest ze de kans geven om via de Ferrari – er reed er maar een in Liverpool en omgeving – de boeven te vinden. Ik had namelijk kentekenplaten uit Monaco op die wagen zitten. De wagen was geïmporteerd en ik had die platen nog niet vervangen. Ik ging akkoord, maar besefte tegelijkertijd dat ik niet te lang moest wachten als ik mijn lieve hondje levend terug wilde.

De volgende middag had ik nog niets van de politie gehoord en kwam ik zelf in actie. Ik belde naar het nummer van mijn 'meisjes-telefoon'. Een van die gasten nam op. Hij vertelde dat ik ze dankbaar moest zijn, want Mac was tijdens de inbraak weggelopen. Ze hadden hem na hun vertrek een heel eind verder op straat zien lopen en hem opgepakt en meegenomen. Tot zover de vriendelijkheden. Ze wilden vijfduizend pond hebben, anders zouden ze hem gaan gebruiken tijdens illegale hondengevechten. Mijn hart brak. Mac zou over een jaar zo sterk zijn als een beer en van de meeste honden een gevecht winnen. Als puppy was hij nog weerloos. Ze zouden hem binnen dertig seconden opvreten.

Ik stemde in met hun voorstel en vroeg hoe ze het wilden afhandelen. Ze hadden er goed over nagedacht. Op ons trainingscomplex Bellefield werkte een aantal terreinknechten en een van die kerels kwam uit dezelfde wijk als de inbrekers. Ik moest de volgende ochtend vijfduizend pond aan die gozer geven. Die terreinknecht wist nergens van, maar omdat ik een speler was en hij zijn baantje nodig had, zou hij zonder twijfel naar het adres rijden dat ik hem moest geven. Na overhandiging van het losgeld zou hij mijn hond krijgen en naar Bellefield brengen. Vijfduizend pond was in die tijd één dagje werken voor mij, dus dat gokje durfde ik wel te nemen. De volgende ochtend ging ik in alle vroegte met vijf ruggen naar de club, sprak de terreinknecht aan en twee uur later kwam hij met Mac terug op Bellefield.

Inmiddels had ik zelf flink nagedacht over de details van de inbraak. Het zat me niet lekker. Er werd, zo hoorde ik van de politie, in die periode in Liverpool vaker bij voetballers tijdens hun wedstrijden ingebroken. Spelers kregen na de inbraak bij mij het advies om hun huizen niet onbewoond achter te laten.

Ik ontwikkelde zelf nog een andere theorie. Er was, behoudens Lisa, niemand die wist waar ik mijn juwelen had verstopt. Ik wil niet beweren dat zij een rol heeft gespeeld in het organiseren van de inbraak, maar ik sluit niet uit dat ze het onbewust heeft gedaan.

Ze nodigde regelmatig vriendinnen uit als ik niet thuis was en misschien heeft ze die een keer mijn verzameling Rolexen laten zien. Lisa was net als ik een kind uit een achterbuurt en hield van mooie dingen. Ik kan best begrijpen dat zij anderen wilde tonen dat ze het nu heel goed had. Ik heb haar later rechtstreeks gevraagd of ze ooit iemand had laten zien wat ik aan juwelen in huis had. Ze ontkende het heel stellig. Dan ben je uitgepraat en daarom heb ik het er maar bij gelaten.

In de week na de inbraak vertelde ze nog wel dat zij en mijn moeder op weg van Goodison Park naar ons huis ver buiten de stad, waarschijnlijk mijn Ferrari in de richting van Liverpool hadden zien rijden. 'Maar we wisten niet zeker of het jouw Ferrari was', zei ze heel onschuldig. Ik werd boos om zoveel domheid. Die wagen was uniek in de regio. Daar was ik trots op, dat had ik vaak genoeg geroepen. Ik vond het ongelooflijk dat ze dit niet eerder tegen de politie had gezegd, want dat had een heel belangrijk aanknopingspunt kunnen zijn.

Het duurde overigens niet lang voor de Ferrari werd gevonden. Zulke wagens zijn niet verhandelbaar voor simpele inbrekertjes en dat zullen ze beseft hebben. De wijze waarop de 'standplaats' van de auto werd ontdekt, paste precies in dit krankzinnige verhaal. Een politieagent stuitte via een tip op een YouTube-filmpje met dezelfde Ferrari als de mijne in de hoofdrol. De agent herkende een verlaten parkeerplaats in de buurt van de bioscoop in het centrum van Liverpool en ging daar een kijkje nemen.

Mijn Ferrari van 130.000 euro stond er netjes geparkeerd. De ramen waren kapot geslagen. Ze hadden ook nog even de moeite genomen om de touchscreen van het net ingebouwde audiosysteem ter waarde van twintigduizend euro eruit te trekken en op de grond kapot te smijten. Eikels! Weer een week of twee later werd de Mini Cooper gevonden. Vreemd genoeg een paar straten verwijderd van Bellefield, met de sleutels in het contact. Dat begrijp ik nu nog steeds niet.

In de Ferrari heb ik, nadat die was gerepareerd, nog een paar keer gereden. Dat voelde niet lekker. Ik wilde niet rijden in een auto waarin dat tuig had gezeten. Dat was de reden dat ik de Lamborghini Gallardo kocht. Die was nog net wat duurder dan de Spider. De politie is me nog regelmatig komen bezoeken met tassen vol gevonden en in beslag genomen juwelen. Dat heb ik gewaardeerd, maar helaas zat er nooit iets van mij bij. Er is één betrokkene gepakt, die dombo stond op het YouTube-filmpje.

Het hele verhaal kreeg financieel nog een heel wrang einde. Ik schakelde de verzekering in, maar ze lieten me snel weten dat ze niets hoefden uit te keren. Op de polis stond nog steeds dat de verzekering expliciet geldig was voor Italië. En dat hield volgens de maatschappij in dat schade in andere landen niet gedekt werd. Naar dat soort dingen keek ik zelf nooit om, Diana en mijn zaakwaarnemer hadden dat blijkbaar ook niet gedaan. De schade aan de Ferrari kreeg ik niet vergoed omdat de sleutels in het huis lagen. Schijnt ook een regeltje te zijn. Het kwam er dus op neer dat ik overal zelf voor opdraaide, behalve voor de schade aan de garagedeur. Vijftienhonderd pond…

In het huis heb ik niet lang meer gewoond. We hadden allebei schrik om er alleen te zijn en gingen tijdelijk terug naar het appartement waar we de eerste weken van onze relatie stiekem hadden gewoond. Dat lag midden in de stad en de verleidingen waren voor ons beiden te groot. Het was verstandiger om wat verder weg een plekje te zoeken. Na een tip van een kennis gingen we kijken naar een prachtig landhuis in Knutsford, een dorp tussen Liverpool en Manchester. De villa lag met drie andere huizen op een met hekken beveiligd woonerf, een soort compound. Het was groot, mooi en had aardig wat grond.

Het voelde er stukken aangenamer en veiliger. Al bleek dat laatste maar relatief, want na een paar maanden stonden er twee mensen van Scotland Yard voor de deur. Ze vroegen of ik de eigenaar van het huis was, maar dat was ik niet. Die lag op het strand in Marbella. Scotland Yard kwam hem waarschuwen. Ze hadden signalen gekregen dat hij op de dodenlijst stond van een of andere topcrimineel. Dat had *ík* weer. Hoewel ik niet leek op de huiseigenaar, ging ik toch snel op zoek naar een ander huis. Je hoeft maar een bijziende of niets ontziende huurmoordenaar te treffen en je hebt een groot probleem. We konden dus ook daar niet blijven. Het risico was te groot en we keerden terug naar het huis waar was ingebroken. Ook daar voelde ik me niet lekker. Ik werd er voortdurend geconfronteerd met herinneringen aan Diana en de kinderen en daar had ik snel genoeg van.

Bij Everton had ik buiten het veld, net als bij Internazionale, niet veel contact met ploeggenoten. De eerste maanden bij Everton ging ik zo af en toe wat eten bij Tim Cahill en zijn vrouw. Dat deed ik uit beleefdheid, omdat ze me vroegen en ik merkte dat ze het op prijs stelden. Zelf heb ik dat nooit gedaan, collega's thuis uitnodigen. Ik was liever op mezelf of met mensen die niets met voetbal te maken hadden. Op de een of andere manier had ik na mijn vertrek uit Nederland nooit meer de behoefte om close met collega's te worden. De meeste voetballers die ik kende, gingen over het algemeen om met de *rich and famous* uit de omgeving. Vaak zijn dat mensen die denken dat ze, omdat ze veel geld hebben, beter zijn dan een ander. Dat is een vreselijke eigenschap. Ik kan daar niet tegen. Ik ga liever om met mensen die elkaar waarderen om hoe ze zijn, niet om wat ze hebben.

De families Boomkamp uit Hengelo, onze Italiaanse kok Franco en zijn gezin, dat waren mensen die weten waar het om draait in het leven. In Engeland raakte ik bevriend met Tony, een hondenfokker uit een achterbuurt in een stadje tussen Bolton en Manchester. Bij hem had ik een van mijn bordeauxdogs gekocht en het klikte tussen ons. In het begin hielden we contact over de hond, later nam ik hem mee naar wedstrijden en gingen we samen stappen. Tony werd mijn beste vriend, mijn maatje. Hij stond altijd voor me klaar en dat was nodig ook.

De geboorte van Dolce in maart 2007 zette mijn toch al onrustige leven volledig op z'n kop. Ze kwam te vroeg en met een ernstige aandoening ter wereld. Haar dunne darm was maar twaalf centimeter, terwijl die meer dan vijf meter hoort te zijn. Ze kon het eten niet verteren. Dat is desastreus voor een baby.

Ze moest op een andere manier worden verzorgd dan een gezonde baby en dat moesten wij als ouders allemaal leren. Dat was zwaar, we waren op den duur bij wijze van spreken halve dokters. Ze kreeg een paar keer een infectie en dan kwam ze in acuut levensgevaar. Ze moest meteen worden geopereerd, maar het was moeilijk een ader te vinden waarin ze het infuus konden aanbrengen. Het is verschrikkelijk om je baby op zo'n operatietafel achter te laten, dat is een onbeschrijfelijk gevoel. Het voetbal interesseerde me niets meer in die tijd. De laatste maanden van het seizoen 2006/07 zijn volledig langs me heen gegaan. Vanaf 7 maart, de geboortedag van Dolce, kwam voetballen op de tweede plaats. Ik heb daarna nog geen vijf officiële wedstrijden voor Everton meer gespeeld.

Na mijn tweede seizoen, waarin ik weinig had gespeeld door blessures en tactische keuzes en op het laatst door de zorgen over mijn zieke baby, begon mijn derde seizoen tot mijn eigen verrassing nog wel heel goed. Ik doorstond de eerste weken van de voorbereiding fysiek prima en voetballend blonk ik zelfs uit. Na onze eerste wedstrijd, in Italië tegen FC Sion, waren mijn medespelers enthousiast. En ikzelf ook. Ik verbaasde mezelf. In de volgende twee oefenduels, tegen Cambridge United en Preston North End, kreeg ik weer speelminuten. De vierde wedstrijd was tegen Nottingham Forest. Een dag later zouden we naar Amerika vertrekken voor een *pre season tour*. De reis naar

Amerika mocht ik laten schieten. Dolce lag nog steeds in het ziekenhuis en ik wilde niet naar het andere eind van de wereld zolang zij niet gezond was.

Mijn kleine meid was al een paar keer geopereerd. Iedere keer was het de vraag geweest of ze sterk genoeg was om de ingreep te overleven.

Moyes gaf me toestemming, maar liet merken dat hij er niet zo blij mee was. Trainers zijn hard. Ze denken vaak alleen aan zichzelf. Ik speelde goed in de voorbereiding. Het leek erop dat ik eindelijk een toegevoegde waarde zou worden. In Amerika speelden we een paar serieuze oefenwedstrijden en hij wilde natuurlijk aan zijn team werken. Mijn afwezigheid kwam hem als coach niet goed uit.

Hij probeerde me nog over te halen, maar ik bleef bij mijn standpunt. Daar was hij niet blij mee. In de uitwedstrijd tegen Forest gebeurde er iets dat op een vervelende manier een einde maakte aan de discussie. Bij het geven van een crosspass scheurde ik mijn hamstring in. Everton ging naar Amerika en ik kon voor de verandering weer eens gaan revalideren.

Hamstringblessures komen wat vaker voor bij topsporters die hun vak niet zo serieus nemen. Bij mij klopte dat wel. Ik was door de terugkerende ruzies met Lisa en de zorgen om Dolce meer alcohol gaan drinken dan goed voor me was. In Liverpool werd ik bijna alleen maar met negatieve zaken geconfronteerd en mijn oudste kinderen die in Italië woonden zag of sprak ik zelden. Op voetbalgebied waren mijn plannen in duigen gevallen. Het WK in Duitsland was al een jaar geschiedenis en niemand had zich afgevraagd waarom ik niet door Van Basten was geselecteerd.

Ik hield mezelf voor dat deze vervelende zaken de oorzaak waren van mijn gedrag. Het zal zeker een rol hebben gespeeld, maar later besefte ik dat niemand moet gaan drinken. Dat is een keuze, een gewoonte die je jezelf aanleert. Ik was op zoek naar verdoving, wilde af en toe de zorgen vergeten. Onbewust ging ik steeds vaker drinken en dan kom je op den duur als topsporter fysiek in de problemen.

Na deze zoveelste blessure was Moyes er klaar mee. De club maakte iedere week een vermogen naar me over, maar ik had in twee jaar nog geen twintig wedstrijden gespeeld. Hij riep me eind augustus bij zich en zei dat ik verhuurd kon worden. Hij had ook al een club: Ipswich Town. Zij speelden in de eerste divisie, maar daar keek ik niet naar. Het ging mij om de afstand. Onze dochter werd verpleegd in het Alder Hey Hospital van Liverpool. Ipswich lag op vijf uur rijden. Zonder files. In geval van nood zou ik te veel kostbare tijd verliezen op de snelweg.

Met Dolce naar Ipswich verhuizen was voor ons geen optie. Alder Hey Hospital was en is een van de beste kinderziekenhuizen ter wereld. Ons kind was daar in goede handen, ik wilde het haar en ons niet aandoen om voor misschien maar voor één seizoen een nieuwe situatie te creëren. Ouders van ernstig zieke kinderen begrijpen hoe belangrijk vertrouwen in een arts en zijn team is, maar David Moyes begreep het niet. 'Ach, jij altijd met je kind. Je hebt altijd wat. *Always your baby*', antwoordde hij toen ik hem mijn standpunt vertelde. Met iemand die het over zijn hart kan krijgen zoiets te zeggen, ga ik niet eens de discussie aan. Ik was te verbijsterd om hem op zijn bek te slaan of uit te schelden. Ik ben omgedraaid en vanaf dat moment heeft hij geen tien woorden meer tegen me gezegd. Het grote vernederen begon.

Als ik 's ochtends op het trainingsveld kwam, stond hij altijd tussen twee velden in te wachten op de spelers. Ik liep in zijn richting en dan stak hij zijn hand uit. Naar links betekende met het tweede team trainen, naar rechts met het eerste elftal. Dat laatste kwam zelden meer voor. Meestal trainde ik met vijf, zes jongetjes van zestien jaar. Af en toe moest ik zelfs wedstrijdjes met het tweede spelen. Op een doordeweekse avond in de bus naar Wrexham of Stockport, om voor vijftien toeschouwers tegen de oudste jeugd te spelen. Ik werd er gek van en wist niet meer wat ik moest doen. Ik zat in het ziekenhuis bij Dolce aan haar bed, met of zonder de vrouw met wie ik voornamelijk ruzie maakte. Als ik daar niet was, moest ik voetballen met gastjes die gemiddeld tien jaar jonger waren. Moyes deed alles om me te breken. Maar ik brak niet.

Soms haalde hij me bij de wedstrijdselectie van het eerste elftal, maar nooit met de intentie om gebruik van me te maken. Meestal werd ik vlak voor de wedstrijd naar de tribune gestuurd als negentiende man. Na een paar maanden kon het me allemaal niet meer schelen. Ik ging volledig mijn eigen gang en er was meestal niemand die zich er iets van aantrok. We waren een keer in Londen voor een uitwedstrijd bij West Ham United en ik werd weer eens vlak voor de warming-up als negentiende man afgescheept met een kaartje voor de tribune.

In plaats van naar de tribune te gaan, liep ik het stadion uit in mijn trainingspak van Everton, hield een taxi aan en liet me naar Liverpool brengen. Een dag later was ik op de training, niemand die iets zei of vroeg. Moyes negeerde me, de assistenten zeiden gewoon goedemorgen. Ik kreeg niet eens een boete. Ik besefte dat ze me niet eens hadden gemist op de terugreis. Ik weet namelijk zeker dat ze me anders een boete hadden gegeven. Moyes was er doodziek van dat ik iedere week dertigduizend pond kreeg, dat kan niet anders. Iedere euro besparing op die kostenpost zou hij aangrijpen. Maar nu hij weer een kansje had om me in mijn portemonnee te pakken, had hij het niet eens in de gaten. Het voelde alsof ik niet bestond. Mijn lege stoel in de bus was niemand opgevallen. Zelfs mijn collega's niet. Pijnlijk hoor.

Een van de conditietesten die ik toevallig net wat vaker dan anderen moest afwerken, heb ik stomdronken doorstaan. Na een hele nacht doorhalen in Manchester ben ik rechtstreeks doorgereden naar Finch Farm, het nieuwe trainingscomplex van Everton. Ik had verspreid over de avond en nacht een hele fles rum op, maar ik kon daar best goed tegen op dat moment. Ik was getraind, in het drinken. Tijdens die conditietest was er daarom niets aan me te merken, ik liep mijn beste tijden ooit, riep de assistent-trainer. Richting Moyes bleef ik altijd ijzig kalm. Nooit liet ik hem direct merken hoe ik over hem dacht. Zijn lievelingetje Phil Neville, de aanvoerder, zat ik wel vaak te jennen. Die werd zo af en toe door de assistent-trainer ontboden bij Moyes in het kantoor. Ik wist dat die nagemaakte alles uit de kleedkamer doorlulde naar de baas en dat hij daarom aanvoerder was. 'Ga je zo weer lekker krom staan voor de baas', riep ik door de kleedkamer richting Neville als hij weer eens moest komen. 'Of neem je hem in het mondje.' Die anderen durfden allemaal niets tegen Neville te zeggen, maar lachten hard als hij weg was. Neville was niet alleen een vervelende kerel, maar ook een dramatische voetballer. Dat hij meer dan 250 wedstrijden voor Manchester United heeft gespeeld en bijna zestig interlands voor Engeland is echt een grap. In de Nederlandse eredivisie zou hij niet eens bij een topclub meekunnen. Hard werken en blind de bal wegrossen. Dat is het enige wat hij kon.

Ik heb Moyes direct en indirect een paar keer aanleiding gegeven om te ontploffen, maar slechts één keer verloor hij zijn beheersing. Dat was na een thuiswedstrijd tegen Middlesbrough in mijn derde seizoen. Ik had negentig minuten op de bank gezeten en was flink over de zeik. Hij had me het gevoel gegeven dat ik weer een beetje meetelde, maar het was weer een spelletje. Bij Everton was het de gewoonte dat de spelers die niet in actie waren gekomen, na afloop in het stadion een training afwerkten. Niet zomaar wat lopen, maar echt even pittig aan de bak onder leiding van een van de assistenten van Moyes.

Ik vond dat onzin en vervelend. Omdat ik inmiddels terecht als een behoorlijke miskoop werd gezien, kreeg ik telkens flink wat scheldpartijen naar mijn hoofd. Ik had er genoeg van, weigerde toen de assistent me vroeg mee naar buiten te gaan en ging douchen. Nadat ik onder de douche vandaan kwam, stond Moyes in de kleedkamer. Ik droogde me af en trok een onderbroek aan. 'Wat ga jij doen?', vroeg hij me. 'Ik ga naar huis', antwoordde ik koeltjes. 'Nee', vervolgde Moyes. 'Jij gaat trainen.' Die rooie Schot begon boos te worden en dat wilde ik wel een keer meemaken. 'Je bekijkt het maar met je trainingen. Ik ben hier om te voetballen tíjdens wedstrijden, niet ná wedstrijden', zei ik.

Er werd wat gegrinnikt en daardoor vond hij waarschijnlijk dat hij wat moest doen. Toen ik omhoog kwam van het aantrekken van mijn broek, stond hij ineens vlak voor me en greep me bij mijn keel. 'Jij gaat trainen en anders doe ik je wat', zei hij woest. 'Kom op! Sla me! Sla me dan! Doe het dan', daagde ik hem uit. De rook kwam uit zijn oren, maar hij liet me los en liep weg. Twee minuten later kwam hij terug, gaf me een hand en bood zijn excuses aan. Natuurlijk meende hij daar niets van, maar het was tactisch wel slim. Ik had naar de pers kunnen stappen en een enorme rel kunnen veroorzaken of ik had het kunnen gebruiken om een vertrek te forceren. Zulke incidenten zijn goud waard voor een goede advocaat.

Door het voortdurende geruzie thuis, alle ellende met Dolce en het gezeik op de club, kreeg ik op den duur slaapproblemen. Dat was voor mij aanleiding om nog meer te gaan drinken. Niet alleen tijdens het uitgaan, maar ook thuis. De flessen wijn en Bacardi vlogen er doorheen. Omdat ik van de drank niet vermoeid raakte, ging ik slaappillen slikken om toch aan mijn nachtrust te komen. Op den duur kon ik niet meer slapen als ik geen pil had genomen. Ik was verslaafd aan die rommel. Het waren zware pillen, die je alleen op doktersvoorschrift kon krijgen. Ik jatte ze op de club, bij onze dokter uit zijn kamertje. Die had altijd een doosje liggen, omdat spelers op trainingskampen vaak moeite hebben met slapen. Het waren doosjes van 24 stuks, maar ik nam telkens maar één strip van twaalf pillen mee. Ik dacht dat het op die manier niet zou opvallen. En dat bleek te kloppen. Niemand sprak me er ooit op aan in die ruim twee jaar dat ik dit deed. De conclusie dat ik verslaafd was aan die pillen trok ik zelf. Ik raakte namelijk lichtelijk in paniek als ik ontdekte dat er nog maar één of twee pillen in de strip zaten. Dat betekende dat ik op de club weer op een onbewaakt moment dat kamertje in moest sluipen. In een ruimte waar dagelijks tientallen mensen kwamen, was dat niet zo makkelijk.

Misschien hebben ze bij Everton best wel geweten dat ik daar slaappillen jatte, maar interesseerde het ze gewoon niet. Soms had ik het idee dat ik niet bestond. Na de geboorte van Dolce heb ik nog ruim twee jaar onder contract gestaan bij Everton, maar nooit heeft er iemand van de clubleiding gevraagd hoe het met haar ging. In de week voor kerst bezochten we met de selectie traditioneel de doodzieke kinderen in het Alder Hey Hospital van Liverpool. Een prachtig initiatief, waaraan ik altijd graag meewerkte. Voor mij was het heel moeilijk. Mijn dochter vocht in hetzelfde ziekenhuis op een andere afdeling voor haar leven, maar David Moyes heeft gewoon al die tijd gedaan of ze niet bestond – behoudens de eerste paar maanden na haar geboorte. Van de directie hebben we nog geen kaartje gehad. Nooit.

Moyes was wél een goede trainer. Hij was een sterke motivator, iemand die een wat minder elftal tot grote hoogte kon stuwen. Inmiddels zit hij tien seizoenen bij Everton en dat is niet voor niets. Als mens heb ik hem niet hoog zitten, maar op de coach heb ik weinig aan te merken. Ik denk dat hij hetzelfde over mij denkt. Ik heb hem teleurgesteld. Ik ben niet sterk genoeg geweest om de weelde te weerstaan. Ik heb me niet genoeg kunnen focussen om in de Premier League en de wereld daarbuiten overeind te blijven. Deels is dat mijn eigen schuld, ik was degene die mijn relatie met Diana verklootte waardoor mijn leven een soort van achtbaan werd. Deels is het pech. De zorgen om Dolce hebben mijn laatste twee contractjaren gedomineerd, maar ik zat al in de problemen voor die kleine meid werd geboren.

De supporters van Everton hebben me nauwelijks zien spelen, maar voor velen van hen ben ik vanwege één actie tóch een legende. In mijn laatste seizoen speelden we in de vierde ronde van de FA Cup tegen de grote vijand Liverpool en leverde ik de beslissende voorzet. Als voetballertje bij Ajax groeide ik op met de antigevoelens tussen Ajax en Feyenoord, maar de haat die er heerst tussen Everton en Liverpool is vele malen erger. In Nederland ben ik nog nooit door een Feyenoord-supporter uitgedaagd om te vechten. In Engeland kwam het gemiddeld één keer per week voor dat een Liverpool-supporter me zó verschrikkelijk uitschold, dat ik – zeker in het begin – ontelbare malen heb overwogen om uit te halen. Telkens kon ik me op tijd inhouden, maar de momenten dat ik ben uitgescholden voor 'blauwe flikker' of 'blauw stuk stront' zijn nog niet op de vingers van honderd handen te tellen.

Je hield er bij wijze van spreken al rekening mee als je ging winkelen. Engelsen houden hun bek niet. Voetbal en de bijbehorende rivaliteit zijn onderdelen van hun levens. Je moet als speler van een van beide clubs echt oppassen dat je niet in lastige situaties terechtkomt. Ik was daar niet altijd alert op.

In de zomer van 2008 haalde ik in het Marriott Hotel in het centrum van de stad een vriend van me op. We zouden wat gaan eten en drinken. Ik was geblesseerd en kon wel een leuk avondje gebruiken. Terwijl ik in de lobby zat te wachten tot die vriend van me naar beneden kwam, stapte er een beer van een kerel op me af. Mooi pak, zo'n bloemstukje op zijn jasje en zo dronken als een tor. 'Andy, ik ben een groot Everton-fan en mijn zus ook', sprak hij met dubbele tong. 'We vieren hier op de eerste etage haar huwelijk. Ze zou het geweldig vinden als je de moeite wilt nemen om haar persoonlijk te feliciteren. Dat doe je wel hè, Andy. Kom op jongen, doe niet zo flauw.'

Het is misschien naïef, maar op zo'n moment kan ik het niet over mijn hart verkrijgen 'nee' te zeggen. Ik ben geen Edgar Davids. Als ik iemand blij kan maken door hem of haar de hand te schudden, dan doe ik dat. Dus ik stapte mee de lift in en volgde die kerel naar de feestzaal. Zijn zus was inderdaad erg blij met mijn onverwachte bezoekje, maar zij was zo ongeveer de enige. De rest van de zaal was afgeladen met Liverpool-fans. De scheldwoorden vlogen door de lucht en toen ze me de microfoon wilden geven werd er een bierglas van achteren naar voren gesmeten. Dat was voor mij het signaal om te vertrekken. Er dreigde een rel uit te breken en daar zat ik niet op te wachten. Achteraf kon ik er hartelijk om lachen. Het was het zoveelste voorbeeld dat het spanningsveld tussen rood en blauw in Liverpool niet te onderschatten is. Dat werd ook weer duidelijk rond de laatste derby waar ik als speler bij betrokken was. Op Anfield Road werd het 1-1, een paar dagen later volgde een replay op ons eigen Goodison Park. In de stad was iedereen dagenlang volledig over zijn toeren. Er heerste een soort EK-sfeertje, maar dan flink opgefokt. Het nieuwe Wembley was pas een jaartje open. Voor de fans was het belangrijk welke club uit Liverpool daar als eerste heen mocht voor een bekerfinale. Dat gaf de toch al zo vurige derby een extra tintje. In Engeland zijn ze heel erg met dat soort dingetjes bezig. Daar worden kranten mee gevuld.

Ik was vlak voor de winterstop fit geraakt en had begin december mijn eerste wedstrijd van het jaar gespeeld. Uit nood, want er waren blessures en schorsingen, maar dat boeide me niet. Vervolgens ging Moyes weer op de oude voet verder. Hij nam me mee naar wedstrijden en zette me dan zonder uitleg op de tribune. Kleineren.

In de replay tegen Liverpool mocht ik tot mijn verbazing wél op de bank plaatsnemen. Na negentig minuten was het nog 0-0 en dat bleef zo tot en met het einde van de eerste verlenging. Ik liep al een poosje warm en had me erbij neergelegd dat het daarbij zou blijven. Maar aan het begin van de tweede helft van de verlenging mocht ik er toch in. Vlak voor tijd gaf ik de voorzet waaruit Dan Gosling het winnende doelpunt maakte. Nooit heb ik een stadion zo zien ontploffen als op die avond in februari 2009. Tot aan mijn vertrek uit Liverpool in 2010 werd ik overal in de stad aan die ene voorzet herinnerd. Na dat duel ben ik nog één keer ingevallen, drie dagen later thuis tegen Bolton. Dat was maar een paar minuten, maar het ging goed. In de kranten en zelfs op televisie werd er al gesproken over mijn revival. Dat was opportunistisch. Moyes was er niet blij mee en dat begreep ik wel.

Het meeste van wat er tussen hem en mij had afgespeeld, was niet naar buiten gekomen. De bijna-vechtpartij een jaar eerder, mijn vervelende opmerkingen aan het adres van Phil Neville, stappen voor een wedstrijd, naar alcohol stinkend op de club verschijnen… Hij had wel een paar argumenten om het enthousiasme in de media niet te delen. Na de wedstrijd tegen Bolton heb ik alleen nog maar getraind, heb ik geen wedstrijd meer gespeeld. Meestal liet Moyes me bij het tweede trainen. En als er dan bij het eerste op vrije trappen of corners werd geoefend, moest ik in de muur staan of bij de tweede paal.

Ik heb nog even gehoopt dat Moyes me zou meenemen naar de FA Cupfinal op Wembley. Ik had met mijn voorzet in de vierde ronde tegen Liverpool toch een behoorlijk aandeel gehad.

Maar nee. Moyes nam een zeventienjarige jeugdspeler mee. Voor mijn collega's en de fans vond ik het jammer dat ze de finale van Chelsea verloren.

Moyes had ik nog wel een grotere nederlaag gegund.

In de ogen van de supporters is mijn verblijf bij Everton door die assist tegen Liverpool niet zinloos geweest, maar zelf zie ik het heel anders. Het is een grote mislukking geworden. Grotendeels door mijn eigen schuld. Ik ben bij Everton, net als bij Inter, zonder afscheid te nemen vertrokken. Ik heb niemand een hand gegeven, ben gewoon gegaan. Niemand van de spelers, het personeel of de staf heeft me nog gebeld. Dat is de voetballerij.

# 12

# DE WEG KWIJT

In mijn laatste contractjaar bij Everton ging ik officieel scheiden van Diana. Ik had het een paar jaar voor me uit kunnen schuiven. Door haar maandelijks te geven wat ze wilde, hield ik nog enigszins contact met mijn kinderen. Daarnaast wist ik natuurlijk ook dat een scheiding me veel geld zou gaan kosten. Achteraf heb ik weleens gedacht dat de reden waarom ze met me wilde trouwen anders was dan ze destijds vertelde. Ze haalde me over met het verhaal dat de kinderen naar een pleeggezin moesten als ons iets zou overkomen, terwijl we niet gehuwd waren. Pas heel wat jaren later besefte ik dat dit helemaal niet zo is. Misschien was het wel een slimmigheidje van haar, iets wat in de toekomst van pas kon komen. Dat had ze dan goed ingeschat.

Ik stemde in met de scheiding, omdat ze maar geld bleef vragen. Ze kreeg in de periode nadat ze me had verlaten maandelijks tussen de tien- en twintigduizend euro. Daar bleef het niet bij. Mijn advocaat kwam tot de ontdekking dat ze ook nog regelmatig geld opnam van een gezamenlijke rekening waarvan ik het bestaan niet meer wist. Er moest duidelijkheid komen over de financiën, want het geld groeide bij mij ook niet aan een boom. Diana gebruikte de kinderen als dwangmiddel. Ik moest doen wat ze vroeg, anders kreeg ik geen antwoord wanneer ik informeerde naar Isabella en Purple. Ze was veeleisend. Ze vroeg een keer geld voor een nieuwe BMW X5. Ik gaf haar tachtigduizend euro en zij bestelde die wagen bij een garage in Nederland. Dat deed ze op mijn naam. Vervolgens haalde ze de wagen nooit op en dat werd mij weer door de eigenaar van de garage verweten.

Ik kan me nog herinneren dat ik haar een keer vroeg wat Isabella voor haar verjaardag wilde. Het antwoord was: een paard. Ik had door de jaren heen al elf paarden voor ze gekocht, maar blijkbaar was het nog niet voldoende. Het moest altijd maar duur zijn. De Diana die in Nederland nooit geld over de balk smeet, bestond echt niet meer. Van dat gedoe wilde ik af, vandaar dat scheiden het beste was.

Ze had in de jaren na onze breuk twee keer toegestaan dat ik naar Como kwam voor een bezoekje aan de kinderen. De laatste keer was in de zomer van 2007. Dolce lag in het ziekenhuis, maar was stabiel. Lisa en ik hadden drie maanden aan haar bed gezeten. We waren helemaal op en dachten na over een korte vakantie om even tot rust te komen.

Tot mijn grote verrassing liet Diana ineens weten dat ik langs mocht komen om de kinderen te bezoeken. Waarschijnlijk hadden Isabella en Purple naar me gevraagd, want zelf kwam ze niet met zulke voorstellen. Omdat Lisa, extreem jaloers op

Diana, me nooit zou toestaan alleen te gaan, nam ik haar en mijn moeder mee. We maakten er een vakantie van.

Lisa, mijn moeder en ik namen voor een week onze intrek in het mooiste hotel van Italië: Villa d'Este aan het Comomeer. George Clooney was er vaste klant voor hij in die streek een huis kocht. Dat zegt genoeg over het aanzien van dat hotel. Het weekje kostte me dik tienduizend euro, maar dat had ik er graag voor over. Als ik maar in alle rust naar mijn kinderen kon.

Mijn moeder had ik meegenomen zodat Lisa afleiding zou hebben, maar mijn plannetje slaagde niet. Op de eerste dag begon ze al na een uurtje te bellen. Ik had mijn kinderen jaren niet gezien, maar Lisa schreeuwde door de telefoon dat ik met mijn ex lag te wippen. Omdat Diana niet wilde dat ik de meiden meenam naar Como, zat ik met een probleem. Na lange gesprekken en een hoop verwijten sloten Lisa en ik een compromis. Ze gunde me maar liefst twee uurtjes per dag met mijn kinderen.

Het werd een rare week. Ik had het leuk met mijn kinderen, maar Lisa genoot geen moment van de pracht en praal in Villa d'Este. Ze gedroeg zich als een klein, jaloers kind. Mokkend op een ligbed. Tussen Diana en mij bleef er al die dagen afstand. Alsof we vage kennissen van elkaar waren.

De rechter wees Diana twee jaar later bij de scheiding de helft van mijn vermogen toe en de helft van eventuele contracten die ik later nog zou tekenen. Die laatste regel telt tot de kinderen achttien zijn. In totaal heeft ze ruim drie miljoen euro gekregen. De opbrengsten van het vastgoed, ik heb in totaal zes huizen in Bulgarije, Turkije en Engeland, waren voor mij. Daar zag ze van af.

Nog voor mijn contract bij Everton officieel afliep, regelde Chiel Dekker een stage voor me bij Blackburn Rovers. Sam Allardyce, de manager, had in 2004 een poging gewaagd om me van Inter naar Bolton Wanderers te halen. Daar had ik voor bedankt, maar hij was me niet vergeten. Allardyce had een zwak voor me en wilde me, nu hij de baas was bij Blackburn Rovers, een kans geven. Blackburn was een uurtje rijden, dat sprak me sowieso al aan. Ik was geen fan van het voetbal dat Allardyce wilde spelen – lange ballen op de spits en dan bijsluitende middenvelders die duels moeten winnen – maar ik besefte dat dit in ieder geval beter was dan niets.

Op de ochtend van de eerste stagedag arriveerde ik met goede moed op het trainingscomplex. De laatste twee maanden van het seizoen had ik nauwelijks wat uitgevoerd bij Everton. Mijn conditie was slecht, maar voetballend moest het geen probleem zijn. Ik moest imponeren met mijn voetbalkwaliteiten, de rest zou vanzelf wel komen. Ik stapte uit mijn Porsche 911 Turbo en voelde bij het omhoog komen een flinke steek in mijn linkerknie. Foute boel, dat had ik meteen in de gaten. Strompelend liep ik naar binnen, waar Allardyce me met gefronste wenkbrauwen welkom heette. In plaats van naar de kleedkamer, kon ik rechtstreeks door naar de medische staf. Ik werd onderzocht door de clubarts en die constateerde dat ik zeer waarschijnlijk een scheurtje in mijn meniscus had. Ongelooflijk. De dokter zei dat het in dat geval met een lichte operatieve ingreep te herstellen was en dat ik me geen grote zorgen hoefde te maken. Allardyce vond het geen probleem om de stage een paar weken uit te stellen.

Omdat het inmiddels begin juni was en mijn contract officieel per 30 juni afliep, liet ik me snel op kosten van Everton opereren. Revalideren deed ik bij Blackburn. Het was gekkenwerk. Een dag na de operatie werd ik al op hun trainingscomplex verwacht. Ik moest een uur rijden met een net geopereerde knie en de fysio daar wilde meteen oefeningen met me doen. Ik sputterde wat tegen, vond het onverantwoord, maar deed het toch. Wat de reden achter dit overspannen gedoe was, werd me niet helemaal duidelijk. Ik had zelf het vermoeden dat Allardyce wilde ontdekken hoe graag ik nog wilde voetballen. Als ik eerlijk ben twijfelde ik daar op dat moment zelf ook aan. Toch zette ik door. Ik was 29, vijf jaar geleden speelde ik een EK. De top van Europa had ik uit mijn hoofd gezet, maar een paar jaartjes goed verdienen bij Blackburn Rovers moest toch wel lukken.

Na een paar weken kon ik met de groep het veld op en vanaf de eerste minuut merkte ik dat het niets voor mij was. Allardyce liet de trainingen over aan zijn assistent. Hem zagen we alleen op vrijdag bij de laatste sessie. Alles aan Blackburn was klassiek Engels. Het was alleen maar rennen en vliegen. Van de middenvelders werd verwacht dat ze erin kleunden en op en neer bleven pendelen. Dat waren net de onderdelen van het voetbal waar ik het minst in bedreven was. Ik was opgegroeid als Ajacied. Bij Ajax leer je voetballen, niet knokken. Ajacieden laten de bal rollen, niet de tegenstander.

Ik was niet van plan drie keer per wedstrijd mijn voortanden op het spel te zetten. Tijdens de positiespelletjes behoorde ik met twee vingers in mijn neus tot de besten, maar hoe groter het veld werd, hoe moeilijker ik het kreeg. Ik had fysiek zó ontzettend veel achterstand op die andere jongens. De drie maanden flierefluiten bij Everton, de periode na de operatie en mijn niet zo professionele houding naast het voetbal, hadden mijn conditie volledig geruïneerd. Tijdens wedstrijdjes met het tweede team van Blackburn liep ik al na een kwartier met de tong op de schoenen. Hoewel ik blij moest zijn dat Allardyce me een kans gaf, twijfelde ik zelf of ik het wel moest doen als het tot een contractvoorstel zou leiden. Het was in mijn ogen onmogelijk om me in dit elftal staande te houden. Ik kon het niet meer bijbenen en erger nog: ik kon het niet opbrengen om daar verandering in aan te brengen.

Mijn privéleven bestond nog steeds voornamelijk uit ruziemaken met Lisa. Uitgaan speelde een steeds grotere rol. Ik nam risico's die je als profvoetballer in Engeland niet moet nemen. In de tabloids verschenen steeds vaker foto's van popsterren, politici en natuurlijk voetballers in voor hen nadelige situaties. Vaak gemaakt met een telefoontje. In plaats van daarmee rekening te houden, ging ik in een volle kroeg op de populaire uitgaansstraat Matthew Street in Liverpool zoenen met meisjes die met me op de foto wilden.

Ik liet me na een avondje stappen in een taxi pijpen door een jongedame met wie ik nog geen twee woorden had gewisseld. Zij had eerder die avond Gerard Piqué, toen spelend voor Manchester United en nu voor FC Barcelona, afgewezen. Dat vond ik mooi en daarom nam ik haar mee, toen ik merkte dat ze mij wel wilde. Ik wist dat alle taxi's in Engeland een cameraatje hebben, maar het boeide me niet eens. De chauffeur keek in de spiegel mee en stak zijn duim omhoog. 'Goed bezig Andy.'

Ik zei zelfs geen 'nee' tegen de tandartsassistente. Na wat met haar te hebben geflirt tijdens een controle, stuurde ze me 's avonds een sms. Mijn nummer had ze uit het klantenbestand gehaald. De eerstvolgende afspraak plande ze na haar lunchpauze, dan hadden we een uurtje samen, liet ze me weten. Dat waren voor mij de signalen die aan duidelijkheid niets te wensen over lieten.

Een paar weken later pikte ik haar op en reed op haar aanwijzingen naar een bosperceel. We hadden seks in mijn Porsche. Zonder condoom. Ook dat soort risico's konden me niets meer

Amsterdam, 19 november 2003. Het Nederlands elftal voor het beslissende EK-kwalificatieduel met Schotland. Eindstand 6-0. Achteraan vanaf links: Edwin van der Sar, Ruud van Nistelrooy, Wilfred Bouma, Phillip Cocu, Andy en André Ooijer. Vooraan: Michael Reiziger, Rafael van der Vaart, Wesley Sneijder, Marc Overmars en Edgar Davids.

O: VI IMAGES

Faro, 26 juni 2004. Nederland-Zweden 0-0. Ontlading op de rug van Paul Bosvelt na de gewonnen strafschoppenreeks tegen Zweden en het bereiken van de halve finale van het EK.

FOTO: ANP

**Liverpool, 6 november 2005.**
**Everton-Middlesbrough 1-0.**
**Andy's eerste competitiewedstrijd**
**in Goodison Park.**

FOTO: VI IMAGES

**Herenigd met moeder Agnes in Knutsford, Engeland.**

**De jonge bordeauxdogs Mac (links) en Gemma. Mac werd later ontvoerd bij een inbraak.**

**Met de BMW M6 voor het landhuis in Knutsford, Engeland.**

In maart 2010 tekent Andy een contract bij PSV. Enkele maanden later al blijkt de overeenkomst een dooie mus.

VI IMAGES

FOTO: BROER VAN DEN BOOM

Met Melisa en de kinderen Nino (boven) en Lily Fay.

schelen. Ze vroeg me om niet in haar klaar te komen, want dan zou haar vriend 's avonds wat in de gaten kunnen krijgen.

Als je daar achteraf aan terugdenkt, besef je pas hoe bizar zo'n situatie en zulke opmerkingen zijn. Een voetballer van een beetje niveau kan altijd en overal seks hebben. Zeker in voetbalgekke landen als Engeland en Italië. Je moet daar slim mee omgaan, zorgen dat ze je niet pakken. In Engeland zijn veel meisjes op zoek naar roem. Seks met een voetballer kan resulteren in een blootreportage op de cover van een tabloid. Dat soort meiden moet je als voetballer mijden, maar mij maakte het op den duur niets meer uit. De consequenties konden me gestolen worden.

Ik had onbewust al afscheid genomen van het voetbal. Ik was op zoek naar vrijheid. Op het trainingsveld van Blackburn Rovers werd me duidelijk dat het afgelopen was. Na een stage van een maandje had ik een gesprekje met Allardyce. Die had dezelfde conclusie getrokken. Hij was eerlijk. 'Ik heb andere plannen, we gaan je geen contract geven', luidde zijn boodschap.

Vrijwel meteen na de mislukte stage bij Blackburn liep de relatie tussen mij en Lisa stuk. Het ging gewoon niet meer. Gelukkig stond zij wel toe dat ik Dolce bleef zien. Ik ging langs als ze bij Lisa's moeder was of als ze in het ziekenhuis lag. Dat laatste was helaas vaak het geval. Lisa en Dolce mochten van mij in ons huis blijven wonen. Zelf ging ik in een appartement in de binnenstad wonen. Mijn vriend Tony trok vrijwel direct bij me in en dat was niet zo verstandig van me. We hielden allebei van een feestje en in een stad als Liverpool kun je zeven avonden per week de hort op.

We keken vanuit de woonkamer zo op de ingang van een van de populairste clubs van de stad. We konden liggend op de bank zien hoeveel mensen er naar binnen gingen. Ik kocht zelfs een verrekijker, om te zien hoe de dames eruitzagen die in de rij stonden. Er ging bijna geen avond voorbij zonder dat een van ons zei: 'Kom op, we gaan toch even kijken.' En dat zes maanden lang. Ik schat dat die periode mij zo'n vijftigduizend euro heeft gekost. Dat had nog veel meer kunnen zijn, als ik van overdreven gedoe had gehouden. Ik hoefde echter geen viptafel in een dure club om een leuke avond te hebben. Ik vermaakte me het beste in een striptent waar je vijf pond betaalde voor een lapdance.

In het 'normale' uitgaansleven kreeg ik op één avond vijftig keer de vraag waarom ik niet meer voetbalde, daar had ik snel genoeg van. Ik wilde niet voortdurend geconfronteerd worden met mijn eigen falen. Champagne drink ik ook niet graag, geef mij maar een bacootje. Een bacootje, een muziekje en een paar blote tieten. Dan was mijn avondje uit compleet. Natuurlijk betaalde ik alles voor Tony. Hij was mijn maatje en had een uitkering. Hij kreeg van mij een paar honderd pond als we op pad gingen, zodat hij zelf drankjes kon halen of dansjes kon bestellen. Daar ben je vrienden voor.

Naar een voetbalwedstrijd keek ik nooit. Niet in een stadion, maar ook niet op televisie. Zelfs de uitslagen van Ajax zocht ik niet meer op en dat was al die jaren na mijn vertrek uit Amsterdam toch ieder weekeinde vaste prik geweest. Ik had een afkeer van voetbal gekregen. Ik voelde dat het een opluchting was dat ik er niets meer mee te maken had. Als iemand in mijn bijzijn over een wedstrijd begon, liep ik weg of probeerde een ander onderwerp aan te snijden. Ik wilde niets meer met mijn verleden als prof te maken hebben. Het was geschiedenis, over en uit. Al die maanden trapte ik geen enkele keer tegen een bal. De enige plaats waar ik trappen uitdeelde, was in de sportschool.

Via mijn vriend Tony kwam ik in een gym terecht waar ik na het einde van mijn contract dagelijks ging trainen. Ik had dan wel geen club, maar ik wilde wel proberen fit te blijven. De hele dag thuis of in de stad rondhangen en wachten tot je kunt gaan stappen zag ik niet zitten. De sportschool was een mooie afleiding. Het was een gym waar het merendeel van de leden deed aan bodybuilding en ultimate fighting, een combinatie van meerdere zware vechtsporten. In het begin deed ik vooral cardio-training, maar na een poosje ging ik wat sparren. Stoten, trappen, ze zeiden dat ik aanleg had. Vooral mijn hoge trappen vonden ze spectaculair. Ik had veel kracht in mijn benen, waarschijnlijk door de jarenlange voetbaltraining. Omdat ik snel vorderingen boekte, stelden ze me voor dat ik me kandidaat stelde voor een *celebrity* bokswedstrijd in Engeland. Dat vond ik wel een leuk idee, want die worden daar voor het goede doel georganiseerd en op de lokale televisie uitgezonden. Tot een gevecht is het nooit gekomen, want er was niemand die het tegen me op wilde nemen.

Mijn sportschool lag in een achterbuurt van Manchester en de vaste klanten waren, laat ik het netjes zeggen, geen ideale schoonzonen. Met regelmaat vertelde iemand me een verhaal over een ander lid van de club en vaak zeiden ze er dan bij hoeveel jaar gevangenis hij had gehad. Dat boeide me niets. Ik ben allesbehalve een perfect persoon, maar als ik één ding goed kan is het mensen in hun waarde laten. Ik heb de gave dat ik met iedereen overweg kan, behalve met mensen die zich beter voordoen dan een ander. Die mensen in de gym beschouwden me als een van hen, ik voelde me daar thuis. Ik koos er zelfs voor om qua tatoeages volledig afstand te nemen van het voetbal. Op mijn been stonden het logo van Ajax en de namen FC Twente, Inter en Everton. Daar liet ik een grote Koi-karper overheen zetten. Het was voor mij een symbolische stap. Ik was geen voetballer meer, voelde niets meer voor het voetbal. Het was niet meer mijn wereld.

Mijn wereld werd die van het kooivechten en bodybuilden. Als een van die gasten ergens een wedstrijdje moest vechten ging ik mee om te kijken. Paul Cahoon, een in dit wereldje zeer gerespecteerde vechter uit Manchester, werd een goede vriend. Ik ging leven zoals de anderen in de gym. Overdag hè, voor de duidelijkheid. Voor mij geen pasta's meer op het chique Appiano Gentile of ultramoderne Finch Farm, maar witte bonen en tomatensaus en worst in een aftandse kantine. Ik vond het geweldig. De sporters lieten mij in hun waarde. Er was niemand die me vroeg waarom ik als 29-jarige was gestopt met voetbal. Niemand zeurde over dat het zonde was en dat ik nog één keer moest knokken voor een terugkeer. Ze lieten me in mijn waarde. Ik was de jongen die niet meer wilde voetballen en ze vonden dat goed. Mijn nieuwe omgeving was totaal anders dan ik gewend was, maar het voelde prettig. Dit was mijn nieuwe kleedkamer. Ik voelde me weer lid van een club, van een team.

Het sfeertje leek op vroeger, op Malburgen-West. In dat soort kringen gelden de wetten van de straat. De politie heeft weinig tot niets te zeggen in de achterbuurten van Liverpool of Manchester. Problemen lossen ze daar op hun eigen manier op. Daar ben ik zelf getuige van geweest. Op een avond kreeg ik een sms'je van de eigenaar van de sportschool. 'Het gevecht begint om 19.00 uur. Zorg dat je er bent.' Ik wist niet waar het over ging, maar ik was wel nieuwsgierig. Ik reed in mijn Aston Martin DB9 – nieuw leven, nieuwe auto – naar de gym en zag tot mijn verbazing dat echt alle leden aanwezig waren. De kantine puilde uit. Al snel werd me duidelijk dat er een afrekening was georganiseerd.

Een van onze vrienden was in de binnenstad door een uitsmijter van een kroeg met een fles op zijn hoofd geslagen. Die uitsmijter was getraceerd en had een telefoontje gehad. Hij mocht kiezen: met blote handen een gevecht aangaan in onze gym met degene die hij had geslagen, of een wat minder vriendelijk bezoek waarbij zijn vrouw en kinderen moesten toekijken hoe hij boete moest doen. Dat was natuurlijk geen keuze. Om klokslag zeven uur ging de deur open en kwam de uitsmijter in sporttenue de gym binnen. Zijn slachtoffer stond al op de mat te wachten, die wilde wraak. De eigenaar van de gym ging tussen beiden in staan. Hij schreeuwde dat er met blote handen gevochten ging worden en dat het de toeschouwers verboden was om te filmen. Daarna kwam hij naast me staan. 'Jij mag wel filmen Andy. Dit heb je nog nooit gezien', zei hij met een knipoog.

Ik pakte mijn telefoon en startte de camera. Het startsein klonk en 'onze' jongen kwam als een dolleman uit zijn hoek. Als een kat sprong hij op de uitsmijter en deelde meteen enkele klappen uit. Het bloed spoot uit zijn wenkbrauwen. Na een zoveelste stoot ging hij plat en toen volgde de zwaarste straf. Het ventje dat met een fles was geslagen, was een stuk kleiner, maar bleek een specialist in worstelen. Hij nam de uitsmijter in een armklem en trok door. Net zo lang tot de arm brak. Je hoorde het bot breken. Vreselijk geluid. Ik stond perplex, zoiets had ik nog nooit gezien. Het leken wel de middeleeuwen.

Zelf ging ik iedere ochtend naar de sportschool. Vaak zat ik daar met een kater op een hometrainer en dacht ik na over wat er met me was gebeurd. Het was chaos in mijn hoofd, maar soms leek het alsof het over een ander persoon ging. Mijn twee oudste kinderen mocht ik niet zien, mijn jongste was ziek. Ik had geen club en ik had er geen enkel zicht op of er ooit nog een club zou komen. Het was onwerkelijk om dan, als ik weer helder was, te beseffen dat dit echt mijn leven was. Dit was er van mij geworden. Het grote talent van Ajax zat op een hometrainer in een achterbuurt van Manchester zijn kater weg te fietsen.

Het was om triest van te worden, maar dat duurde altijd maar even. De trainer die me begeleidde wist bij mij een snaar te raken die David Moyes, Roberto Mancini, Alberto Zaccheroni en Héctor Cúper nooit hadden geraakt. Hij maakte me gek, haalde het uiterste in me naar boven. Ik fietste tot ik moest kotsen en daarna voelde ik me weer beter. En zo ging het dag in, dag uit.

Dat kon natuurlijk niet goed blijven gaan. Om de realiteit te ontvluchten, ging ik steeds meer drinken en steeds harder trainen. Vier, vijf, zes avonden per week uitgaan en dat maanden aan een stuk is verschrikkelijk slecht voor een lichaam en zeer vermoeiend. Geen enkel normaal persoon kan dat volhouden. Enkele goede stapmaatjes hadden daar wel een oplossing voor: coke. Drugs dus. De troep die ik heel mijn leven had verfoeid, waar ik als topsporter een afkeer van had, werd mijn hulpmiddel om overeind te blijven in het nachtleven. Ik heb het niet lang gedaan en gelukkig heb ik me er nooit toe laten verleiden om het op andere momenten te doen, maar ik heb gebruikt. Wat een rotzooi! Wat was mijn leven een bende geworden. Slaappillen om te slapen, coke en drank om te feesten. O ja, en overdag naar de gym om alle rotzooi uit je lijf te zweten.

Het was duidelijk dat ik niet kon omgaan met de vrijheid die ik had. Er leefde bij mij geen hoop meer dat er nog een club voor me zou komen. De focus was verdwenen. Bij Everton had ik heel lang zonder zicht op speelminuten moeten trainen, maar dan was er tenminste nog de focus op trainingen of wedstrijden met de reserves. Hoe minimaal mijn inzet ook was, ik moest wel inzet tonen. Anders raakte ik mijn vette contract kwijt. Nu er niets meer was, maakte het me allemaal niet meer uit. Het interesseerde me niet meer, ik was al blij dat ik geen druk of spanning meer voelde. Er waren geen ruzies meer met Lisa en er was geen trainer die me negeerde. Bij mijn vrienden van de sportschool voelde ik me thuis. In de nachtclubs werd ik gewaardeerd, iedereen was aardig. Ik kon de teugels laten vieren, maar ging daarin veel te ver.

Na een half jaar feesten kwam ik zelf tot het besef dat het niet langer meer kon. Ik was de grip op mijn leven volledig aan het kwijtraken. Het drong tot me door dat coke gebruiken om stapavonden door te komen geen goede keuze was. Ik was in een circuit terechtgekomen dat voor niemand goed was en dat drong ineens tot me door. Ik had mezelf door de jaren heen aardig wat keren in de nesten geholpen, maar nu zat ik echt heel diep in de shit. Mijn moeder vertrok naar Nederland. Die had niks meer aan me daar. Ik was met allerlei andere dingen bezig. Liverpool is als Ibiza, maar dan zonder strand en met regen. Het is er altijd feest en als je geld hebt, is het een paradijs. Het is een levensgevaarlijke stad als je zelf je grenzen niet kunt bepalen.

Vreemd genoeg dacht ik in eerste instantie dat teruggaan naar Lisa de oplossing was. Na een avondje uit was ik onder invloed van drugs en alcohol doelloos gaan rondrijden. Zonder dat ik weet waarom, reed ik na een paar uur naar Lisa toe. We hadden seks en ze was lief. Die aandacht had ik nodig. Ik trok weer bij haar in, in mijn eigen huis, waar zij nog steeds woonde met Dolce. Tegelijkertijd stopte ik met trainen in de sportschool. Na een week merkte ik al dat de terugkeer naar Lisa een verkeerde keuze was. Wederom. Het kostte me veel moeite om dat duidelijk te maken. Ik stelde de beslissing uit en deed alsof ik gelukkig was. Ik ging weer veel drinken en kwam binnen een paar weken zo'n tien kilo aan. Bij dat toneelspel hoorde natuurlijk een etentje op Valentijnsdag 2010. Dat pakte wat anders uit dan ik had verwacht. We dronken nooit champagne, daar hield ik niet van, maar Lisa bestelde toch een fles. Nadat ik even kort met een bekende had gesproken, ging ik weer zitten aan tafel en nam een slok. Lisa keek me aan en ik begreep niet zo goed waarom. 'Wat is er?', vroeg ik haar. 'Kijk in je glas schele', antwoordde ze lachend. Op de bodem van het glas lag een ring en ineens kreeg ik in de gaten wat er aan de hand was. Ze vroeg me ten huwelijk. Ik moest lachen, maar niet van blijdschap. Het was meer omdat ik het niet kon geloven. We hadden nog steeds regelmatig slaande ruzie, maar blijkbaar vond Lisa het een goede basis voor een huwelijk. Ik zei tegen haar 'Oké, ik trouw met je', maar dat was om een scène te voorkomen. We zaten net lekker en ik had er geen trek in om voor de zoveelste keer een tafel eten over me heen te krijgen. Dat was alweer even geleden en dat wilde ik graag zo houden.

Ondanks mijn 'jawoord' besloot ik aan die tafel dat het nu definitief klaar was. Het laatste wat ik wilde, was me binden aan haar. We hadden goede momenten gehad, maar ook veel te veel slechte. Wij samen waren een slechte combinatie. Een paar dagen eerder had Chiel Dekker, met wie ik nauwelijks nog contact had, me laten weten dat ik bij Jong Ajax kon meetrainen. Het was volgens hem tijd om weer fit te worden. Daar had ik in eerste instantie mijn twijfels over, maar een dag na het huwelijksaanzoek van Lisa heb ik hem gebeld en gevraagd alles in gang te zetten. Liverpool zou weleens mijn dood kunnen worden. Ik moest daar weg. Ik moest weg uit die sportschool. Ik moest weg van de coke en de nachtclubs.

# 13

# REDDINGSBOEI

Dat Ajax me de mogelijkheid bood weer sportman te worden, was noodzakelijk om mijn leven weer op de rails te krijgen. Daar ben ik ze eeuwig dankbaar voor. Ze hadden er geen flauw idee van, maar mijn kluppie werd voor de tweede keer de reddingsboei die ik nodig had. Ruim vijftien jaar eerder haalden ze mij en mijn moeder weg uit een klotesituatie in Arnhem. Nu gaven ze mij de kans te breken met een paar heel slechte gewoontes. Lisa is nog een weekje mee naar Nederland geweest. Het was de bedoeling dat ze doordeweeks in Nederland zou zijn en in het weekeinde naar huis in Liverpool zou gaan. Dolce was stabiel, maar moest onder toezicht blijven van de dokters. Zodra ze was aangesterkt, zou ze ook naar Nederland komen.

Dat wij het zo wilden oplossen was dom; diep van binnen wist ik dat het geen enkele kans van slagen had. Al in het eerste weekeinde ging het mis. Lisa was naar Liverpool gevlogen en nam de hele dag haar telefoon niet op. Ik had al het vermoeden dat zij een dubbele agenda had. Waaruit die bestond, daar kon ik alleen maar naar gissen. Het boeide me ook niet, want ik wist dat ik de laatste was die daar iets van mocht zeggen. Ruim drie van de vijf jaren die ik in Liverpool had doorgebracht, had ik een relatie met Lisa – of iets wat ervoor door moest gaan. Van die 3,5 jaar sliep ik namelijk minimaal een week of acht alleen of met een andere vrouw in een hotel. Ik had een prachtige, opwindende, geile vriendin, toch bleef ik vreemdgaan. Aan de lopende band. Ik heb met veel van Lisa's vriendinnen en collega's seks gehad. Dat ontdekte ze gelukkig pas later, want ik vrees dat ik er niet alleen met een paar klappen vanaf was gekomen als ze dat had ontdekt toen we nog samen waren.

Na terugkeer in Nederland kapte ik meteen volledig met de coke en de slaappillen en ik ging ook veel minder drinken. Ik vond dat ik de poging om weer voetballer te worden serieus moest nemen. Bij Ajax was ik direct weer thuis. Ik trof er vele oude bekenden, het voelde alsof ik nooit was weggeweest. Heerlijk. Ik trainde met Danilo, de zoon van mijn oude ploeggenoot Wamberto, en Christian Supusepa, het jongere broertje van Raphael met wie ik in de jeugd zo close was geweest. Die gasten zullen wel gedacht hebben dat ze met een amateur op het veld stonden. Ik had zeven maanden niet tegen een bal getrapt. Mijn gevoel voor de bal was helemaal verdwenen. Wanneer ze mij met een beetje snelheid inspeelden, sprong de bal meteen een paar meter van me weg. Het leek wel of er stroom op mijn poten stond, heel raar om te ervaren. Bij alles wat op het veld ooit vanzelfsprekend voor me was, moest ik nu nadenken.

Na twee dagen trainen bij Jong Ajax zat ik bij mijn moeder aan de koffie. Ze woonde weer in het flatje aan de Beatrixlaan in Diemen. Dat hadden we al die jaren aangehouden. We rookten een sigaretje, het was net als vroeger. Mijn telefoon ging. Het was Chiel Dekker met een onverwachte mededeling. Hij was gebeld door Fred Rutten, de trainer van PSV. Zij waren na het sluiten van de West-Europese transfermarkt Danko Lazovic kwijtgeraakt aan Zenit Sint Petersburg. Ze zochten een rechtsbuiten, maar die mocht nergens onder contract staan. Enkele minuten later belde assistent-trainer Erik ten Hag van PSV. Met hem had ik nog samengespeeld bij FC Twente, waar Rutten toen trainer was. Erik vroeg hoe ik ervoor stond en ik vertelde eerlijk dat ik niet fit was, dat ik behoorlijk wat kilo's te zwaar was. Sinds de laatste training bij Blackburn in augustus had ik nauwelijks gevoetbald. Die twee trainingen bij Ajax kon ik amper meetellen. Ik had wel veel in de sportschool gedaan, maar door de alcohol, de drugs en de honderden sigaretten had me dat niet veel opgeleverd. Ik kon inmiddels vrij aardig slaan en trappen, maar daar heb je op een voetbalveld niet veel aan.

Ten Hag zei dat PSV later deze week bij me terug zou komen. Ze lieten me niet lang in de wachtkamer zitten. Rutten belde een dag later en nodigde me uit voor een gesprek in het Philips Stadion. Ik ging er met Chiel heen. Rutten was hartstikke enthousiast. 'Je krijgt een contract tot het einde van het seizoen en daar doen we een optie van twee jaar bij', schetste hij zijn plan. 'We gaan je fit maken en zorgen ervoor dat je aan het einde van de competitie van waarde kunt zijn voor ons. Je kunt het, ik weet het zeker. Jij kunt dit.'

Ik vond het een prima plan en had er meteen zin in. Rutten had in mijn periode bij FC Twente veel bij me losgemaakt. Ik mag hem graag en hij mij ook. Het leek de ideale situatie. Dit was de kans waarop ik hoopte. Ik was Ajacied, maar dat speelde voor mij geen enkele rol. Ik vond PSV gewoon een mooie club om voor te spelen. Het salaris stelde niet veel voor. Ik kreeg zevenduizend per maand. Bruto. Als PSV de optie lichtte, kreeg ik een voor PSV-begrippen gemiddeld salaris van zes ton bruto.

Het geld was voor mij totaal niet belangrijk. Ik had meer dan de helft van mijn carrière verpest, maar kreeg een mogelijkheid om bij een grote club te laten zien dat ik het voetballen niet was verleerd. PSV zorgde goed voor me. Ik kreeg meteen een leasewagen en een appartement in het centrum van de stad. In dat appartement heb ik precies één keer geslapen. In Diemen woonden mijn moeder en mijn vrienden. In Eindhoven kende ik niemand. Bovendien waren ze me niet zo goed gezind. Daar kwam ik snel achter.

Bij mijn eerste training, een *shuttle run* onder leiding van Luc van Agt, hadden supporters van PSV een groot spandoek opgehangen. 'Andy van der Meyde, ongeschikt', stond erop.

Het was een verwijzing naar de reclame van de landmacht. Ik heb daar vreselijk om moeten lachen, dat soort humor mag ik wel. Die conditietest vond ik minder grappig. Ik haalde nog niet de helft van wat een profvoetballer doorgaans haalt. Meer zat er gewoon niet in. Directeur Jan Reker stond langs de kant en vroeg me of hij de DELA moest bellen. Pas later begreep ik dat DELA een uitvaartonderneming was. Eindhovense humor.

Luc van Agt was hard voor me en dat was nodig ook. Drie weken lang twee keer per dag de bossen in om te lopen, tussendoor krachttraining en buikspieroefeningen. De kilo's vlogen er af. Luc zorgde er zelfs voor dat er op mijn buik weer een sixpackje zichtbaar werd. Dat was alweer een poosje geleden. Ik vertrok 's ochtends om zeven uur in Diemen en kwam rond zes uur 's avonds thuis. Dan at ik wat en om negen uur ging ik naar bed. Ik was weer topsporter en dat beviel me ontzettend goed.

Wat me verbaasde en irriteerde was dat de supporters van PSV maar bleven zeiken over Ajax. De haat richting alles wat een band met Ajax heeft, zit erg diep. De eerste wedstrijd nadat ik had getekend, was NAC Breda-PSV. Ik zat natuurlijk niet bij de wedstrijdselectie, maar de fans van PSV hadden toch een spandoekje meegenomen. 'Als clubliefde nog bestaat, willen wij dat Andy gaat.' Ik zat thuis bij mijn moeder op de bank te kijken en kon er nog wel om lachen.

Een paar dagen later werd het echter nog gekker. Door het verlies tegen NAC Breda was de uitwedstrijd tegen Ajax cruciaal in de titelrace en dat betekende dat er voor de laatste training ruim duizend supporters naar trainingscomplex De Herdgang waren gekomen. Vlak voordat we naar buiten wilden gaan, kwam teammanager Mart van den Heuvel naar me toe. Hij vertelde dat de harde kern van PSV eiste dat ze mijn benen mochten bekijken.

Op een website was een foto verschenen van een kuit met een Ajax-tattoo. Er stond bij dat het om mijn kuit ging, maar je zag alleen die kuit. Het bericht werd overgenomen door het *AD* en iedereen dacht dat het echt mijn been was. Gedoe, pfff, verschrikkelijk. Zo kon het gebeuren dat ik op zaterdagmiddag voor een belangrijke training in het halletje van het trainingscomplex in mijn onderbroek voor drie hooligans van PSV stond. Zoals ik al eerder vertelde, had ik die 'voetbaltatoeages' een jaar eerder met een Koi-karper laten overtekenen. Er was dus niets te zien. Die gasten liepen een keer om me heen en keken me stoer aan. 'Moet ik mijn broek ook nog omlaag trekken? Wil je dat ook zien?', vroeg ik. Dat hoefde niet, ze waren tevreden, zeiden ze. Ik kreeg een hand en ze wensten me succes.

De technische staf van PSV was streng voor me. Rutten kende mijn reputatie en wist uit eigen ervaring dat ze mij achter de vodden moesten zitten. Ik hield me keurig aan de regels, maar na een week of vier begon ik een beetje stil te staan. Ik speelde mijn wedstrijdjes in het tweede, maar de jongens van dat team hadden er niet veel zin meer in. De meesten hadden al gehoord dat ze niet bij PSV mochten blijven en waren gedemotiveerd. Ze zaten tot vlak voor de wedstrijd in de kleedkamer met hun telefoontjes te spelen. Als ik in de rust vroeg waarom ze zo weinig liepen, kreeg ik te horen dat ze moe waren.

Van wedstrijden spelen met zulke gasten werd ik niet veel wijzer. Ik was de speler met ervaring, maar had door mijn achterstand spelers nodig aan wie ik me kon optrekken. Helaas vond ik die daar niet. Eind maart liep ik ook nog eens de zoveelste hamstringblessure in mijn loopbaan op. We speelden in Eindhoven met de beloften tegen Ajax. In een onschuldig duel maakte ik een onverwachte beweging en scheurde een hamstring in.

Dat was een tegenvaller die ik nou net niet kon gebruiken. Rutten wees me op Marijana Kovacevic, een Servische fysiotherapeute die spierblessures behandelde met uit placenta's van paarden samengestelde gel. Danko Lazovic had haar bij PSV geïntroduceerd en er waren behoorlijk wat spelers van PSV met succes bij haar in Belgrado op bezoek geweest. André Ooijer had haar toevallig die week naar Eindhoven laten komen. Het was allemaal heel schimmig. Ik mocht tegen niemand zeggen dat ze een behandelruimte had ingericht in het leegstaande appartement waar Mike Zonneveld had gewoond. Hoewel ik niet zo van de alternatieve geneeswijzen ben, moet ik eerlijk zeggen dat het wel hielp. Ik lag er uren op die tafel en rookte met die Marijana tientallen sigaretten. Ze smeerde je been in met die gel, zette er een ultrasound-apparaat op en ze stak een sigaret aan. Ze verdiende haar geld makkelijk.

Het hielp warempel ook nog. Ik raakte sneller fit dan verwacht, maar had geen trek in nog meer wedstrijdjes met ongeïnteresseerde spelers van Jong PSV. Ik vond het wel best en verviel een beetje in oude fouten. Ik moest op maandagavond spelen, maar ging op zondagavond lekker Amsterdam in. Niet tot vijf uur 's ochtends, maar het was natuurlijk geen goede voorbereiding. Ik ging vaak uit met Nordin Amrabat en Ibrahim Afellay. Met hen kon ik het goed vinden. Nordin is een topgozer, een vreselijk leuke jongen. Ibi is diep in zijn hart ook geen verkeerd ventje, maar hij deed zich beter voor dan anderen. Dat is een eigenschap waar ik niet zo goed tegen kan. Hij stelde zich binnen de selectie van PSV op alsof hij Maradona zelf was. Wanneer Ibi in het spelershome aan een tafel ging zitten, vielen de gesprekken vaak stil. Je voelde aan alles dat hij geen goede invloed op anderen had.

Het was met afstand de beste speler van PSV, maar zijn houding in de spelersgroep was niet best. Ik vond hem moeilijk te peilen. Zelf heb ik één keer een aanvaring met hem gehad. Tijdens een avondje uit na afloop van de competitie vroeg ik hem of ik tweehonderd euro kon lenen. Ik had net een ABN Amrorekening en die was nog ingesteld op een pinlimiet van vijfhonderd euro per dag. Ik moest dat nog omzetten.

Die dag had ik al een keer vijfhonderd gepind, omdat ik iemand wat moest afrekenen. Ibi leende me zonder morren tweehonderd euro, maar toen ik het de volgende dag niet bij me had op de training begon hij al te zeuren. We moesten namelijk later die week voor een paar dagen met PSV naar Brazilië en hij ging zich bij Oranje voorbereiden op het WK in Zuid-Afrika. Hij verdiende bij PSV 1,7 miljoen euro per jaar, maar was bang dat ik hem zijn tweehonderd euro niet zou teruggeven. Ik zei tegen hem dat hij wat meer respect moest hebben en dat hij zich geen zorgen hoefde te maken. Afellay is een geweldige voetballer, maar op dat moment viel hij wel even door de mand.

Tijdens het tripje naar Brazilië hebben we hem niet gemist. Dat was een soort vakantie, die werd gecombineerd met twee wedstrijden. We trainden lichtjes en er werden een paar leuke avondjes georganiseerd. Op zulke tripjes is er altijd wel ruimte voor een goed staaltje voetbalhumor. Ik sliep samen op een kamer met Nordin Amrabat en wij wisten dat Balázs Dzsudzsák een zwak had voor vrouwen met grote borsten. Balázs gedroeg zich natuurlijk ook daar alsof hij een wereldster was en verdiende daarom een lesje. Ik belde vanuit onze kamer naar die van hem en deed alsof ik de receptionist van het hotel was. Met een Braziliaans accent vertelde ik hem dat er een blonde dame aan de balie stond, die naar zijn kamernummer informeerde. Die geile Balázs dacht waarschijnlijk dat het heel normaal was dat er in een Zuid-Amerikaanse stad werd gevraagd naar een linksbuiten van PSV en trapte er vreselijk in. *'How does she look'*, vroeg hij. *'Blond hair, nice legs'*, antwoordde ik. Dat was niet genoeg informatie, blijkbaar. *'Big tits?'*, klonk het aan de andere kant. *'Yes, very big tits'*, was mijn antwoord. En toen ging hij overstag. *'Send her upstairs to my room, I leave the door open'*, zei Dzsudzsák.

Nordin en ik gierden van de lach. Na een minuutje liepen we de gang op, richting de kamer van Dzsudzsák. Die stond inderdaad op een kiertje. We stormden naar binnen, waar die kleine met alleen een handdoek om zijn middel stond te wachten op wat komen ging. Zijn mond viel open. 'Wat ben je aan het doen?', vroeg ik. *'Nothing, I'm gonna take a bath'*, mompelde Dzsudzsák. Hij had natuurlijk in de gaten dat hij in de maling was genomen, maar wilde dat niet laten blijken. *'Please go. I'm tired.'* Amrabat en ik vertrokken hinnikend van de lach. Met een klap smeet Dzsudzsák de deur dicht.

Behalve geintjes uithalen en het nachtleven van Salvador ontdekken, speelden we daar ook nog twee wedstrijdjes. Mijn hamstringblessure was mede dankzij de paardenplacenta-dokter genezen en ik voelde me topfit. Mijn ploeggenoten maakten zelfs opmerkingen over hoe fit ik wel niet oogde.

Het enige wat ik miste was ritme, maar dat zou ik daar weer op gaan doen. Rutten liet me de eerste wedstrijd negentig minuten spelen, de tweede zeventig. Beide duels eindigden in 1-1, ik gaf één assist op Jan Kromkamp. Hij scoorde met het hoofd uit een corner van mij. Ik voelde de kracht in mijn lijf toenemen. Wat me in de wedstrijden met de beloften niet lukte, het passeren van tegenstanders bijvoorbeeld, lukte daar weer wel.

Mijn startsnelheid begon weer ergens op te lijken. Als ik een een-tweetje aanging met een medespeler, kon ik weer iemand voorbij sprinten en de bal in ontvangst nemen. Ik voelde me na drie jaar weer voetballer. Het kon niet anders dan dat Rutten dit ook signaleerde. Hij moet gezien hebben dat de oude Andy weer aan het terugkomen was. Ik lag goed in de groep, kon met iedereen overweg. Ik was zeker van mijn zaak: bij deze leuke club met aardige mensen ging ik op een mooie manier mijn carrière afsluiten.

Enkele dagen na terugkomst in Nederland belde Chiel om te vertellen dat we voor een evaluatie werden verwacht in het stadion van PSV. Dat kon in mijn ogen maar één ding betekenen: ik ging mijn contract tekenen. Lachend schoven Chiel en ik aan bij Rutten en algemeen directeur Jan Reker. Rutten nam het woord. 'We gaan de optie niet lichten. Je hebt je niveau niet gehaald, je bent jezelf niet', zei hij. Het was alsof mijn wereld instortte. Het gesprek duurde nog een half uurtje, maar ik kan me niets meer herinneren van wat er nog meer is gezegd. Tijdens de rit terug naar Amsterdam is er volgens mij geen woord meer gewisseld.

Ik was boos, vond het zo onterecht. Ik sloot me een paar dagen op in mijn appartement, ik moest dit echt even verwerken. Later, toen de woede was gezakt, heb ik me in de gedachten van Rutten verplaatst. Ik besefte dat er voor zijn keuze wel wat te zeggen viel. Ik had grote stappen gezet, maar het was niet zo dat ik de pannen van het dak speelde. In Brazilië was ik goed geweest, maar de tegenstand was daar niet zo heel denderend. Het enige wat me wel van Rutten tegenviel is dat hij het niet eerder had verteld. Door me mee te nemen op die trip en me daar veel te laten spelen, had hij me het gevoel gegeven dat het wel goed zat. Dat had hij anders moeten aanpakken.

In Diemen woonde ik inmiddels boven een zonnestudio in het centrum. Een van de vaste klanten was Tonny van de Belt. Hij woonde schuin tegenover me en we kwamen elkaar zo af en toe tegen. We raakten aan de praat, het klikte, een topgozer. Tonny was vijftig en had geen werk. Dat hij stukken ouder was dan ik en leefde van een uitkering, interesseerde me niets. Dat soort dingen zijn voor mij nooit van belang geweest bij het aanknopen van een vriendschap. Ik kan het met iemand vinden of niet. Dat is lekker overzichtelijk.

Nadat PSV de optie in mijn contract niet had gelicht, ging ik steeds vaker met Tonny Amsterdam in. Lekker vanuit Diemen met het scootertje op pad. Tonny was een paar jaar voor hij mij leerde kennen gestopt met roken en drinken. Vanaf het moment dat hij bij mij thuiskwam was dat afgelopen. Hij begon met een glaasje Fanta, maar na een half uurtje vroeg hij al een sigaretje, wat later nam hij een bacootje. Het afscheid van PSV was voor mij een signaal om weer helemaal los te gaan. En Tonny ging overal met me naartoe. Net als Tony in Liverpool deed. De hele zomer heb ik zo ongeveer alle houseparty's in Nederland bezocht. Van Extrema in Eindhoven tot Sensation White in Amsterdam, ik was overal bij. Er was één groot verschil met Liverpool, ik gebruikte nu geen drugs.

Natuurlijk liet ik het zomerfestival in mijn eigen straatje in Diemen niet schieten. Daar was ik jaren niet geweest, dus daar had ik erg naar uitgekeken. Helaas duurde het plezier niet lang. Ik stond daar lekker wat te drinken toen ik werd aangesproken door een onbekende kerel. 'Laat je Ajax-tattoo eens zien', zei hij. Ik antwoordde dat hij een drankje kon krijgen als hij weer zou oprotten. Dat was tegen het zere been. 'Wie denk je wel dat je bent? Ik ben niet zomaar een kankerlijer. Ik kom zo terug met een paar man en dan praat je wel anders.' Dat was geen grootspraak. Een paar minuten later kwam hij inderdaad met wat vrienden terug. Eentje had z'n mobieltje in zijn hand en was overduidelijk aan het filmen. 'Nu gaat het gebeuren', zei ik tegen een vriend met wie ik stond te praten. De grootste kwam naar me toe en begon weer over de tattoo. Ik weigerde wat te doen en kreeg een duw. Hij probeerde me te slaan, maar miste. Mijn tegenstanders dachten dat wij met z'n tweeën waren, maar dat hadden ze mis.

Ze waren het grootste gedeelte van het groepje waarmee ik was voorbijgelopen. En dat was hun pech. Mijn belager kreeg een paar vreselijke klappen en ondertussen ging ik zelf op zoek naar die gozer die mij in eerste instantie lastigviel. Die flikker zou boeten voor zijn stomme actie. Hij stond een paar meter verderop. Ik liep met een boogje naar hem toe, besloop hem vanaf de zijkant en toen hij in mijn richting keek, sloeg ik hem vol op zijn oog. Die klootzak ging direct onderuit en daarna heb ik hem nog een paar trappen in zijn maagstreek gegeven. Mijn vrienden moesten me van die gozer aftrekken. Vervolgens heb ik een andere kerel, die nadat het afgelopen leek toch weer terugkwam in onze richting, ook nog een paar klappen gegeven. Ik ging volledig door het lint. Ik was zo ontzettend boos. Jarenlang was ik uitgescholden op de meest uiteenlopende momenten. Als ik in Liverpool door de stad liep, was er altijd wel iemand die het nodig vond me te beledigen. Altijd omdat ik in een kleur shirt voetbalde dat niet iedereen aansprak. Ik schold regelmatig terug, maar wat ik het liefste deed – zo'n leeghoofd een paar klappen geven – dat kon nooit. Nu kon dat wel en ik nam het ervan. Mijn vrienden en ik wonnen de knokpartij glansrijk. Ik voelde me als een gladiator.

De volgende dag kreeg het voorval een opvallend staartje. Een van mijn maten nam contact op met Sven Westendorp. Die was al jaren de grote man van de harde kern van Ajax, de F-side. Ik kende hem van naam, hij was berucht in heel Amsterdam. Mijn vriend Max had ontdekt dat we hadden gevochten met goede bekenden van Sven en dat zat Max niet lekker. Hij vertelde Sven dat het respectloos was dat Ajax-supporters iemand uitdagen die tien jaar voor hun club heeft gespeeld. Sven was het ermee eens en kwam bij me langs. We hadden een goed gesprek en hij zorgde ervoor dat ik telefonisch excuses kreeg aangeboden van de daders. Die gasten bleken nog aardige kerels te zijn ook, met wie ik nu af en toe een biertje drink.

Sven had nog wel een verzoek, een dwingend verzoek. Ik moest weer een Ajax-tattoo laten zetten, om mijn goede wil te tonen. Dat was voor mij geen probleem. Op mijn kuit liet ik het oorspronkelijke logo aanbrengen. Een paar weken na de knokpartij in Diemen stond Ajax-PSV op het programma. Ik had inmiddels regelmatig contact met Sven Westendorp en ik werd uitgenodigd in het honk van de F-side. Hij wilde mijn tattoo aan de anderen laten zien. Aan de zijde van Sven was ik in principe volledig veilig, maar ik was toch behoorlijk zenuwachtig. De F-side is geen clubje tieners dat graag een liedje zingt in het stadion. Als speler van Ajax werd je opgevoed met respect voor die gasten. Ze waren er altijd en overal en wij voetballers wisten dat ze de eer van Ajax indien nodig tot in de dood verdedigden. Helaas is dat in de jaren negentig in Beverwijk, tijdens een vechtpartij met Feyenoord-hooligans, letterlijk gebeurd.

Wat ik met deze gasten deel is de liefde voor Ajax. Ik vond dat het tijd was te laten zien wat ik voel voor onze club. Ik ging helemaal alleen naar het honk, dat ligt achter de trainingsvelden naast De Arena. Natuurlijk herkenden de mensen me. Er werd wat geroepen over PSV en even was ik bang dat ik al klappen zou krijgen voor ik daadwerkelijk binnen was. Het bleef bij roepen. Daan, een van de leiders van Vak 410, heette me welkom. Vak 410 is zeg maar de jongere generatie van de F-side. Ze zitten in het stadion schuin boven de F-side en zorgen voor een geweldige, Italiaanse sfeer. Ook in 410 zitten veel gasten die bereid zijn te vechten voor hun club. Het zijn er duizenden. Met hen ga je net zo min lachen als met de F-side. Daan nam met één zin alle stress bij me weg. 'Kom maar, het is goed, je hoort bij ons.'

Het klinkt misschien vreemd uit de mond van iemand die de jeugdopleiding heeft doorlopen en ruim honderd wedstrijden voor Ajax heeft gespeeld, maar ik was echt blij met die acceptatie van mannen als Sven en Daan. Gedurende het laatste jaar in Liverpool was ik vergeten hoeveel Ajax mij heeft gebracht. Alles wat ik heb bereikt, heb ik aan Ajax te danken. Ik zou het verschrikkelijk vinden als ik juist bij mijn Ajax als een paria behandeld zou worden. Op die dag kwam alles goed. Ik liep mee te midden van duizenden fans van de harde kern van het F Side-honk richting de ingang van de tribune. Onder het viaduct bij de fanshop werd ik toegezongen. Dat was lang geleden. Het was zo mooi, ik kon wel janken. 'Andy laat je tattoo zien', zongen ze eerst. Nadat ik mijn broekspijp omhoog had gedaan, zongen ze 'Andy is een Ajacied.' Geweldig.

Ze namen me mee het vak in en gaven me de microfoon die ze daar gebruiken om iedereen op te zwepen. Ik zong een liedje, geweldig. De tweede helft heb ik bekeken vanuit de skybox van Sven Westendorp. We konden het goed vinden samen. Niet dat we elkaar vaak zagen, maar ik ben dat seizoen nog een paar keer met hem voetballen gaan kijken.

Sven Westendorp is in augustus 2011 doodgeschoten. Daar ben ik net als velen in zijn omgeving erg van geschrokken. Het was geen gevalletje pech, van op de verkeerde plaats op het verkeerde moment – als ik de verhalen moet geloven is hij namelijk geliquideerd. Het was een aanslag. Waarom en door wie weet ik niet. Ik ben daar wel een paar dagen door van slag geweest. Sven had een vrouw en kinderen. En hij was degene geweest die ervoor zorgde dat de fans van Ajax mij weer in de armen hebben gesloten.

Nu ga ik een paar keer per seizoen naar Ajax. Ik sta altijd op Vak 410 en zing dan gezellig met de liedjes mee. Ik vind het geweldig om het voetballen op zo'n manier te beleven. Ik snap wel dat mensen het apart vinden dat ik dit doe. Het komt niet vaak voor dat een voetballer die ooit zelf vanuit dat vak werd toegezongen daar jaren later zelf staat om zijn opvolgers toe te zingen. Iedereen mag ervan vinden wat hij wil. Ik ben niet alleen Andy van der Meijde, ex-profvoetballer. Ik ben ook Ajacied en dat ben ik al mijn hele leven. In Malburgen-West droeg ik als ventje van een jaar of vijf de hele zomer een shirtje van Ajax. Toevallig was ik goed genoeg om dat shirt later op het veld te mogen dragen. Voor een kind is dat het hoogste wat je kunt bereiken: voetballen in het stadion van de club waar je over droomt. Mij is het gelukt, het heeft me een nog grotere supporter gemaakt. Jarenlang sprak ik het niet uit, omdat het niet hoort als je profvoetballer bent. Als speler van PSV moest ik zelfs een paar maanden doen of Ajax geen speciale gevoelens bij me losmaakt. Dat toneelstukje hoef ik nu niet meer op te voeren. Ik ben Ajacied. Als ik een liedje wil zingen op Vak 410 dan doe ik dat.

Tijdens de feestzomer met Tonny begonnen de profclubs weer met trainen, maar dat ging bijna volledig langs me heen. Ik had andere bezigheden. Tegen iedereen die het aan me vroeg, zei ik dat ik was gestopt. Afscheid nemen van het betaalde voetbal was echter moeilijker dan ik dacht. Omdat ik zo teleurgesteld was in de afloop van de periode bij PSV, bleef er iets aan me knagen. Het leek erop dat het nu echt afgelopen was, maar het stoorde me dat ik het moment niet zelf had kunnen bepalen. Toch kon ik het niet opbrengen nog één keer alles te geven. Bij PSV had ik dat wél gedaan en het resultaat was een grote teleurstelling. FC Volendam informeerde naar me, maar trainer Gert Kruys wilde me eerst op proef hebben. Hartstikke logisch zeg ik nu, maar ik vond het op dat moment belachelijk.

In die periode werd ik verliefd op Melisa Schaufeli. Zij bracht rust in mijn leven en rust in mijn hoofd. Al na een paar weken gingen we samenwonen in haar huisje in Apeldoorn. Twee maanden later was ze zwanger. Melisa merkte aan me dat ik nog geen vrede had met mijn gedwongen afscheid van het voetbal. Ik speelde inmiddels op maandagavond zaalvoetbal in een team van wat kampers. Een goede vriend van me, Peter Opdam, had me gevraagd. Dat was hartstikke leuk om te doen en ik voelde warempel dat mijn conditie weer wat beter werd. Dat was een van die kampers ook opgevallen en hij seinde de mensen in van voetbalclub WKE, Woonwagen Kamp Emmen. Ik werd gebeld en ze vroegen me of ik interesse had in de topklasse. Dat was eigenlijk niet het geval, maar Melisa stimuleerde me toch te gaan luisteren. Wie weet wat het me nog kon brengen. Trainer Hendrik Oosting kwam naar Apeldoorn om zijn plannen toe te lichten. Hij wist me te raken. Het klonk veel interessanter dan ik ooit had kunnen vermoeden. Dit waren geen amateurs, maar professionals. Ze wilden me proberen topfit te krijgen en dan kon ik bij hen laten zien dat ik nog een laatste kans in de eredivisie verdiende.

De mogelijkheid te gaan trainen bij fysiotherapie Lampe in Emmen gaf de doorslag. Ik weet dat die laatste opmerking raar klinkt, maar uitgerekend bij Lampe in Emmen zette ik de stap die eraan bijdroeg dat ik mijn leven weer op de rit kreeg. Een van hun medewerkers, René van Remmerden, werkt met neurofeedback, een therapie die ze ook jarenlang bij AC Milan hebben gebruikt. Het draait om het meten van de activiteit in iemands hersenen door middel van elektrodes die ze op je hoofdhuid plakken. Die hersenactiviteit wekken ze op door je naar bepaalde beelden te laten kijken. Bij mij kwam eruit dat ik een geestelijke blokkade heb. Die moest verdwijnen. Hij kon op scans zien dat ik met bepaalde dingen zat. Nou, dat klopte helemaal. Ik heb veel meegemaakt en praat zelden ergens over. Ik ben een binnenvetter. Ik ben er met René over gaan praten, veel meer dan ik ooit met iemand anders heb gedaan. Dat is, naast keihard werken in de sportschool, de basis geweest om fitter te worden. Wekenlang heb ik vaak drie keer per dag getraind, twee keer bij Lampe en 's avonds bij WKE. Ik speelde mee in competitiewedstrijden, maar ik was niet goed. Niet goed genoeg. Ik kreeg last van mijn knie, waarschijnlijk omdat we voornamelijk op kunstgras speelden. En ik stoorde me aan het niveau. Ik had jarenlang met voornamelijk topspelers op het veld gestaan en nu stond ik voor geld te voetballen met goedwillende amateurs die ballen in een te laag tempo op het verkeerde been inspeelden. En het ergste was: ik ging erin mee, ik was absoluut geen uitzondering, was niet in staat om boven de rest uit te stijgen. Ik schaamde me.

Na een paar maanden begon ik me tijdens die dagelijkse ritjes van Apeldoorn naar Emmen af te vragen waar ik mee bezig was. Ik zei tegen Melisa dat ik wilde stoppen, midden in het seizoen. Zij hield dat tegen, vond dat ik het netjes af moest maken. Melisa denkt over dat soort dingen beter na en ik ben achteraf blij dat ik heb geluisterd.'

# 14

# AFREKENING

Ik ben iets meer dan twaalf jaar profvoetballer geweest en in die periode heb ik aan salarissen zo'n twaalf miljoen euro ontvangen. Daar mogen nog enkele tonnen aan premies bij worden opgeteld. Het is me opgevallen dat veel mensen benieuwd zijn wat er van die enorme berg geld over is. Volgens mij is dat typisch Nederlands. Ik heb zelf totaal geen interesse in de verdiensten van mijn buren, familie en kennissen, maar ik merk dat veel mensen wel nieuwsgierig zijn naar mijn financiële situatie.

Die mensen wil ik vertellen dat ze zich geen zorgen om mij moeten maken. En ook niet om mijn financiële mogelijkheden. Ik heb geen miljoenen meer, maar als ik me normaal gedraag, zingen Melisa en ik het samen wel uit. Het kost me geen enkele moeite dat ik nu niet meer kan kopen wat ik wil. Heel af en toe denk ik terug aan de tijd dat ik dat wel kon. Dan moet ik lachen, meer niet. Het zijn mooie herinneringen.

In Engeland heb ik honderdduizenden euro's uitgegeven aan een Ferrari 430 Spider, een Porsche Turbo, een Porsche Cayenne, een Range Rover Sport, een BMW M6, een Mini Cooper, een Lamborghini Gallardo en een Aston Martin DB9. Om mijn pols heb ik voor in totaal zo'n drie ton aan horloges gedragen.

Maandelijks betaalde ik duizenden euro's huur om maar in de grootste landhuizen te kunnen wonen. Ik koos voor huizen met acht slaapkamers en een golfbaan in de tuin, terwijl ik maar vier slaapkamers nodig had en totaal niet geïnteresseerd was in golf.

Ik heb heel veel geld uitgegeven. Er was niemand die me zei dat ik idioot veel over de balk smeet. Misschien ging ik me zo gedragen omdat ik tot mijn zestiende niets had. Ik speelde al bij Ajax, maar kreeg iedere dag vijftig cent lunchgeld mee naar school. Meer kon mijn moeder gewoon niet missen. Toen we nog in Malburgen woonden, kocht mijn moeder op de markt van die logootjes van Nike en Adidas. Die naaide ze dan op een trainingspak van de Wibra of de Zeeman. Als je dan later miljoenen gaat verdienen, denk je dat het niet op kan raken. Ik kocht maar raak. Als iemand die ik graag mocht wat van me vroeg, kon-ie het krijgen. Vanaf het moment dat ik het kon missen, ondersteunde ik familieleden en vrienden. Ik heb het niet precies op een rijtje, want dat interesseert me niet. Van mijn directe familie heeft zo ongeveer iedereen geld van me gekregen. Als iemand iets wilde kopen, maar dat zelf niet kon financieren, dan hielp ik. We spraken meestal af dat het om een lening ging, maar later schold ik het ze kwijt. Ik heb veel geld weggegeven. Echt heel veel. Ik vind het fijn mensen te kunnen helpen. Ik verdiende miljoenen. Dan is het toch logisch dat je familieleden of vrienden helpt om een keuken te kopen of een nieuwe auto?

Slechts één keer heb ik er spijt van gehad. Vorig jaar heb ik een vriend zestienduizend euro geleend. Ik dacht dat hij een vriend was, maar hij heeft me belazerd. Hij is naar het buitenland vertrokken en niet meer teruggekomen. Het kan een paar jaar duren, maar ik zal hem vinden. En dan zal hij zijn schuld aflossen. Tegenwoordig durf ik voor mijn geld en bezittingen op te komen. Ten eerste omdat ik het me niet meer kan veroorloven geld over de balk te smijten. Ten tweede omdat ik het beu ben dat mensen van me profiteren.

Zelfs Lisa, de moeder van mijn derde dochter Dolce, heb ik de wacht aangezegd. Via een vriend in Liverpool ontdekte ik dat zij het huis waar ze van mij gratis in mocht wonen, waarschijnlijk stiekem onderverhuurde. Dat maatje van me woont in dezelfde straat. Het was hem opgevallen dat de gordijnen 24 uur per dag gesloten waren, dat hij Lisa en Dolce nooit meer zag, maar wel allerlei andere vage types. Van dat bericht schoot ik behoorlijk in de stress. Het huis stond op mijn naam. Stel je voor dat vreemden in een van mijn huizen drugs dealen of wiet verbouwen. Dan komt de politie uiteindelijk toch bij mij terecht. Ik besloot het verontrustende verhaal van mijn vriend niet bij Lisa te checken. Dan zou ik haar de mogelijkheid geven eventuele misstanden te herstellen. Omdat ik uit eigen ervaring wist dat ze tot veel in staat was, moest dit dus op een andere manier worden opgelost.

Ik vroeg mijn vriend Paul Cahoon, de vechtsportkampioen uit Manchester, om naar het huis te gaan en eens poolshoogte te nemen. Paul nam twee vrienden mee en ik werd via een open lijn per telefoon live op de hoogte gehouden. Op de deurbel werd niet gereageerd, dus gaf ik toestemming de achterdeur open te breken. Dat vonden die krachtpatsers prachtig. Binnen tien tellen stonden ze in de keuken, waar ze een man aantroffen. 'Wat doen jullie hier? Dit is mijn huis!', gilde die kerel. Paul blufte hem meteen af en riep dat hij geen onzin moest uitkramen, dat het huis van Andy van der Meijde was. Bij de 'onderhuurder' vielen bij dat bericht wat puzzelstukjes op zijn plaats. Hij was hoorbaar vreselijk geschrokken van die drie kleerkasten in de keuken. Huilend besloot hij open kaart te spelen. 'Ik huur het huis van Lisa, al maanden. Voor vijftienhonderd pond mag ik hier wonen. Lisa zei dat Andy ervan afwist. Alsjeblieft doe me niets. Ik wil geen problemen.'

Ik kreeg die man zelf aan de telefoon en hij bood in één minuut tien keer zijn excuses aan. Omdat hij wist hoe laat het was, vroeg-ie of hij twee weken de tijd kon krijgen om het huis te verlaten. Hij zat er met zijn vrouw en kind. Dat vond ik zielig en ik heb hem die twee weken gegeven.

Nauwelijks een uur na de inval belde Lisa al woedend op. Zij kon voortaan naar haar geld fluiten en daar was ze ziek van. 'Hoe haal jij het in je hoofd gangsters naar mijn huis te sturen', schreeuwde ze. Ik maakte haar duidelijk dat er helemaal niets van haar was en dat er voortaan iedere maand controles zouden plaatsvinden. Ze mocht er zelf wonen, samen met Dolce. Anderen kwamen er niet in.

Het was voor mij teleurstellend te ontdekken dat Lisa, na al die jaren dat ze op mijn kosten had geleefd, zelfs ná onze breuk op deze manier van me probeerde te profiteren. Het zijn streken die ik nooit in mijn hoofd heb gehaald. Ik heb nooit op de zak van anderen proberen te leven, zelfs niet in de tijd dat mijn moeder en ik niets hadden. Ik heb zelf helaas wel een paar mensen getroffen die daar geen moeite mee hadden.

Tony de hondenfokker, die mijn beste vriend werd in Liverpool, past ook in dat rijtje. Ik betaalde jarenlang drankjes en lapdances voor hem. Zes maanden lang ging hij op mijn kosten iedere avond mee uit eten. We konden allebei niet koken en hielden van een goede maaltijd. Als hij verkering had, betaalde ik ook nog voor zijn vriendin als we uit eten gingen. Daar heb ik geen moment spijt van gehad. We hebben samen veel plezier gehad. Ik was rijk, hij had een uitkering. De verhoudingen waren simpel.

Nadat ik was teruggekeerd naar Nederland bleven we vrienden. Regelmatig kwam hij naar Amsterdam, de vliegtickets werden zonder uitzondering door mij betaald. Omdat ikzelf niet graag meer naar Liverpool ga als gevolg van de vele slechte herinneringen, vroeg ik Tony vorig jaar om bij een kennis tweeduizend pond op te halen. Dat had die gozer van me geleend en hij had me laten weten dat hij de middelen had om het terug te betalen. Tony zou het geld ophalen en naar Nederland komen.

Een paar dagen voor Tony het vliegtuig naar Amsterdam zou pakken, belde hij met de vraag of ik nog kleding wilde hebben. De merken die ik graag draag, zijn in Engeland goedkoper, vandaar. Ik deed een bestelling voor in totaal zo'n tweeduizend pond, het bedrag dat hij bij die gozer had opgehaald. Dat is mooi besteed, dacht ik.

Na aankomst in Nederland vertelde Tony dat hij die tweeduizend pond niet had opgehaald, omdat hij niet had gedurfd. Maar hij had wel die kleren gekocht en dus was ik hem nu tweeduizend pond schuldig. Dat noemt zich dan een vriend. Ik weigerde natuurlijk en zonder het goed uit te spreken vertrok hij weer naar Liverpool. Het duurde niet lang voor hij zijn ware aard liet zien.

De gasten die in mijn opdracht het huis waren binnengevallen, vertelden me dat Lisa niet eens de moeite had genomen om meubels en audioapparatuur eruit te halen. Ze had alles in bruikleen gegeven. Zo ook een Bang & Olufsen-televisie van negenduizend euro. Omdat ik nog wel een mooie televisie in Nederland kon gebruiken, vroeg ik ze om dat ding mee te nemen. Paul had echter geen plaats en had de tv zonder te overleggen bij Tony afgegeven. Ze dachten namelijk dat wij nog steeds dikke maatjes waren en dat Tony iedere maand wel een keer naar Amsterdam reisde. Ik vroeg Tony om die tv per koerier naar Amsterdam te sturen. Hij weigerde. Tony wilde 'zijn' tweeduizend pond hebben. Ongelooflijk. Dik drie jaar had hij nog geen biertje hoeven te kopen, als hij met mij op stap was. Ruim zes maanden had hij voor niets in mijn huis gewoond en betaalde ik zelfs zijn eten. En nu wilde hij me zo uitmelken. Ook mijn 'maatje' Tony heb ik Paul Cahoon op zijn dak gestuurd. Paul hoefde nog geen 'boeh' te roepen, Tony snapte waarom hij kwam en gaf de televisie mee. Sindsdien hebben we elkaar niet meer gesproken. Dat is maar beter ook. Hij heeft het nog geprobeerd met een berichtje via Facebook, maar ik ben er klaar mee.

Op deze manier voor mezelf opkomen, was me al die jaren in Liverpool nooit gelukt. Ik liep altijd weg van mijn problemen en dat zorgde weer voor andere ellende. Ondanks alle luxe waarmee ik me kon omringen, ben ik daar nooit gelukkig geweest. Ik verdiende 45.000 euro netto in de week, maar barstte van de stress. Ik was één bonk zenuwen, ruim drie jaar lang had ik iedere dag hoofdpijn.

Nu verdien ik niets meer, maar ben ik de gelukkigste man op aarde. Ik werd als dubbeltje geboren, ben een hele tijd een gulden geweest en nu ben ik een kwartje. En ik vind het voldoende, ik geniet, heb rust in mijn lijf.

Dat heb ik aan Melisa te danken. Zij is er verantwoordelijk voor dat ik me zo goed voel. Ik kan bij haar mezelf zijn. Het is heerlijk een vrouw te hebben die niet afhankelijk is van mij. Melisa heeft een goedlopende kapsalon. Ze zorgt al jaren voor zichzelf. Voor het eerst in mijn leven krijg ik cadeautjes die niet van mijn eigen centen zijn gekocht. Er is balans in onze relatie. In alle opzichten.

Lisa moest ik 's ochtends geld geven voor ik naar de training ging. Die had zelf niets. Nul. Ze is nu weer stripper, vertelde ze me. Ik heb er geen probleem mee. Dat had ik niet toen ik met haar was en het zou hypocriet zijn daar nu wel iets van te zeggen. Ze heeft geen diploma's, maar wel een mooi lichaam. Daar moet ze gebruik van maken.

In mijn relaties met Diana en Lisa moest ik bepaalde eigenschappen van mezelf verbergen. Diana veranderde van een leuke sociale meid in een vrouw die alleen maar aandacht had voor haar paarden en kinderen. Ik vind het niet erg om na de kinderen op het tweede plan te staan, maar ik ben wel belangrijker dan een paard. Zij verbood mij om te gaan met mijn en haar familie, terwijl ik niets liever doe. Maar zelf ben ik natuurlijk ook op een totaal verkeerde manier met haar omgegaan. Tientallen keren heb ik haar bedrogen en daar ben ik niet trots op.

Ik was als mens niet sterk genoeg om overeind te blijven in het topvoetbal. In het begin, toen ik nog redelijk anoniem door het leven ging en weinig verdiende, had ik genoeg aan Diana. Mijn ploeggenoten in de A1 en het tweede hadden het soms over discotheken in Amsterdam waarvan ik het bestaan niet eens wist. Twee jaar later stond ik minimaal twee keer per maand op maandavond te loeren in La Bastille. Met de beroemdheid en het geld kwamen de vrouwen. Al snel bleek dat ik er niet tegen bestand was.

In Milaan en Liverpool werd dat alleen maar erger. Ik voelde me onaantastbaar in mijn eigen relatie, dacht dat ik alles kon maken. De relatie met Lisa begon als een vlucht uit een dodelijk saaie thuissituatie. Ik ruilde het rustige paardenmeisje in voor een stripper met een explosief karakter. Soms was het leuk met haar, meestal niet. Zonder Dolce was ik al veel eerder bij Lisa vertrokken. Ik heb echt geprobeerd met haar gelukkig te worden, maar dat was onmogelijk. Dat is niet alleen haar schuld. Ik werd gek van haar, maar ook van mezelf. Ik moest voortdurend stiekem doen en op mijn tellen passen, omdat ik aan de lopende band met goede bekenden van haar het bed indook. Zij wist nergens van en maakte om het minste of geringste ruzie. Vaak om simpele, kleine dingen. Als ik met Lisa televisiekeek en ik zag een lekker wijf, dan moest ik op mijn tong bijten. Terwijl ik zo'n kerel ben die daar een opmerking over wil kunnen maken. Als ik dat in haar bijzijn deed, kreeg ik een smerige blik of soms zelfs een knal voor m'n bek. Het voelde bij haar alsof ik weer dat jongetje van achttien was dat bij Danny Blind en Fredje Grim in de kleedkamer kwam en niets durfde te doen of zeggen. Nu kan ik weer zeggen wat ik wil. Op ieder moment van de dag. Ik kijk nog steeds naar andere vrouwen, maar dat is de grens. Ik kan tegenwoordig op stap zonder dat ik iets bij een andere vrouw probeer. Melisa heeft me getemd. Ik ben zo ontzettend gelukkig met haar, ik wil dit gezin nooit meer kwijt.

Melisa en ik zijn aan elkaar gekoppeld door Emma Jones, de vriendin van de eigenaar van Bar Meerzicht. Dat is een Ajax-café aan de Middenweg in Amsterdam, tegenover de plek waar het oude Ajax-stadion De Meer stond. Het weekeinde van Tonny en mij begon daar een tijd lang op vrijdagavond. We dronken daar iedere week een paar drankjes. Soms bleven we hangen, soms gingen we door de stad in. Emma vond Melisa en mij wel bij elkaar passen en bracht ons in contact. Het begon met 'pingen', chatten met een BlackBerry. Dat was leuk en gezellig en na de eerste date duurde het niet lang voor ik bij haar introk en ze zwanger was. Het voelde vanaf het eerste moment goed met haar. In november 2011 is onze dochter Lily Fay geboren. Inmiddels is Melisa zwanger van ons tweede kindje. Ik krijg opnieuw een dochter, blijkbaar kan ik geen jongetjes maken. Ik vind het best, het geslacht maakt me niet uit. De geboorte van Dolce heeft me geleerd waar het echt om gaat: gezond zijn. Melisa heeft een zoon uit een eerdere relatie, Nino, een geweldig ventje. Hem benader en behandel ik alsof het mijn eigen kind is. Zo hoort het ook. Ik ben in zijn leven gekomen, ik moet me aanpassen.

Melisa heeft geposeerd voor *Playboy* en deed mee aan de realityprogramma's *Paradise Hotel* en *De Gouden Kooi*. Dat vertelde ze me tijdens onze eerste ontmoeting. Ik ben een groot fan van zulke programma's, maar ik had haar nooit gezien omdat ik in het buitenland woonde toen zij op televisie kwam. Ik houd wel van vrouwen die een beetje lef hebben, die graag wat van zichzelf laten zien. Dat er op internet naaktfoto's van Melisa te vinden zijn, interesseert me echt niets. Het zijn geweldige foto's, Melisa is een heel mooie vrouw. Natuurlijk zijn er opmerkingen gemaakt over mij en Melisa die je liever niet leest of hoort. De mensen die er niet tegen kunnen dat hun vrouw naakt poseert, zullen van mij niets horen. Andersom zou het ook zo moeten zijn. Je moet iedereen in zijn waarde laten. Ik ben gelukkig met haar, we hebben een goed leven samen. Mijn moeder is nog steeds mijn grote steun. Ze is vertrokken uit het flatje in Diemen waar we samen zo gelukkig zijn geweest. Ma woont nu met Dinie en haar dochtertje in Dieren, vlak bij mijn oudste zus en haar gezin. Met mijn vader heb ik af en toe contact. Het grote verschil is dat ík nu leidend ben in de omgang. Ik laat me geen kant op dwingen. Ik bel als ik wil, ik sta ook wat betreft dit soort dingen steviger in mijn schoenen.

Het is misschien een beetje laat, maar ik heb geleerd van mijn fouten. Ik kan nu wel omgaan met de vrijheid die ik heb. In Liverpool ben ik na die mislukte stage bij Blackburn Rovers keihard in een zwart gat gelazerd. Dat had ik alleen niet in de gaten, omdat ik er een groot feestje van maakte. Normale mensen stoppen met werken en nemen genoegen met een receptie of een dinertje. Ik nam in stilte afscheid van het voetbal en vierde dat zes maanden aan een stuk in nachtclubs en striptenten.

Jarenlang ben ik zeer zelfzuchtig geweest. Ik vond mijn eigen pleziertjes belangrijker dan mijn gezin. Mijn moeder heeft haar kleindochter Purple nooit gezien, omdat ik het nodig vond een stripper te neuken. Dat ik later verliefd werd op die stripper, is iets wat kan gebeuren. Iedere man of vrouw kan verliefd worden op een ander. Mijn fout is dat ik het zelf in de hand werkte door voortdurend het gezelschap van andere vrouwen op te zoeken. Ik heb maximaal misbruik gemaakt van mijn status als profvoetballer. Tot op zekere hoogte heb ik een gedeelte van mijn loopbaan letterlijk verneukt. Mijn gedrag in Italië en Engeland heeft verstrekkende gevolgen gehad. Ik heb mijn moeder, mijn zussen, opa en oma twee jaar niet gezien en nauwelijks gesproken. Dat kan ik niet meer inhalen. Door alle ellende die ik heb veroorzaakt en de problemen die me zijn overkomen heb ik soms het gevoel dat het iemand anders was die in Engeland heeft geleefd. Maar dat is niet zo.

De straf die ik heb gekregen is zwaar. Ik mag mijn twee oudste kinderen niet meer zien, omdat ik niet sterk genoeg was om mijn gevoelens voor een andere vrouw te negeren. Ik heb niet alleen Diana besodemieterd, maar ook Isabella en Purple. Dat neem ik mezelf kwalijk, dat vind ik heel erg. Ik was een egoïst.

Ik ben mentaal ook niet sterk genoeg geweest om mijn problemen en de gevolgen van mijn gedrag weg te houden van het voetbalveld. Ieder mens heeft op zijn tijd problemen, voetballers net zo goed als metselaars. Het is je eigen verantwoordelijkheid om je privé-ellende niet te veel van invloed te laten zijn op je werk. Ik kon de knop niet omzetten. Als ik aan het trainen was, dacht ik natuurlijk aan Dolce, die vocht voor haar leven in het ziekenhuis. Dat is heel normaal. Maar als het Dolce goed ging, wist ik dat Lisa tijdens de training drie keer had gebeld om te vragen hoe laat ik precies thuis zou zijn. Op de website van Everton verschenen foto's van de training, maar ze geloofde niet dat het actuele beelden waren. Ze beweerde dat ik loog, dat ik ergens anders was geweest. Van die jaloezie, van die ziekelijke drang om iedere stap van me te volgen, daar werd ik gek van. Ik kon er niet mee omgaan en dat verwijt ik mezelf ook. Als ik eerder afstand van haar had genomen, was het waarschijnlijk anders gelopen. Ik kon het niet opbrengen die stap te zetten. Dat had te maken met Dolce, maar kwam ook doordat ik zwak was.

Ik heb 175 competitiewedstrijden op het hoogste niveau gespeeld. Bij Oranje deed ik zeventien keer mee. Er zijn in Nederland miljoenen mensen die me dat niet kunnen nazeggen. Maar het hadden er zo veel meer kunnen zijn. Of eigenlijk: móeten zijn. Met mijn kwaliteiten had ik 350 wedstrijden betaald voetbal moeten spelen en zeker vijftig interlands. Oranje, Ajax, Internazionale, Everton, PSV... Het is een rijtje om trots op te zijn, maar ik besef als geen ander dat ik er lang niet alles uitgehaald heb.

Omdat ik zo veel fouten heb gemaakt, denk ik de ideale persoon te zijn om talentvolle jongeren en hun ouders te helpen. Ik ben in september begonnen aan een KNVB-cursus voor jeugdtrainer, speciaal voor ex-profs. Ik kan me natuurlijk vergissen, maar ik denk dat het iets voor me is. Ik ben gek met kinderen, heb zelf goed kunnen voetballen en weet uit eigen ervaring wat je *niet* moet doen als voetballer.

Omdat ik er als enige voor kies open en eerlijk te vertellen wat er bij mij goed en fout is gegaan, is het verleidelijk te denken dat ik een zeldzame gek ben. Maar dat ben ik niet. Ik ben een extreem geval, maar er zijn heel veel jonge voetballers die dezelfde fouten hebben gemaakt of nog zullen gaan maken.

Velen van hen maken de fouten nog voor ze doorbreken. Die gaan al raar gedrag vertonen, terwijl ze nog nooit in de eredivisie hebben gespeeld.

Ik heb het zelf in de A1 en bij het tweede van Ajax gezien. Al die jongetjes die het belangrijk vonden in een mooi jasje en op de juiste Botticelli-schoentjes naar een discotheek te gaan, hebben het niet gehaald. Ze behoorden tot de grootste talenten van Nederland, maar kwamen niet verder dan maximaal een paar seizoenen bij een club waar ze tijdens hun opleiding nog op neerkeken. Op momenten dat de focus afneemt moet een trainer, degene die het dichtst bij zijn jongens staat, kunnen ingrijpen.

Tegenwoordig kunnen jeugdspelers al behoorlijke bedragen verdienen. Zij moeten gesteund worden. Niet alleen door allerlei medewerkers die een club daarvoor aanstelt, maar ook door de trainer die dagelijks met ze op het veld staat. Ik kan zo'n trainer zijn. Zelf ben ik een slecht voorbeeld voor jongeren, maar ik geef dat tenminste toe. Ik heb slechte dingen gedaan, maar dat wil niet zeggen dat ik een slecht mens ben. Bovendien heb ik geleerd van mijn fouten. Ik ben als geen ander in staat valkuilen te herkennen en kinderen te behoeden voor verkeerde beslissingen. De cursus die ik volg is hartstikke leuk. Ik kijk ernaar uit de lessen in de praktijk toe te passen. Ik loop stage bij de C-jeugd van WSV en het smaakt echt naar meer.

De teleurstelling over mijn carrière heb ik grotendeels verwerkt. Ik kijk weer veel wedstrijden. Duels van Internazionale, Everton en natuurlijk Ajax maken een warm gevoel bij me los. Meestal, want er zijn nog steeds momenten dat ik grappig bedoelde of pijnlijke opmerkingen over mijn loopbaan niet kan hebben. Ik heb laatst iemand in een kroeg in Amsterdam op zijn bek geslagen. Hij vond het nodig me uit te dagen met klote-opmerkingen. Vroeger liet ik het gaan. Nu niet. Ik laat me niet uitlachen.

Afgelopen zomer heb ik Nederland-Duitsland op het EK in Polen en Oekraïne bewust alleen gekeken. Als ik zo'n wedstrijd met familie of vrienden bekijk, is er altijd wel iemand die over Euro 2004 begint, toen ik zelf in de basis stond tegen Duitsland. In de aanloop naar Euro 2012 was ik er niet mee bezig, maar toen ik Milan Baros bij Tsjechië in het veld zag komen, kreeg ik toch weer een beetje buikpijn. Hij is weliswaar twee jaar jonger dan ik, maar was er in 2004 in Portugal al bij. Net als ik. Baros heeft blijkbaar wel de kracht gehad om overeind te blijven. Ik niet. Hij heeft drie jaar in Liverpool gespeeld en kon wél dealen met de verleidingen in die stad. Ik ben de uitzondering geweest, dat weet ik heel erg goed. Er zijn tientallen spelers in de top die – behoudens de slaappillen en de coke – dezelfde streken hebben uitgevreten als ik. Het grote verschil is dat zij wel 'gewoon' bleven voetballen. Ze zullen allemaal een keer een trainer hebben getroffen die het niet in ze zag zitten, maar wisten zich uit die situatie weg te knokken. Ik ging zuipen en slaappillen slikken. En toen ik het echt niet meer wist, ging ik snuiven. Zelfs Mido, mijn grote vriend Mido, de man die mij 'leerde' vreemdgaan, voetbalt nog steeds.

Nadat PSV me in de zomer van 2010 had weggestuurd, tekende hij bij Ajax. In die paar maanden dat hij in Amsterdam terug was, trokken we weer vaak samen op. In vergelijking met de Mido direct na zijn rentree bij Ajax, was ik een magere lat toen ik bij PSV op het trainingsveld stond. Hij was zo vet als een varken. Ajax stuurde hem zelfs naar een kliniek in Zwitserland om af te vallen, zo erg was het. Hij stuurde me foto's van zijn avondeten. Een halve aardappel, een paar kruimels kip en wat salade. Nadat hij terug was in Amsterdam was het al snel weer net als tien jaar eerder. We rookten waterpijp in een coffeeshop en gingen af en toe uit. Na een half jaar was hij weer weg, want hij speelde te weinig naar zijn zin. Je zou zeggen dat zo'n gozer dan nergens meer aan de bak komt, maar na een tussenstop bij topclub Zamalek in Egypte is hij nu weer in Barnsley terechtgekomen. Dat is geen topniveau, maar toch. Hij heeft net als ik nog niet de helft uit zijn mogelijkheden gehaald, maar is nog steeds profvoetballer. Dat kan ik niet zeggen.

Mijn oude maatje Zlatan gaat dit jaar weer topscorer worden. En ook Paris Saint Germain maakt hij kampioen. Op zijn negentiende wilde hij naar Sunderland, maar besloot te vechten in plaats van te stappen. Nu is hij al jaren de beste *nummer 9* ter wereld. Dat is een groot contrast met wat ik heb gepresteerd, maar ik heb nu wel vrede met mijn leven. Dat is me heel wat waard.

Ik voetbal nu bij Lucky Ajax, als ze iemand nodig hebben tenminste. Daar geniet ik ontzettend van. Samen met die gasten in een kleedkamer, echte Ajacieden allemaal, lekker ouwehoeren. Het is telkens een dag waarnaar ik uitkijk en waarvan ik geniet. Ajax is mijn tweede familie. Ze waarderen me, omdat ik één van hen ben. Als ik op De Toekomst loop, is het alsof ik thuis ben. Niemand stelt me vragen waarop ik pijnlijke antwoorden moet geven. Ze nemen me zoals ik ben. En ik ben Ajacied en daarom ben ik welkom.

Ik heb, deels omdat ik het over mezelf heb afgeroepen, de meest vreemde dingen meegemaakt. Dat je vrouw een privédetective inschakelt omdat je vreemdgaat is een duidelijk geval van eigen schuld, dikke bult. De talloze hamstringblessures die ik bij Everton had, waren een gevolg van leven op een manier die voor een topsporter ongezond is. Dat mijn ex van mijn geld een dierentuin inricht en dat mensen mij daarom als een halve gare gaan zien, kan ik niet helpen. Op een ontvoering van mijn hond zat ik net zo min te wachten. Ik heb dankzij mijn aangeboren voetbaltalent de kans gekregen een mooi leven op te bouwen. Dat is een behoorlijke periode best goed gegaan, maar daarna heb ik alle fouten gemaakt die je als jonge kerel met een hele hoop geld tot zijn beschikking kunt maken. Bij Everton is het in mijn hoofd misgegaan en dan ben ik blijkbaar iemand die gekke dingen gaat doen.

In mijn familie is het normaal dat relaties tussen mensen uiteindelijk kapot gaan. Ook als er kinderen in het spel zijn. Opa en oma van moeders kant zijn nog altijd samen, net als de jongste broer van mijn moeder. De rest leeft allemaal niet meer samen met de man of vrouw met wie ze hun eerste kind kregen. Ik weet niet of zoiets erfelijk is, maar mijn vader kon het niet opbrengen om het bij één vrouw te laten. Hij had vaak scharrels en leidde zelfs jarenlang een dubbelleven. Zijn moeder, mijn oma, gaf hem weer een slecht voorbeeld.

Nadat zij bij opa was vertrokken, stortte ze zich in het ene avontuurtje na het andere. Het maakte haar niets uit of de man die interesse toonde getrouwd was of alleen. Het lijkt erop of ik, door de dingen die ik heb gezien in mijn naaste omgeving, makkelijker over relaties ben gaan denken dan anderen. Of dat het voor mij langer duurde dan bij anderen om te beseffen hoe belangrijk het is een stabiel thuisfront te hebben.

Ik heb heel lang mijn verantwoordelijkheden genegeerd, maar dat is nu voorbij. Niemand kan er nog tussen mij en Melisa komen. Diana heeft het een kleine twee jaar geleden nog geprobeerd. Ze vroeg of ik terug wilde komen. Naar die vraag heb ik heel vaak verlangd, maar toen ze het vroeg was het te laat. Melisa is mijn vrouw.

Ik weet dat Diana er alles aan zal doen om mij zwart te maken bij onze kinderen. Daar kan ik niets aan veranderen, voor een groot gedeelte heb ik dat zelf op mijn geweten. Ik denk iedere dag een paar keer aan die twee meiden, ik mis ze ontzettend. Dolce ook, maar Lisa accepteert onze breuk. Tenminste, meestal. Ze zei zelfs laatst tegen me dat ze zo'n leuke tijd met me heeft gehad, dat ik haar ontzettend veel heb gegeven. Als ik bel krijg ik Dolce aan de telefoon. Lisa heeft toestemming gegeven voor een bezoekje van Dolce aan Nederland. Omdat ik zelf niet meer naar Liverpool wil, heb ik Dinie gevraagd haar op te gaan halen. Die doet dat graag voor me. Ik kijk erg naar haar komst uit. Ik heb haar zo'n twee jaar niet gezien. Lisa heeft me van alles geflikt, maar ik ben blij met de manier waarop ze dit aanpakt. Ze snapt dat het beter is om zo normaal mogelijk met elkaar om te gaan.

Diana staat er heel anders in. Ze weigert bijvoorbeeld foto's te sturen, al jaren. Het laatste beeld dat ik van mijn oudste dochters heb is twee jaar oud. Destijds waren ze in Amsterdam. Het was net nadat ik bij PSV was weggestuurd. Diana belde me tot mijn grote verrassing zelf op en vertelde dat ze in Nederland bij haar zus was. Met de kinderen. Ze vertelde dat ik wel even langs mocht komen. Ik was stomverbaasd, want het contact tussen ons was al jaren zeer slecht. Meestal kreeg ik geen antwoord als ik sms'te of belde. Dat was voor mij frustrerend en daarom liet ik het er op den duur maar bij. Zwak van me, laf. In plaats van te strijden voor contact met mijn kinderen die ik al zo veel ellende had aangedaan, koos ik ook in deze situatie voor de makkelijkste weg. Maar nu gaf ze me toch de kans om mijn schatjes te zien. Ik sprong op mijn scooter en reed zo snel als ik kon naar het huis van Diana d'r zus in de Amsterdamse binnenstad. Buiten op straat vlogen de meisjes me al om de nek. Ik begon te huilen, Purple ook. Diana keek van een afstandje toe.

Na de begroeting stelde ik voor samen de stad in te wandelen en wat te gaan eten. Ze stemde toe. Wat later zaten we aan tafel en vroeg ze me om mee terug te gaan naar Italië. Ik had op dat moment geen serieuze relatie, alleen een paar scharrels. Er was geen enkele belemmering om met haar mee te gaan, maar ik weigerde. Diana kon blijkbaar vergeven en vergeten, ik niet. Ze hield nog van me, dat zag ik in haar ogen. Hoezeer ik mijn kinderen ook miste, mijn gevoel zei me dat ik het niet moest doen. Terugkeren naar Diana zou me niet gelukkig maken en als ik niet gelukkig ben, ga ik rare dingen doen. Daar zouden de kinderen weer de dupe van worden. Na het eten heb ik mijn kinderen geknuffeld en ben ik vertrokken. Vanaf dat moment is ons contact tot het nulpunt gedaald. Eigenlijk is er niets meer. Verschrikkelijk. Mijn moeder heeft foto's van haar kleinkinderen uit roddelblad Privé gescheurd en die in een lijstje gezet. Diana weigert foto's naar mij te sturen. De laatste keer dat ik om een foto vroeg, kreeg ik per sms een afbeelding van een blote lul. Omdat we officieel zijn gescheiden heb ik recht op een omgangsregeling. Ze dreigde me af te maken als ik daar een beroep op ging doen. Of ze dat letterlijk bedoelde weet ik niet, maar het gaat erom dat ze het niet wil. Ik kan mijn zin doordrijven en de kinderen opeisen. Dat doe ik dus niet. Ik heb met mijn egoïstische gedrag al genoeg ellende voor die kinderen aangericht. Ze hebben nog nooit één dag van hun leven zonder Diana doorgebracht. Als ik zou gaan vechten om ze naar Nederland te krijgen, veroorzaak ik weer een situatie vol stress.

Ondanks alles komt er een dag dat Isabella en Purple contact met me zullen zoeken. Die meiden hebben nu het gevoel dat ze bijna alleen op wereld zijn, dat er naast mama niemand is. Nu kan Diana nog verhinderen dat er contact is tussen de meiden en mij, maar er komt een dag dat de kinderen het niet meer accepteren. Ze zullen misschien wel iedere dag van hun moeder te horen krijgen dat papa er een rotzooi van heeft gemaakt. Misschien zegt ze wel dat ik een klootzak ben die ze geen aandacht moeten geven. Ik heb er geen invloed op, ze kan ze wijsmaken wat ze wil.

Maar ik weet zeker dat ze mij op den duur in de ogen willen kijken. Dat ze me willen vragen waarom ik bepaalde dingen heb gedaan. Naar die dag kijk ik uit. Ik zal ervoor zorgen dat ze een papa aantreffen die het goed voor elkaar heeft. Ik ben een beetje gek, dat weet ik heus wel. Maar ik ben nu wel weer helemaal mezelf. Het toneelspel is voorbij. Het echte leven is begonnen.

## ANDY VAN DER MEIJDE

30 september 1979

### COMPETITIEWEDSTRIJDEN EN -TREFFERS

| | | COMPETITIEDUELS | DOELPUNTEN |
|---|---|---|---|
| 1997/98 | Ajax | 4 | 0 |
| 1998/99 | Ajax | 1 | 0 |
| 1999/00 | FC Twente | 32 | 2 |
| 2000/01 | Ajax | 27 | 2 |
| 2001/02 | Ajax | 30 | 5 |
| 2002/03 | Ajax | 29 | 11 |
| 2003/04 | Internazionale | 14 | 1 |
| 2004/05 | Internazionale | 18 | 0 |
| 2005/06 | Internazionale | 0 | 0 |
| | Everton | 10 | 0 |
| 2006/07 | Everton | 8 | 0 |
| 2007/08 | Everton | 0 | 0 |
| 2008/09 | Everton | 2 | 0 |
| 2009/10 | PSV | 0 | 0 |
| Totaal | | 175 | 21 |
| | | | |
| 2011/12 | WKE | 6 | 0 |

### ERELIJST

Kampioen eredivisie: 1998, 2002
KNVB-beker: 1998, 2002
Johan Cruijff Schaal: 2002
Coppa Italia: 2005

### LOOPBAAN ALS CLUBSPELER

### AJAX 1997/98

| | | | |
|---|---|---|---|
| 12-11-1997 | Ajax – FC Twente | 1-0 | Eredivisie |
| 8-2-1998 | RKC Waalwijk – Ajax | 1-5 | Eredivisie |
| 11-2-1998 | Ajax – Roda JC | 5-0 | KNVB-beker |
| 15-2-1998 | PSV – Ajax | 1-1 | Eredivisie |
| 14-3-1998 | Ajax – FC Volendam | 6-1 | Eredivisie |
| 17-3-1998 | Spartak Moskou – Ajax | 1-0 | UEFA Cup |

### AJAX 1998/99

| | | | |
|---|---|---|---|
| 2-5-1999 | Ajax – Feyenoord | 6-0 | Eredivisie |

### FC TWENTE 1999/2000

| | | | | |
|---|---|---|---|---|
| 15-8-1999 | RKC Waalwijk – FC Twente | 1-1 | | Eredivisie |
| 21-8-1999 | FC Twente – NEC | 4-2 | | Eredivisie |
| 24-8-1999 | Urk – FC Twente | 1-8 | 1 | KNVB-beker |
| 29-8-1999 | FC Utrecht – FC Twente | 1-0 | | Eredivisie |
| 11-9-1999 | FC Twente – Vitesse | 0-0 | | Eredivisie |
| 25-9-1999 | SC Heerenveen – FC Twente | 0-0 | | Eredivisie |
| 2-10-1999 | FC Twente – FC Den Bosch | 3-2 | | Eredivisie |
| 13-10-1999 | NEC – FC Twente | 0-1 | | Eredivisie |
| 17-10-1999 | De Graafschap – FC Twente | 0-0 | | Eredivisie |
| 23-10-1999 | PSV – FC Twente | 2-2 | | Eredivisie |
| 27-10-1999 | FC Twente – Sparta Rotterdam | 3-2 | | Eredivisie |
| 30-10-1999 | RKC Waalwijk – FC Twente | 2-0 | | KNVB-beker |
| 19-11-1999 | AZ – FC Twente | 2-1 | | Eredivisie |
| 27-11-1999 | FC Twente – Willem II | 4-0 | | Eredivisie |
| 1-12-1999 | FC Twente – Fortuna Sittard | 1-0 | | Eredivisie |
| 4-12-1999 | MVV Maastricht – FC Twente | 0-2 | 1 | Eredivisie |
| 18-12-1999 | FC Twente – Roda JC | 2-1 | | Eredivisie |
| 2-2-2000 | FC Twente – AZ | 4-1 | | Eredivisie |
| 5-2-2000 | Willem II – FC Twente | 1-1 | | Eredivisie |
| 9-2-2000 | FC Twente – RKC Waalwijk | 1-0 | | Eredivisie |
| 13-2-2000 | FC Den Bosch – FC Twente | 0-0 | | Eredivisie |
| 18-2-2000 | Fortuna Sittard – FC Twente | 2-2 | | Eredivisie |
| 27-2-2000 | FC Twente – SC Heerenveen | 2-0 | | Eredivisie |
| 5-3-2000 | FC Twente – Ajax | 0-0 | | Eredivisie |
| 11-3-2000 | FC Twente – Cambuur Leeuwarden | 1-0 | | Eredivisie |
| 19-3-2000 | Ajax – FC Twente | 0-1 | | Eredivisie |
| 26-3-2000 | FC Twente – FC Utrecht | 4-2 | 1 | Eredivisie |
| 2-4-2000 | Sparta Rotterdam – FC Twente | 1-1 | | Eredivisie |
| 8-4-2000 | FC Twente – MVV Maastricht | 1-2 | | Eredivisie |
| 15-4-2000 | Vitesse – FC Twente | 4-1 | | Eredivisie |
| 21-4-2000 | FC Twente – PSV | 1-3 | | Eredivisie |
| 28-4-2000 | Roda JC – FC Twente | 3-2 | | Eredivisie |
| 7-5-2000 | FC Twente – De Graafschap | 4-0 | | Eredivisie |
| 14-5-2000 | Feyenoord – FC Twente | 1-1 | | Eredivisie |

### AJAX 2000/2001

| | | | | |
|---|---|---|---|---|
| 22-8-2000 | Ajax – Fortuna Sittard | 5-0 | | Eredivisie |
| 27-8-2000 | Sparta Rotterdam – Ajax | 3-0 | | Eredivisie |
| 6-9-2000 | Ajax – NEC | 0-0 | | Eredivisie |
| 9-9-2000 | Ajax – FC Groningen | 3-1 | | Eredivisie |
| 12-9-2000 | AA Gent – Ajax | 0-6 | | UEFA Cup |
| 17-9-2000 | AZ – Ajax | 3-2 | | Eredivisie |
| 22-9-2000 | Ajax – RBC Roosendaal | 2-0 | | Eredivisie |
| 2-10-2000 | SC Heerenveen – Ajax | 2-2 | | Eredivisie |

| | | | | |
|---|---|---|---|---|
| 29-10-2000 | PSV – Ajax | 1-1 | | Eredivisie |
| 5-11-2000 | Willem II – Ajax | 0-1 | | Eredivisie |
| 9-11-2000 | Ajax – Lausanne Sports | 2-2 | | UEFA Cup |
| 12-11-2000 | Ajax – De Graafschap | 4-1 | | Eredivisie |
| 19-11-2000 | NAC Breda – Ajax | 0-3 | | Eredivisie |
| 26-11-2000 | FC Utrecht – Ajax | 2-1 | | Eredivisie |
| 30-11-2000 | Ajax – RKC Waalwijk | 3-0 | | Eredivisie |
| 10-12-2000 | Feyenoord – Ajax | 3-1 | | Eredivisie |
| 17-12-2000 | Ajax – FC Twente | 5-1 | | Eredivisie |
| 26-1-2001 | Ajax – Vitesse | 1-2 | | KNVB-beker |
| 1-2-2001 | De Graafschap – Ajax | 1-3 | | Eredivisie |
| 25-2-2001 | Ajax – FC Utrecht | 2-0 | | Eredivisie |
| 4-3-2001 | RBC Roosendaal – Ajax | 1-3 | | Eredivisie |
| 18-3-2001 | Ajax – Sparta Rotterdam | 9-0 | 1 | Eredivisie |
| 1-4-2001 | NEC – Ajax | 1-0 | | Eredivisie |
| 8-4-2001 | Ajax – PSV | 0-1 | | Eredivisie |
| 16-4-2001 | Roda JC – Ajax | 1-1 | | Eredivisie |
| 27-4-2001 | Ajax – NAC Breda | 1-0 | | Eredivisie |
| 3-5-2001 | RKC Waalwijk – Ajax | 2-2 | | Eredivisie |
| 13-5-2001 | Ajax – Feyenoord | 3-4 | | Eredivisie |
| 20-5-2001 | FC Twente – Ajax | 1-3 | | Eredivisie |
| 27-5-2001 | Ajax – AZ | 5-1 | 1 | Eredivisie |

## AJAX 2001/2002

| | | | | |
|---|---|---|---|---|
| 8-8-2001 | Ajax – Celtic | 1-3 | | CL |
| 19-9-2001 | Ajax 2 – Haarlem | 4-0 | 1 | KNVB-beker |
| 20-9-2001 | Ajax – Apollon Limassol | 2-0 | | UEFA Cup |
| 23-9-2001 | Ajax – Sparta Rotterdam | 3-0 | | Eredivisie |
| 27-9-2001 | Apollon Limassol – Ajax | 0-3 | | UEFA Cup |
| 30-9-2001 | FC Groningen – Ajax | 1-4 | 1 | Eredivisie |
| 10-10-2001 | Ajax – NEC | 5-0 | | Eredivisie |
| 13-10-2001 | RKC Waalwijk – Ajax | 0-2 | | Eredivisie |
| 18-10-2001 | FC Kopenhagen – Ajax | 0-0 | | UEFA Cup |
| 23-10-2001 | Ajax 2 – De Graafschap | 2-0 | | KNVB-beker |
| 24-10-2001 | SC Heerenveen – Ajax | 5-1 | | Eredivisie |
| 28-10-2001 | Ajax – Willem II | 4-1 | | Eredivisie |
| 1-11-2001 | Ajax – FC Kopenhagen | 0-1 | | UEFA Cup |
| 4-11-2001 | De Graafschap – Ajax | 1-1 | | Eredivisie |
| 18-11-2001 | Ajax – NAC Breda | 1-3 | | Eredivisie |
| 25-11-2001 | Ajax – PSV | 1-3 | | Eredivisie |
| 28-11-2001 | Ajax – FC Twente | 3-2 | 1 | Eredivisie |
| 4-12-2001 | Ajax – Fortuna Sittard | 4-0 | | Eredivisie |
| 12-12-2001 | Ajax – RBC Roosendaal | 4-3 | 1 | KNVB-beker |
| 15-12-2001 | Roda JC – Ajax | 1-1 | | Eredivisie |
| 19-12-2001 | Ajax – Vitesse | 5-1 | | Eredivisie |
| 23-12-2001 | FC Utrecht – Ajax | 3-1 | 1 | Eredivisie |
| 27-1-2002 | FC Den Bosch – Ajax | 0-1 | 1 | Eredivisie |

| | | | | |
|---|---|---|---|---|
| 3-2-2002 | Willem II – Ajax | 1-3 | | Eredivisie |
| 7-2-2002 | Ajax – FC Groningen | 4-0 | | KNVB-beker |
| 10-2-2002 | Ajax – RKC Waalwijk | 3-1 | | Eredivisie |
| 17-2-2002 | AZ – Ajax | 0-0 | | Eredivisie |
| 24-2-2002 | NAC Breda – Ajax | 0-1 | | Eredivisie |
| 27-2-2002 | Fortuna Sittard – Ajax | 1-1 | | Eredivisie |
| 3-3-2002 | Ajax – Feyenoord | 1-1 | | Eredivisie |
| 10-2-2002 | Ajax – De Graafschap | 4-0 | | Eredivisie |
| 17-3-2002 | Ajax – SC Heerenveen | 2-0 | | Eredivisie |
| 24-3-2002 | PSV – Ajax | 1-1 | | Eredivisie |
| 31-3-2002 | Vitesse – Ajax | 3-1 | | Eredivisie |
| 3-4-2002 | Ajax – FC Groningen | 4-3 | | Eredivisie |
| 10-4-2002 | Ajax – PSV | 3-0 | 1 | KNVB-beker |
| 14-4-2002 | Sparta Rotterdam – Ajax | 0-4 | | Eredivisie |
| 21-4-2002 | Ajax – FC Utrecht | 1-0 | | Eredivisie |
| 28-4-2002 | Ajax – FC Den Bosch | 2-0 | | Eredivisie |
| 5-5-2002 | NEC – Ajax | 0-2 | 1 | Eredivisie |
| 12-5-2002 | FC Utrecht – Ajax | 2-3 | | KNVB-beker |

## AJAX 2002/2003

| | | | | |
|---|---|---|---|---|
| 11-8-2002 | Ajax – PSV | 3-1 | | J.C. Schaal |
| 18-8-2002 | Ajax – FC Utrecht | 3-1 | | Eredivisie |
| 25-8-2002 | Vitesse – Ajax | 1-2 | | Eredivisie |
| 1-9-2002 | FC Groningen – Ajax | 1-3 | 1 | Eredivisie |
| 14-9-2002 | Ajax – FC Zwolle | 2-0 | | Eredivisie |
| 17-9-2002 | Ajax – Olumpique Marseille | 2-1 | | CL |
| 21-9-2002 | RBC Roosendaal – Ajax | 2-3 | | Eredivisie |
| 25-9-2002 | Internazionale – Ajax | 1-0 | | CL |
| 29-9-2002 | Ajax – NAC Breda | 2-2 | | Eredivisie |
| 2-10-2002 | Rosenborg BK – Ajax | 0-0 | | CL |
| 19-10-2002 | Ajax – AZ | 6-2 | | Eredivisie |
| 22-10-2002 | Ajax – Rosenborg BK | 1-1 | | CL |
| 26-10-2002 | RKC Waalwijk – Ajax | 1-1 | | Eredivisie |
| 30-10-2002 | Olympique Lyon – Ajax | 0-2 | | CL |
| 3-11-2002 | Ajax – Willem II | 3-0 | | Eredivisie |
| 12-11-2002 | Ajax – Internazionale | 1-2 | | CL |
| 17-11-2002 | Ajax – NEC | 6-0 | 1 | Eredivisie |
| 23-11-2002 | SC Heerenveen – Ajax | 0-3 | 2 | Eredivisie |
| 27-11-2002 | Valencia – Ajax | 1-1 | | CL |
| 1-12-2002 | Ajax – FC Twente | 2-1 | | Eredivisie |
| 7-12-2002 | De Graafschap – Ajax | 1-1 | | Eredivisie |
| 10-12-2002 | Ajax – AS Roma | 2-1 | | CL |
| 15-12-2002 | Ajax – PSV | 2-4 | 1 | Eredivisie |
| 22-12-2002 | Excelsior – Ajax | 0-2 | | Eredivisie |
| 2-2-2003 | Willem II – Ajax | 0-6 | 1 | Eredivisie |
| 5-2-2003 | Ajax – Roda JC | 1-0 | | KNVB-beker |
| 9-2-2003 | Ajax – Feynoord | 1-1 | | Eredivisie |

| | | | | |
|---|---|---|---|---|
| 15-2-1003 | Ajax – FC Groningen | 2-1 | 1 | Eredivisie |
| 18-2-2003 | Arsenal – Ajax | 1-1 | | CL |
| 23-2-2003 | FC Utrecht – Ajax | 1-0 | | Eredivisie |
| 26-2-2003 | Ajax – Arsenal | 0-0 | | CL |
| 11-3-2003 | Ajax – Valencia | 1-1 | | CL |
| 19-3-2003 | AS Roma – Ajax | 1-1 | 1 | CL |
| 23-3-2003 | PSV – Ajax | 2-0 | | Eredivisie |
| 5-4-2003 | Ajax – RBC Roosendaal | 4-1 | 1 | Eredivisie |
| 13-4-2003 | NAC Breda – Ajax | 0-3 | 2 | Eredivisie |
| 16-4-2003 | Feyenoord – Ajax | 1-0 | | KNVB-beker |
| 19-4-2003 | Ajax – Roda JC | 4-2 | | Eredivisie |
| 23-4-2003 | AC Milan – Ajax | 3-2 | | CL |
| 27-4-2003 | AZ – Ajax | 1-3 | 1 | Eredivisie |
| 3-5-2003 | Ajax – RKC Waalwijk | 6-2 | | Eredivisie |
| 11-5-2003 | NEC – Ajax | 1-2 | | Eredivisie |
| 18-5-2003 | Ajax – De Graafschap | 7-1 | | Eredivisie |
| 25-5-2003 | FC Twente – Ajax | 1-2 | | Eredivisie |
| 29-5-2003 | Ajax – SC Heerenveen | 3-0 | | Eredivisie |

## INTERNAZIONALE 2003/04

| | | | | |
|---|---|---|---|---|
| 31-8-2003 | Internazionale – Modena | 2-0 | | Serie A |
| 14-9-2003 | Siena – Internazionale | 0-1 | | Serie A |
| 17-9-2003 | Arsenal – Internazionale | 0-3 | 1 | CL |
| 21-9-2003 | Internazionale – Sampdoria | 0-0 | | Serie A |
| 30-9-2003 | Internazionale – Dinamo Kiev | 2-1 | | CL |
| 5-10-2003 | Internazionale – AC Milan | 1-3 | | Serie A |
| 21-10-2003 | Lokomotiv Moskou – Internazionale | 3-0 | | CL |
| 9-11-2003 | Internazionale – Ancona | 3-0 | | Serie A |
| 22-11-2003 | Internazionale – Reggina | 6-0 | 1 | Serie A |
| 25-11-2003 | Internazionale – Arsenal | 1-5 | | CL |
| 29-11-2003 | Juventus – Internazionale | 1-3 | | Serie A |
| 10-12-2003 | Dinamo Kiev – Internazionale | 1-1 | | CL |
| 14-12-2003 | Bologna – Internazionale | 0-2 | | Serie A |
| 17-12-2003 | Reggina – Internazionale | 1-1 | | Coppa Italia |
| 10-1-2004 | Parma – Internazionale | 1-0 | | Serie A |
| 12-1-2004 | Udinese – Internazionale | 0-0 | | Coppa Italia |
| 18-1-2004 | Internazionale – Empoli | 0-1 | | Serie A |
| 21-1-2004 | Internazionale – Udinese | 3-1 | 1 | Coppa Italia |
| 25-1-2004 | Modena – Internazionale | 1-1 | | Serie A |
| 12-2-2004 | Internazionale – Juventus | 2-2 | | Coppa Italia |
| 26-2-2004 | FC Sochaux – Internazionale | 2-2 | | UEFA Cup |
| 29-2-2004 | Internazionale – Brescia | 1-3 | | Serie A |
| 3-3-2004 | Internazionale – FC Sochaux | 0-0 | | UEFA Cup |
| 7-3-2004 | AS Roma – Internazionale | 4-1 | | Serie A |
| 11-4-2004 | Perugia – Internazionale | 2-3 | | Serie A |
| 14-4-2004 | Internazionale – Olym. Marseille | 0-1 | | UEFA Cup |

## INTERNAZIONALE 2004/05

| | | | | |
|---|---|---|---|---|
| 14-9-2004 | Internazionale – Werder Bremen | 2-0 | | CL |
| 18-9-2004 | Internazionale – Palermo | 1-1 | | Serie A |
| 22-9-2004 | Atalanta Bergamo – Internazionale | 2-3 | | Serie A |
| 26-9-2004 | Internazionale – Parma | 2-2 | | Serie A |
| 17-10-2004 | Internazionale – Udinese | 3-1 | | Serie A |
| 20-10-2004 | Valencia – Internazionale | 1-5 | 1 | CL |
| 24-10-2004 | AC Milan – Internazionale | 0-0 | | Serie A |
| 28-10-2004 | Lecce – Internazionale | 2-2 | | Serie A |
| 7-11-2004 | Fiorentina – Internazionale | 1-1 | | Serie A |
| 21-11-2004 | Internazionale – Bologna | 3-1 | | Coppa Italia |
| 24-11-2004 | Werder Bremen – Internazionale | 1-1 | | CL |
| 28-11-2004 | Internazionale – Juventus | 2-2 | | Serie A |
| 4-12-2004 | Internazionale – Messina | 5-0 | | Serie A |
| 6-1-2005 | Livorno – Internazionale | 0-2 | | Serie A |
| 12-1-2005 | Bologna – Internazionale | 1-3 | | Coppa Italia |
| 15-1-2005 | Reggina – Internazionale | 0-0 | | Serie A |
| 22-1-2005 | Internazionale – Chievo | 1-1 | | Serie A |
| 27-1-2005 | Atalanta – Internazionale | 0-1 | | Coppa Italia |
| 16-2-2005 | Internazionale – Atalanta | 3-0 | | Coppa Italia |
| 27-2-2005 | Internazionale – AC Milan | 0-1 | | Serie A |
| 6-3-2005 | Internazionale – Lecce | 2-1 | | Serie A |
| 12-3-2005 | Lazio – Internazionale | 1-1 | | Serie A |
| 15-3-2005 | Internazionale – FC Porto | 3-1 | | CL |
| 20-3-2005 | Internazionale – Fiorentina | 3-2 | | Serie A |
| 6-4-2005 | AC Milan – Internazionale | 2-0 | | CL |
| 9-4-2005 | Bologna – Internazionale | 0-1 | | Serie A |
| 12-4-2005 | Internazionale – AC Milan | 0-3 | | CL |
| 17-4-2005 | Internazionale – Cagliari | 2-0 | | Serie A |
| 12-6-2005 | Roma – Internazionale | 0-2 | | Coppa Italia |

## EVERTON 2005/06

| | | | |
|---|---|---|---|
| 26-10-2005 | Everton – Middlesbrough | 0-1 | League Cup |
| 29-10-2005 | Birmingham City – Everton | 0-1 | Premier League |
| 6-11-2005 | Everton – Middlesbrough | 1-0 | Premier League |
| 19-11-2005 | West Bromwich Albion – Everton | 4-0 | Premier League |
| 27-11-2005 | Everton – Newcastle United | 1-0 | Premier League |
| 3-12-2005 | Blackburn Rovers – Everton | 0-2 | Premier League |
| 11-3-2006 | Everton – Fulham | 3-1 | Premier League |
| 25-3-2006 | Liverpool – Everton | 3-1 | Premier League |
| 22-4-2006 | Everton – Birmingham City | 0-0 | Premier League |
| 29-4-2006 | Middlesbrough – Everton | 0-1 | Premier League |
| 7-5-2006 | Everton – West Bromwich Albion | 2-1 | Premier League |

### EVERTON 2006/07

| | | | |
|---|---|---|---|
| 19-9-2006 | Peterborough United – Everton | 1-2 | League Cup |
| 14-10-2006 | Middlesbrough – Everton | 2-1 | Premier League |
| 3-12-2006 | Everton – West Ham United | 2-0 | Premier League |
| 9-12-2006 | Portsmouth – Everton | 2-0 | Premier League |
| 26-12-2006 | Everton – Middlesbrough | 0-0 | Premier League |
| 30-12-2006 | Everton – Newcastle United | 3-0 | Premier League |
| 7-1-2007 | Everton – Blackburn Rovers | 1-4 | FA Cup |
| 14-1-2007 | Everton – Reading | 1-1 | Premier League |
| 10-2-2007 | Everton – Blackburn Rovers | 1-0 | Premier League |
| 28-4-2007 | Everton – Manchester United | 2-4 | Premier League |

### EVERTON 2007/08

Niet gespeeld

### EVERTON 2008/09

| | | | |
|---|---|---|---|
| 7-12-2008 | Everton – Aston Villa | 2-3 | Premier League |
| 4-2-2009 | Everton – Liverpool | 1-0 | FA Cup |
| 7-2-2009 | Everton – Bolton Wanderers | 3-0 | Premier League |

### PSV 2009/10

Niet gespeeld

### WKE 2010/12

| | | | |
|---|---|---|---|
| 22-1-2012 | De Treffers – WKE | 1-1 | Topklasse |
| 29-1-2012 | WKE – FC Lienden | 0-5 | Topklasse |
| 19-2-2012 | AFC – WKE | 4-0 | Topklasse |
| 26-2-2012 | WKE – Quick '20 | 5-1 | Topklasse |
| 11-3-2012 | WKE – JVC Cuijk | 4-0 | Topklasse |
| 18-3-2012 | WKE – HSC '21 | 2-1 | Topklasse |

## LOOPBAAN ALS INTERNATIONAL

### ONDER-15

| | | | | |
|---|---|---|---|---|
| 27-4-1994 | Nederland – België | 4-7 | 1 | vriendschappelijk |
| 4-6-1994 | Nederland – België | 1-0 | | vriendschappelijk |

### ONDER-16

| | | | |
|---|---|---|---|
| 26-10-1994 | Nederland - Duitsland | 0-1 | vriendschappelijk |
| 8-11-1994 | Nederland – Frankrijk | 2-3 | vriendschappelijk |
| 9-4-1994 | Nederland – Noord-Ierland | 2-1 | vriendschappelijk |
| 10-4-1995 | Nederland – Kroatië | 2-2 | vriendschappelijk |
| 12-4-1995 | Oostenrijk – Nederland | 2-1 | vriendschappelijk |

## ONDER-17

| | | | | |
|---|---|---|---|---|
| 31-8-1995 | Oostenrijk - Nederland | 3-1 | 1 | vriendschappelijk |
| 1-9-1995 | Duitsland – Nederland | 4-2 | 2 | vriendschappelijk |
| 25-10-1995 | Nederland – Duitsland | 3-3 | 1 | EK-kwalificatie |
| 8-11-1995 | Nederland – Cyprus | 3-0 | | EK-kwalificatie |
| 22-11-1995 | Duitsland – Nederland | 3-0 | | EK-kwalificatie |
| 21-2-1996 | Cyprus – Nederland | 3-1 | | EK-kwalificatie |

## ONDER-18

| | | | | |
|---|---|---|---|---|
| 18-2-1997 | Wales – Nederland | 0-1 | | vriendschappelijk |
| 4-3-1997 | Nederland – Engeland | 1-1 | | vriendschappelijk |

## ONDER-19

| | | | | |
|---|---|---|---|---|
| 15-10-1996 | Wales – Nederland | 0-2 | | EK-kwalificatie |
| 17-10-1996 | Litouwen – Nederland | 0-2 | | EK-kwalificatie |
| 19-10-1996 | Nederland – Schotland | 2-1 | | EK-kwalificatie |
| 20-10-1997 | Israël – Nederland | 2-0 | | EK-kwalificatie |

## JONG ORANJE

| | | | | |
|---|---|---|---|---|
| 25-4-2000 | Jong Oranje – Jong Schotland | 2-0 | | vriendschappelijk |
| 1-9-2000 | Jong Oranje – Jong Ierland | 2-0 | | EK-kwalificatie |
| 6-10-2000 | Jong Cyprus – Jong Oranje | 0-1 | | EK-kwalificatie |
| 10-10-2000 | Jong Oranje – Jong Portugal | 1-1 | | EK-kwalificatie |
| 24-4-2001 | Jong Oranje – Jong Cyprus | 4-2 | 1 | EK-kwalificiatie |
| 1-6-2001 | Jong Estland – Jong Oranje | 0-5 | | EK-kwalificatie |
| 14-8-2001 | Jong Engeland – Jong Oranje | 4-0 | | vriendschappelijk |
| 9-11-2001 | Jong Oranje – Jong Engeland | 2-2 | | EK-kwalificatie |

## NEDERLANDS ELFTAL

| | | | | |
|---|---|---|---|---|
| 19-5-2002 | Verenigde Staten - Nederland | 0-2 | 1 | vriendschappelijk |
| 21-8-2002 | Noorwegen – Nederland | 0-1 | | vriendschappelijk |
| 7-9-2002 | Nederland – Wit-Rusland | 3-0 | | EK-kwalificatie |
| 30-4-2003 | Nederland – Portugal | 1-1 | | vriendschappelijk |
| 6-9-2003 | Nederland – Oostenrijk | 3-1 | | EK-kwalificatie |
| 11-10-2003 | Nederland – Moldavië | 5-0 | | EK-kwalificatie |
| 15-11-2003 | Schotland – Nederland | 1-0 | | EK-kwalificatie |
| 19-11-2003 | Nederland – Schotland | 6-0 | | EK-kwalificatie |
| 18-2-2004 | Nederland – Verenigde Staten | 1-0 | | vriendschappelijk |
| 31-3-2004 | Nederland – Frankrijk | 0-0 | | vriendschappelijk |
| 29-5-2004 | Nederland – België | 0-1 | | vriendschappelijk |
| 1-6-2004 | Nederland – Faeröer | 3-0 | | vriendschappelijk |
| 5-6-2004 | Nederland – Ierland | 0-1 | | vriendschappelijk |
| 15-6-2004 | Nederland – Duitsland | 1-1 | | EK eindtoernooi |
| 19-6-2004 | Nederland – Tsjechië | 2-3 | | EK eindtoernooi |
| 23-6-2004 | Nederland – Letland | 3-0 | | EK eindtoernooi |
| 26-6-2004 | Nederland – Zweden | 0-0 | | EK eindtoernooi |

# DANKWOORD

Beste Andy,

Precies 25 woensdagochtenden brachten we samen door in je tuin en woonkamer. Geen moment heb ik me verveeld.

Dank voor je verhaal.

Lieve Syl,

Zonder jou was het schrijven van deze biografie niet gelukt. De ruimte en steun, je mening en geduld zijn onmisbaar geweest.

Ik hou van je.

In alfabetische volgorde wil ik de volgende personen bedanken voor delen van informatie, foto's of het inkleuren van enkele gebeurtenissen uit het leven van Andy van der Meijde:

Nordin Amrabat
Hans Bijvank
Jan Boomkamp
Harrie Boomkamp
Remco van Dam
Günther de Haan
Jeroen Heubach
Jan Lucke
Danny Lucke
Lydia van der Moot
Dinie van der Meijde
Agnes Neervoort
Henk Neervoort
Geertje Neervoort
Fred Rutten
Toon Renes
Hennie Schuurman

Mijn speciale dank gaat uit naar Zlatan Ibrahimovic voor het schrijven van het voorwoord van deze biografie. Je bent een echte vriend.

Thijs Slegers

Veldhoven, oktober 2012

# COLOFON



| | |
|---|---|
| AUTEUR | Thijs Slegers |
| EINDREDACTIE | Martin Donker,<br>Frans van den Nieuwenhof |
| VORMGEVING | Remy Best |
| DRUK | Wilco Amersfoort |
| DRUKWERKBEGELEIDING | Geert Gortzak |
| BEELDREDACTIE/COÖRDINATIE | Marieke Derksen |
| OMSLAGFOTO'S | Stefan Schipper |



| | |
|---|---|
| Eerste druk: | november 2012 |
| Tweede druk: | november 2012 |
| Derde druk: | november 2012 |
| Vierde druk: | november 2012 |
| Vijfde druk: | november 2012 |
| Zesde druk: | november 2012 |
| Zevende druk: | december 2012 |

ISBN: 978 90 71359 64 4
NUR: 489